本书是国家社会科学基金项目"我国城镇公共休闲服务供给方式及
基本公共休闲服务均等化研究"（项目编号：13BGL095）的结项成果

程遂营 —— 著

中国城镇的公共休闲服务

供给方式及基本公共休闲服务均等化的视角

Research on the supply mode of
urban public leisure services and the equalization of
urban basic public leisure services in China

社会科学文献出版社
SOCIAL SCIENCES ACADEMIC PRESS (CHINA)

本书是国家社会科学基金项目"我国城镇公共休闲服务供给方式及基本公共休闲服务均等化研究"（13BGL095）的结项成果

序 言

这是一篇略显滞后的序言。

2019年年初接到程遂营教授为其书稿写序的邀约，我便毫不迟疑地欣然应下。半年时间里，一直试图找出一段清净而完整的时间，将阅读书稿的所思所想以及阅读书稿背后的所感所悟一一叙来。遗憾的是，直到日前出版社催促，都未能如愿。热衷倡导休闲，自己却落入忙而无暇的境地，大概也是国内休闲学者的共同尴尬吧。

回想起来，与程老师相识已十年有余。彼时我正为编撰国内第一本休闲研究报告——"休闲绿皮书"四处搜罗合适的选题与优秀的作者。非常偶然，也是必然，程遂营老师因其文之严谨扎实而进入我的视野。凭借一封邮件，便将程老师拉入"休闲绿皮书"最早的作者队伍群中，并延续至今。颇为有趣的是，作为长期的合作伙伴和十余年的老友，我们相识五年后才得以在京见面。

休闲研究在中国开展，不过二十余年时间。二十多年里，一批学者从哲学、经济学、社会学、管理学、历史学等角度试图对这一全新的研究议题做"摸象"式的探索和"积木"式的建构。研究者从不同学术背景出发，侧重不同的研究视角，沿着不同的研究进路，尝试共同勾勒出一幅日趋完整、贴近现实的休闲社会图景，同时探索出一条适合中国、对话世界的休闲研究路径。作为接受过系统历史学训练的学者，程遂营教授一方面沿袭历史研究的广博性和严谨性，展开循序渐进、抽丝剥茧的历时性研究；另一方面凸显学术演进的创新性和务实性，围绕休闲研究中值得关注的一些重要问题展开立足中国、借鉴国外的共时性研究。在程老师所著的诸多休闲研究文章和著作中，印象颇为深刻的有三。一是他依据美国宾夕法尼亚州立大学访学期间所搜集的资料，撰写的《北美休闲研究：学术思想的视角》一书，对北美休闲研究100多年的历程进行了概要式阐述。二是在历年"休闲绿皮书"中，就汽车、互联网等趋势对国民休闲行为的影响在国内多个城市进行了实证性调查。三是依托国家社科基金，围绕基本公共休闲服务供给及均等化所做的系统性研究。三类研究，从研究脉络的概要式阐述，到具体问题的实证性调查，再到现实热点的系统性研究，从引介国外研究，到关注中国现实，再到影响政策制定，逐层深入。特别是以本书为集大成者的第三类研究，面对现实，切中要害，建言献策，形成体系，不论是在理论层面还是实践层面，都颇有价值。

众所周知，休闲是美好生活不可或缺的组成部分，是幸福感的重要来源。恰当而充分的休闲活动，不仅能够促进个体幸福，而且对于家庭和谐、社会融合、国家发展、文明进步都具有重要意义。相对自给性休闲和商业性休闲而言，公共休闲设施、空间、服务、产品在满足人民日益增长的休闲需求方面发挥着更加重要的作用。从公共休闲空间构建、公共休闲环境营造、公共休闲设施完善，到公共休闲项目设计、公共休闲活动组织，都是城市规划、建设和管理的重要内容。遗憾的是，由于各种原因，目前我国公共休闲服务供给仍存在总量不足、类型偏少、范围较窄、层级较低、地区间不均衡等问题。根据程遂营教授及其团队的调查，目前大部分城镇的公共休闲服务供给处于较低水平，无论是综合还是分类指数，基本上仅有 1/3 的地区达到平均值。受制于区域经济发展的不平衡，城市间公共休闲服务供给水平很不均等；公共休闲服务供给分散在多个部门，相关职能条块分割；供给主体单一，非政府主体未充分发挥作用；财政投入总量较低，支出结构不合理；公共休闲资源配置不合理；等等。针对上述问题，在借鉴国外经验的基础上，程遂营教授从宏观、中观层面分别提出了针对性的建议。对于推动我国城镇休闲公共服务体系的完善具有重要借鉴意义。

党的十九大报告指出，到二〇二〇年，是全面建成小康社会决胜期。作为小康生活重要标志的休闲，将迎来更加广阔的发展前景。我们期待不仅城镇，而且广大农村，都能拥有更加均等、更加完善的休闲公共服务；不仅城市居民，而且数亿农民，都能享有更加美好、更加幸福的休闲生活。我们也期待，包括程遂营教授在内的中国休闲研究学人在构建符合中国国情的休闲研究学科体系、学术体系和话语体系方面做出更大贡献！

中国社会科学院旅游研究中心

宋 瑞

2019 年 7 月 14 日凌晨

目　录

绪　论

第一节　研究缘起与意义

一　研究缘起

（一）休闲是人类文明进步的重要产物

20世纪，科学技术对人类做出的最重要贡献之一，就是将人类从繁重的体力劳动中解放出来，使人有了充裕的闲暇时间。进入21世纪以来，随着物质财富的积累，社会发展的方向和质量标准逐渐转向对人的生存质量以及全面发展的关注，追求充实、丰富、自由的精神生活取代了仅仅对物质产品的需求。闲暇成为日常生活的重要组成部分，休闲时间、休闲消费、休闲活动、休闲空间、休闲服务等则成为生活质量的标志，物质的、精神的以及社会的财富也都越来越取决于休闲。[①] 休闲成为一个国家或地区生产力发展水平的新标志、衡量社会文明的新标尺，成为人的一种生命状态和生活方式。

因此，国际社会越来越强调经济增长要与社会发展相协调，追求社会的全面进步并最终实现人的自由、全面发展，是在全世界范围内基本达成的共识。休闲质量的高低将直接影响着社会能否全面发展，影响到个体能否实现健康和可持续发展，是实现人的自由全面发展的重要途径。

（二）休闲是现代公民的基本权利

伴随着全球范围内社会经济的发展和人类认识的进步，到了现代社会，

---

① K. Roberts. Leisure in Contemporary Society. CABI Publishing，1999.

休闲逐步从一部分人享有的奢侈品转变成为一种大众的权利。1948年，联合国发布的《世界人权宣言》第24条明确规定："人人享有休息和闲暇的权利"；1970年，国际游憩协会通过的《休闲宪章》中也指出："所有的人都享有参与符合其同胞的道德规范和社会价值准则的休闲活动的基本人权。所有的政府都必须承认和保护其国民的这一权利。政府必须确保其国民能够获得各种可行的、品质最高的休闲和娱乐机会。"从法律角度明确肯定了休闲是人的基本权利，每个公民都享有休闲权利。

所以，"休闲权"既是现代社会文明进步的产物，是人的一种基本生理需求，而且是和谐社会的重要标志。作为一项基本生活权利，它同人的生命权、幸福权等一样，成为现代社会人权的重要组成部分。

（三）公共休闲服务是现代城市的基本功能

城市是人类生活的核心空间，城市的基本功能主要是满足人在居住、工作和交通等方面的需求。生产力的不断提高和社会的全面进步，为城市居民在生产和生活之余带来了更多的闲暇时间，一般城市居民每天都会安排一定的时间进行放松，积极参与有益于健康的各类休闲活动，休闲活动逐步从家庭空间向社会公共空间转移。因此，满足城市居民的休闲需要逐渐成为城市的功能和价值所在，为城市居民提供必要的公共休闲服务成为现代城市的基本功能。

因此，城市的设计和建设必须能够满足居民不断增长的休闲需求。从公共休闲空间构建、公共休闲环境营造、公共休闲设施完善、公共休闲项目设计、公共休闲活动组织等各个方面着手，提升城市公共休闲服务水平，实现城市休闲职能，提升城市形象。

（四）我国城镇公共休闲服务供给不足

休闲学家一般把休闲的供给分为自给、公共供给和商业供给三种形式。其中，政府部门的公共供给是城乡居民获得休闲设施和服务的基本途径。因为对我国城镇居民而言，由于整体上可自由支配收入还处于较低水平，所以商业休闲供给的服务人群是有限的，真正能普及和惠及大众的休闲服务只能是政府主导的、低价或免费提供的多元化的公共休闲供给，以此保证公共休闲权利的公平性并能有效引导公共休闲服务方向。[①]

从工业革命至今，以英美为首的西方发达国家，经过漫长的历程，已经形成较为完整的公共休闲服务体系，其在提高国民生活幸福感，促进社会和谐方面发挥了巨大作用。而在我国，随着经济迅速发展、城镇化进程加快、城镇居民可自由支配收入增加以及休闲观念变革，城镇居民对休闲服务的需求也随之迅速增长，城镇公共休闲服务供给短缺与城镇居民快速增长的休闲需求之间的矛盾日益凸显，不仅影响城镇居民的身心健康，甚至影响城镇社会的稳定与和谐。如何扩大城镇公共休闲服务供给，大幅提升城镇基本公共休闲服务水平，从而实现城镇居民身心的健康发展以及城镇社会的和谐稳定，成为学术界关注的重要课题。

（五）我国城镇基本公共休闲服务不均等现象突出

由于历史、文化传统和改革战略选择以及由此产生的经济倾斜政策，使得我国东、中、西部经济发展水平存在明显不均衡，由此造成在基本公共休闲服务供给方面呈现明显的不均等现象。而这种不均等现象，在同一地区的不同城镇之间、不同群体之间也同样存在。具体表现为：在公共休闲政策制定、公共休闲基础设施建设、公共休闲资金投入以及公共休闲活动场所开放等方面，东部地区优于中部，中部地区又好于西部。而在东、中、西三个不同区域，不同城镇之间、城镇内部不同社会阶层之间、不同年龄层次之间、不同性别之间也同样存在显著的差异。尤其突出的是，在城镇中，低收入阶层、弱势群体的公共休闲服务往往得不到有效保障，个人的自由、全面发展受到制约。从长远来看，城镇基本公共服务非均等化的问题如果不能得到有效化解，将带来严重的社会问题，加剧社会矛盾，阻碍国家经济社会的健康持续发展。

（六）和谐城镇建设呼唤完善的城镇公共休闲服务

休闲与知识、美德、快乐和幸福等不可分割，它能促进社会公平、提升全民健康和社会福利，政府之所以"提供"或"安排"娱乐和休闲，其

---

① 白荞祯、程遂营：《我国基本公共休闲服务均等化研究》，《现代商贸工业》2014年第12期，第36~37页。

目的在于创造出一个更美好的社会。① 随着我国体制改革的重心不断由经济领域向社会发展的其他领域渗透，"以人为本"的发展理念逐渐深入人心，社会主义和谐社会的建设目标也更加明确。因此，政府的经济职能也将逐步向社会职能转化，加强对社会公共事务和社会生活的管理，将日益成为新时期政府的重要职能。

《2016年国务院政府工作报告》中提出：预计到2020年，我国的常住人口城镇化率将达到60%；到2050年，城镇化率将超过80%。城镇在我国经济社会发展中的重要性越来越凸显，城镇的和谐发展越来越成为我国社会和谐发展的核心。随着城镇居民可自由支配收入和闲暇时间的增加，休闲已经成为城镇居民生活中必不可少的组成部分，居民对公共休闲服务的需求愿望也会越来越强烈，公共休闲服务供给和基本公共休闲服务均等化的问题也将越来越成为城镇居民关注的热点和焦点问题。所以，在城镇规划、设计和建设的过程中，应更多地关注居民的休闲需求，充分认识休闲在人全面发展过程中的重要意义，充分重视休闲在城镇功能转变中所扮演的重要角色，从公共休闲空间构建、公共休闲环境营造、公共休闲设施完善、公共休闲项目设计、公共休闲活动组织等各个方面着手，提升城镇公共休闲服务水平，强化政府公共休闲服务职能，完善城镇休闲服务功能，为构建和谐的城镇社会奠定坚实的基础。

二 研究意义

（一）理论意义

1. 弥补国内公共休闲服务研究的不足

20世纪80年代，国内才开始有学者关注休闲及相关领域的问题。学者们结合自身的研究背景，分别从哲学、管理学、经济学、社会学等学科视角对休闲问题进行了广泛研究。如马惠娣、吴文新、刘慧梅等从哲学角度探讨了休闲对于人的价值、生命的意义以及实现人的自由全面发展的作用②；王雅

---

① 托马斯·古德尔、杰弗瑞·戈比：《人类思想史中的休闲》，成素梅、马惠娣等译，云南人民出版社，2000。
② 参见马惠娣《休闲——人类美丽的精神家园》，中国经济出版社，2004；吴文新：《唯物史观视域中的休闲：享受和发展》，北京大学出版社，2013；刘慧梅：《儒家德性伦理与中国休闲伦理建设》，《浙江大学学报》（人文社科版）2008年第4期，第30~36页。

琳、王琪延、王宁等从社会学视野对休闲与生活方式、社会发展的关系进行了探讨[1]；宋瑞、卿前龙、王婉飞等对休闲产业、休闲经济进行探析等等。[2] 然而，从供给角度关注休闲，尤其是有关公共休闲服务供给的研究却非常薄弱。少量有关公共休闲服务的研究大多数着眼于国外，注重对发达国家公共休闲服务的发展历程、管理模式等的介绍，但对国内公共休闲服务的关注不够，对我国公共休闲服务的实践指导价值有限。本书对公共休闲服务相关概念进行了界定，重点关注我国城镇公共休闲服务的供给现状，在理论与实践上弥补国内公共休闲服务研究的不足，并从公共管理学角度拓展国内休闲学的研究视野，对国内休闲学科建设做出理论上的贡献。

2. 探索公共休闲服务供给及其均等化评价的定量研究方法

出于制定公共政策的需要，西方发达国家由政府组织的休闲调查已经存在了较长的时间。政府成立专门的户外休闲资源调查机构，负责出具政府在户外休闲领域工作上的调查和建议报告。目前，在西方发达国家，公共休闲资源调查已经逐步走向制度化和规范化。然而，在我国，无论是全国范围内，还是区域或城市范围内，休闲调查的价值还没有引起各级政府的足够重视，全国性、权威性的休闲调查、统计体系还没有建立，相关数据极其缺乏。这直接影响了国内休闲政策的制定，制约着国民休闲活动的有序开展。本书通过问卷调查等方法对部分城市公共休闲服务的社区覆盖情况、居民使用频率以及居民使用休闲设施的障碍因素等进行现实考察，尝试从量化分析的角度来研究国内公共休闲服务供给及使用现状，为国内公共休闲资源调查的开展及量化研究提供思路。

（二）现实意义

1. 强化管理部门对公共休闲服务重要性的认识

随着我国经济和社会的发展与进步，休闲需求全面快速增长，大众休

[1] 参见王雅林、董鸿扬：《闲暇社会学》，黑龙江人民出版社，1992；王琪延：《从时间分配看北京人20年生活的变迁——基于2006年北京生活时间分配调查的统计分析》，《北京社会科学》2007年第5期，第22~26页；王宁：《压力化生存——"时间荒"解析》，《山东社会科学》2013年第9期，第39~46页。
[2] 参见宋瑞、〔美〕杰弗瑞·戈德比：《寻找中国的休闲——跨越太平洋的对话》，社会科学文献出版社，2015年；卿前龙：《休闲服务与休闲服务业发展》，经济科学出版社，2007；王婉飞：《休闲管理》，浙江大学出版社，2012。

闲已逐渐成为国民的基本生活方式，受到社会各个群体的广泛关注。公共休闲服务作为一种社会资源和社会福利，理应为各个群体所平等拥有与享用。不过，多数地方政府对公共休闲服务的重要性、紧迫性缺乏足够的认识，公共管理与服务意识落后，公共管理与服务体制陈旧，公共休闲服务的管理、规划、政策与法律制定、资金投入等方面与日益增长的国民休闲需求一直存在较大差距。①《国民旅游休闲纲要（2013-2020）》的颁布，使得我国休闲进入快速发展阶段。在此背景下，从供给侧入手，研究城市基本公共休闲服务供给，将有助于政府管理部门了解大众休闲需求和城市实际休闲供给水平，从而拓宽政府思路，制定有针对性的公共休闲服务政策，开发符合民众需求的公共休闲服务设施和产品，促进大众休闲向健康、可持续的方向发展。

2. 提高城镇公共休闲服务供给和管理水平

公共休闲服务是一个综合性的概念范畴，它既包括提供满足居民需求的硬件设施，也涵盖许多软件项目。随着我国城镇化进程的加快，城镇公共休闲服务已成为我国公共休闲服务的核心关注点。目前，我国各级城镇政府除了对公共休闲的关注度不够外，还存在着财政投入不足、机构设置不合理、相关政策缺乏、规划不到位等问题，直接导致城镇基本公共休闲服务供给乏力。比如，近年来，各地除公园数量有较大增长外，其他公共游憩和休闲场所发展较落后，博物馆和公共图书馆数量增长缓慢，对群众免费开放或收费较低的公共体育场馆非常缺乏，政府在公共休闲服务方面的资源配置数量远远低于公众的需求量，城市公共休闲需求与公共休闲供给之间的矛盾突出。本书的研究则涉及了经济发达、经济欠发达和经济不发达城镇的基本公共休闲服务供给情况描述和居民的休闲意愿表达，并因地制宜地提出解决当前休闲需求迅速增长与有效供给不足这一矛盾的对策建议，为地方政府公共休闲服务供给的优化和实现人民休闲福利的最大化提供了借鉴。

3. 促进城镇基本公共休闲服务均等化发展

改革开放以来，无论是在区域经济发展，还是个人收入分配上，我国

---

① 邱建国等：《国民旅游休闲纲要：实施目标下我国健身体育旅游公共服务体系的构建》，《北京体育大学学报》2015 年第 11 期，第 38 页。

一直秉承"效率优先、兼顾公平"的原则。在这一原则的指导下，中国经济发展取得前所未有的高速增长。不过，与此相伴的是我国在经济和社会领域出现的越来越显著的不均等现象。这些不均等现象既体现在个人收入方面，也体现在公共服务方面。基本公共休闲服务作为公共服务的重要组成部分，也受到显著影响。我国地域辽阔、人口众多，因此，基本公共休闲服务供给在不同地区、不同阶层、不同年龄等方面存在突出的不均等现象，个人的自由、全面发展受到制约，超出一定限度的不均等也不利于中国经济的健康发展和社会的和谐稳定。目前，基本公共休闲服务均等化问题，已经得到党和政府的高度重视。为此，一方面，城镇公共休闲服务的重要性逐渐得到重视，公共休闲服务供给的资金投入越来越多，公共休闲服务基础设施的建设力度越来越大。另一方面，针对老年群体、儿童、弱势人群的公共休闲服务被各地政府提上议事日程，休闲活动逐渐丰富，休闲服务项目不断增加。

公共休闲服务均等化是实现社会均等化的主要途径，也是社会均等化的重要内容，实现公共休闲服务均等化有利于增强国家的凝聚力，促进经济社会的健康发展。所以，以保障城镇居民基本休闲权利、满足城镇居民日益增长的休闲需求为目的，构建一个以政府为主导，以公共财政为支撑，联合市场及社会非营利性组织共同向城镇居民提供公共休闲设施、产品与服务的完善的城镇公共休闲服务供给体系及实现基本公共休闲服务均等化，不仅有利于城市社会的健康持续发展，也是中国社会和谐稳定发展的必然选择。

第二节　研究综述

一　国外相关研究

美国经济学家凡勃仑（Veblen，1899）《有闲阶级论》一书的出版，标志着休闲学的诞生。至今，休闲研究在西方已经历了百余年。以 20 世纪 60 年代为分界，可将西方休闲研究划分为两大阶段。前一个阶段，由于缺少专门性的学者，西方学术界对休闲的关注还只是零散的、非系统性的，对休闲的研究也主要停留在表面层次，研究的主题主要局限于休闲现象、休闲在日常生活中的意义、运动与休闲等一般性的问题；而后一个阶段，休闲研究在关注休闲现象的同时，开始重点关注对休闲本质的揭示。学者们更多的是从哲学、心理学和社会学的角度对休闲问题进行更加深入的分析和探讨，从而使得休闲研究在更高的层面上得以展开。[①] 然而，学者们从二战以后才开始对休闲服务尤其是公共休闲服务加以关注。二战后的人口生育高峰意味着社会对包括休闲服务在内的公共服务的需求出现大幅度增长，为解决现实问题，各国政府开始积极介入休闲服务领域，并以各种方式鼓励休闲产业的发展。20 世纪 80 年代后，休闲产业成为西方国家的重要产业，然而在休闲服务的规划与管理上，却缺乏科学的理论和指导。在此背景下，很多学者逐步将关注的目光投向休闲经济与休闲服务，并在公共休闲服务研究方面取得了一定的成果。[②] 伯尔顿等（Burton，1982）最早提出了西方国家政府在休闲服务领域扮演的五种角色：（1）直接提供者，政府对公共休闲服务的运营与管理是其职能的一部分；（2）提供者，但对相关设施与项目的运行和管理则依靠政府之外的专门机构，政府则不直接参与；（3）赋权者和协调者，主要靠一些非政府组织和机构来提供公共休闲服务，政府只在资源配置和项目运作等方面做一些协调工作；（4）民间主体的赞助者，鼓励和资助一些非政府组织为公众提供有价值的休闲服务；（5）规范立法者，制定科学的法律法规，形成休闲服务的工作规范，促进休闲服务的健康发展。[③] 迈克尔·史戈（Michael Scott，1985）研究了公共休闲服务中的法律问题，并出版了《公共休闲服务法》一书，作者探讨了休闲服务提供者的一般性法律原则、特殊的法律原则、图书馆和博物馆、公园和游憩场所、特殊案例、公共娱乐、运动、开发的户外活动地以及财政上的可支持等问题。[④] 英国学者乔治·托可尔岑分别对中央和地方政府在休闲规划、自然文化遗产保护、国家公园管理、户外运动管理、节事活动管理等休闲服务中的作用、策略问题进行了全面研究。[⑤] 英国学者布尔和胡思等在《休闲研究引论》一书中，从休闲用地、休闲供给政策、商业部门和非营利

①　卿前龙：《西方休闲研究的一般性考察》，《自然辩证法》2005 年第 1 期，第 90~92 页。
②　马惠娣、刘耳：《西方休闲学研究述评》，《自然辩证法研究》2001 年第 5 期，第 45~49 页。
③　郝帧：《城市公共休闲服务标准化研究》，中央民族大学博士学位论文，2011。
④　Michael ScottLLM. The Law of Public Leisure Services. London：Sweet & Maxwell，1985.
⑤　〔英〕乔治·托克尔岑：《休闲与游憩管理》，田里等译，重庆大学出版社，2010。

机构的供给作用和范畴等几个方面对广义的休闲供给问题进行了论述，并对公共部门和商业部门的休闲供给进行了比较。① 维尔对旅游和休闲领域的公共政策和规划进行了全面的、多学科的研究，其中涉及不同部门（运动、户外游憩、旅游、艺术）和群体（男人、女人、残疾人、宗教团体、老年人、年轻人）的休闲规划等问题，在理论观点和应用实践等方面给予了一定的指导。② 著名的休闲研究学者杰弗瑞·戈比在多本著作中分别对联邦、州、市等各级政府组织在公共休闲服务供给及管理中的不同角色、职能及相关政策等均做了较为详细的研究。③④ 克里斯多弗·R. 埃廷顿等分别对北美国家联邦政府和各州政府休闲服务供给的特点、服务机构的类型、直接提供的游憩资源和服务类型以及未来所面临的挑战进行了理论与实践的介绍，为较全面地了解北美公共休闲服务供给情况，从而提升国内公共休闲供给水平提供了重要参考。⑤ 奥萨利文重点介绍了美国和加拿大在公园与休闲、学校和社区休闲以及特殊休闲三种不同类型的公共休闲中政府的角色和职责，并指出政府发展三大休闲项目的理念源自公共休闲的发展，这也将是年青一代乃至整个社会福祉提升的关键所在。⑥

二　国内相关研究

于光远先生是我国最早推动休闲学研究的学者。在他的倡导下，1995年在北京成立了"六合休闲文化策划研究中心"，该研究中心以推进全民广泛开展具有文化意义的休闲活动为宗旨，将休闲理论作为研究重点。随后，逐渐有学者开始从自己的学科背景出发关注休闲问题，研究内容主要集中

---

① 〔英〕布尔（Bull，C.）、〔英〕胡思（Hoose，J.）等：《休闲研究引论》，田里等译，云南大学出版社，2006。
② 〔澳〕维尔（Veal，A.J.）：《休闲和旅游供给：政策与规划》，李天元、徐虹译，中国旅游出版社，2010。
③ 〔美〕杰弗瑞·戈比（Jeffrey Gobby）：《你生命中的休闲》，成素梅、马惠娣等译，云南人民出版社，2000。
④ 〔美〕杰弗瑞·戈比（Jeffrey Gobby）：《21世纪的休闲与休闲服务》，张春波等译，云南人民出版社，2000。
⑤ 〔美〕克里斯多弗·R. 埃廷顿（Christopher R. Ettington）：《休闲与生活满意度》，杜永明译，中国经济出版社，2009。
⑥ 〔美〕奥萨利文（O'Sullivan，E.）等：《休闲与游憩：一个多层级的供递系统》，张梦译，中国旅游出版社，2010。

在如下几类：以马惠娣、庞学铨、刘慧梅等为代表的学者从哲学角度，关注作为人的生命状态存在的休闲，并认为休闲是一种文化，是人类文明程度的标尺；以王雅林、王宁等为代表的学者从社会学视角对居民闲暇时间的分配状况开展了广泛而深入的调查；以宋瑞、楼嘉军、王婉飞等为代表的学者从经济学角度研究休闲，主要集中在分析休闲经济在国民经济中的地位和作用。而国内学者对休闲服务供给问题的研究介入较晚，目前仍未能成为休闲研究的重要议题。在检索到的文献中，最早涉及休闲服务供给问题的学者是卿前龙（2005），他把休闲服务的供给渠道分为自我供给的休闲服务、私人部门供给的休闲服务、公共部门供给的休闲服务和志愿性组织供给的休闲服务，并指出因某些休闲服务具有公共产品的性质，政府为了保证一般民众享有基本的休闲权利从而促进休闲机会的平等，为此而发生的财政支出呈现出不断增加的趋势，使得公共部门在休闲服务供给中的作用正在变得越来越重要。[1] 随后，有学者开始对西方发达国家的休闲服务供给体系进行了考察，如可妍（2006）考察了休闲服务供给在美国的发展与构建，验证了休闲服务供给主体随历史发展阶段和经济发展水平的进步而必然出现政府、非营利组织和商业企业并存格局的结论。[2] 宋瑞（2006）和盛小芳（2013）对英国公共休闲供给的发展历程、休闲政策制定、休闲行政管理机构设置等方面进行了较为深入的考察，为我们全面了解以英国为代表的西方发达国家的公共休闲服务情况提供了重要参考。[3][4] 而最早系统地关注公共休闲服务供给的学者是吴承忠（2008），他对国外地方政府在休闲和游憩领域直接供应的范围和各级政府在休闲供应中的相应责任进行描述，并对几种公共休闲供给方式（公有、志愿者机构、商业性娱乐机构）进行了比较，为我国的公共休闲管理提供了启示，对推动学术界和公共管理部门提高对休闲经济的重视起到了积极作用。[5]

然而，上述相关文献大多是对欧美发达国家公共休闲服务体系的描述，

① 卿前龙：《休闲服务的经济学分析》，华南师范大学博士学位论文，2005。
② 可妍：《休闲服务供给的中外比较研究》，北京第二外国语学院硕士学位论文，2006。
③ 宋瑞：《英国休闲发展的公共管理及其启示》，《杭州师范学院学报》（社会科学版）2006年第5期，第46~51页。
④ 盛小芳：《休闲公共供给的发展历程及启示：以英国为例》，《湖南商学院学报》2013年第6期，第103~107页。
⑤ 吴承忠：《国外休闲经济发展与公共管理》，人民出版社，2008。

而对国内公共休闲服务的研究较少涉及。最早对国内休闲服务供给进行详细论述的是范钰娟，她从涉及休闲服务的政府部门、政策法规、政府供给方式、当前的突出问题四个方面对我国休闲服务供给现状进行了详细阐述①，为本研究的开展提供了重要参考。近年来，对政府介入休闲服务供给关注较多的学者是北京航空航天大学的伍先福，他曾多次撰文分别阐释了政府介入休闲服务供给的理论依据②、我国政府在休闲服务供给中的角色定位③以及对西方国家城市公共休闲服务供给层级体系的考察④等，形成了一个相对完整的理论体系，为指导实践发展做出了理论贡献。另外，国内对公共休闲服务供给的研究大多采用定性的描述性研究，极少学者采用定量的分析方法，代表性的研究是白日荣对城市公共休闲进行的调查，她通过对 43 个城市的公共休闲资源状况进行比较，据此对我国公共休闲服务供给整体乏力的原因加以探讨，为公共休闲服务研究提供了一定的借鉴。⑤

三 研究评述

城市公共休闲服务这一研究命题，属于休闲学和公共服务学两个学科的交叉研究，范围广泛、内涵复杂。从国内外相关研究文献来看，虽然国外对休闲学的研究起步较早，但是研究成果主要集中在休闲实践层面，如在休闲产业、休闲项目运营方面的成果积累较多。有关城市公共休闲服务方面，不仅研究成果数量较少，而且研究重点也主要集中在公共休闲服务管理方面，如城市公共休闲管理机构、相关政策法规、休闲规划等，涉及公共休闲服务供给的专门研究成果较少。

在国内，一方面，关于城镇公共服务的研究多侧重医疗、养老等基本公共服务供给或城乡之间公共服务均等化问题。另一方面，国内的休闲研究起步较晚，所涉及的研究领域比较狭窄，主要集中在居民闲暇时间、闲暇活动方式、休闲产业和休闲空间等。而有关城市公共休闲服务方面的研

---

① 范钰娟：《休闲服务政府供给的对策研究》，南昌大学硕士学位论文，2008。
② 伍先福：《政府介入休闲服务供给的理论依据》，《商业经济》2013 年第 6 期，第 3~4 页。
③ 伍先福：《我国政府在休闲服务供给中的角色定位》，《经济地理》2013 年第 6 期，第 98~102 页。
④ 伍先福：《西方国家城市公共休闲服务供给的层级体系》，《现代城市研究》2013 年第 6 期，第 83~87 页。
⑤ 白日荣：《城市公共休闲调查研究——以烟台为例》，经济科学出版社，2010。

究较少，且现有成果多集中在旅游公共服务、体育休闲公共服务和公共文化休闲服务三个方面，对于城镇公共休闲服务供给及基本公共休闲服务均等化问题很少涉及。

总体来看，无论是国外还是国内，对城镇公共休闲服务供给及基本公共休闲服务均等化全面、系统的研究都显得明显不足。

第三节 研究方法与研究设计

一 研究方法

本书的研究注重理论与实证相结合，兼顾定性与定量方法，并综合运用文献分析法和问卷调查法等研究方法。一方面，通过对公共休闲服务内涵及供给体系相关文献的系统梳理，厘清我国城镇基本公共休闲服务供给的研究脉络、研究侧重点、研究方法和研究趋势，总结归纳出我国城镇公共休闲服务供给的现状及存在的主要问题，进而提出相应的提升路径。另一方面，选择我国东、中、西部的部分典型城市，运用问卷调查法并结合实地访谈，对样本城市的公共休闲服务供给情况进行微观实证统计分析，摸清居民对公共休闲服务供给的认知、偏好、满意度及制约因素，进而更有针对性地提出优化策略。

（一）文献分析法

文献分析法的关键是通过对涉及研究对象的历史文献资料进行检索，在分析研判中发现问题。目前，无论是全国范围内，还是区域或城市范围内，休闲调查的价值还没有引起各级政府的足够重视，加之休闲在外延和内涵上尚未准确界定，使得休闲相关调查统计未能形成规范，这给研究工作的开展带来很大不便。本书通过对"中国经济与社会发展统计数据库"、"中国统计年鉴"、各城市"经济与社会发展统计公报"、相关政府机构的门户网站、涉及公共休闲领域的政策法规等内容进行检索，甄别运用部分统计指标，整理出相关数据，并归纳总结为机构设置、法律法规、财政投入以及资源配置四个维度，作为对我国城市基本公共休闲服务供给宏观分析的资料依据。在此基础上，深入分析我国城市基本公共休闲服务供给存在的问题，并思考对应的优化策略。

（二）问卷调查法

问卷调查法也称"书面调查法"，或称"填表法"，是一种用书面形式间接搜集研究材料的调查手段，也是本研究主要采用的定量分析方法。通过向调查者发出简明扼要的征询单，请被调查者填写对有关问题的意见和建议来间接获得材料和信息的一种方法。为了更深入地了解城市公共休闲服务供给和居民的公共休闲活动情况，课题组还专门设计了问卷进行实地调查。

1. 调查对象的选择

课题组经过讨论，选择北京、上海、西安、武汉、郑州、洛阳、开封七座城市为调研对象，主要基于如下几点考虑：

第一，目前国内少数有关城市公共休闲服务供给的研究主要是针对单一城市进行，缺少对多城市的对比研究，同时也存在着样本量不足的局限。

第二，在区位上，这七座城市分属我国的东、中、西部三个地区。

第三，在经济发展水平上，上述七座城市可作为经济发达、经济欠发达和经济不发达城市的典型代表。

第四，这七座城市特色鲜明、共性与个性并存。

第五，研究者的地缘便利因素。

2. 调查问卷的设计

问卷设计的关键主要表现在：一是调查项目的设计，二是数据量表的选择。本书通过对国内外研究文献的系统梳理，对相关研究成果、调查内容与问卷等基础资料的系统分析，在此基础上设计了适合本研究开展的"城市公共休闲服务供给调查问卷"。问卷整体上分为三个部分：第一部分包括1~6题，主要涉及对被访者每日闲暇时间、法定假日享有类型、闲暇时间是否充足、对闲暇时间的认知以及闲暇活动类型等的调查；第二部分包括7~10题，主要针对市区内24类公共休闲空间或设施（课题组成员通过文献检索、访谈、预调查等途径筛选出）的社区覆盖率、居民使用频率、使用障碍因素以及大众诉求等方面进行调查；第三部分包括11~16题，主要涉及到被调查者的性别、职业、年龄、学历、月平均收入等人口统计特征。问卷设计完成后，先在开封市进行了预调查，发放20份问卷进行初测，针对出现的问题，课题组经过讨论后对问卷内容及格式进行了修改，使其更加科学合理，确定最终问卷。

3. 调查问卷的发放

正式问卷发放时间是 2014 年 6～10 月，课题组分小组行动，选择周末时间在调研城市的免费开放公园、广场和购物中心等当地居民日常休闲集聚处发放。七座城市共发放问卷 2750 份，因采用当场填写当场回收的方式，共回收 2750 份。其中，有效问卷共计 2173 份，问卷有效率为 79.02%（见表 1-1）。

表 1-1　问卷调研情况

调研城镇	样本数量（份）	有效样本（份）	调研人员	调研时间
北京	400	304	北京联合大学本科生	2014 年 6 月
上海	400	308	上海师范大学研究生	2014 年 10 月
西安	400	307	陕西师范大学本科生	2014 年 9 月
武汉	400	317	华中师范大学研究生	2014 年 7 月
郑州	400	321	河南商业专科学校在校生	2014 年 10 月
洛阳	400	321	洛阳师范学院本科生	2014 年 10 月
开封	350	295	河南大学研究生、本科生	2014 年 6 月
总计	2750	2173	—	—

二　研究设计

本书的研究设计分为九个部分，分别从宏观调查与微观实证两个层面着手。各部分主要内容布局如下：

第一部分为绪论。主要介绍本研究的选题背景、研究意义、研究综述、研究方法以及研究设计等。

第二部分为基本概念与理论基础。主要是对基本公共休闲服务的概念体系和研究的理论基础进行阐述。对研究涉及的基本概念如公共服务、公共休闲服务供给、基本公共休闲服务供给以及基本公共休闲服务均等化等概念进行界定，为后续研究奠定基础。

第三部分为我国城镇公共休闲需求增长及公共休闲服务供给的宏观分析。首先，对我国城镇化发展及公共休闲需求增长情况、我国政府介入公共休闲服务供给的发展历程进行回顾；其次，对目前我国城市基本公共休闲服务供给的政策法规、机构设置、资金投入以及资源配置等进行梳理，并简要介绍公共绿地、城市公园等主要的供给类型。

第四部分为我国省域公共休闲服务供给现状及基本公共休闲服务均等化评价。首先构建评价指标体系，然后运用相关数据对我国省域公共休闲服务供给现状及基本公共休闲服务均等化进行量化考察，并从中发现东、中、西部及不同省域间公共休闲服务供给及基本公共休闲服务均等化方面所存在的显著差异。

第五部分为典型城市公共休闲服务供给的微观实证研究。以北京、上海、西安、武汉、郑州、洛阳以及开封等七座典型城镇为调查对象，对七城镇公共休闲服务供给概况、社区覆盖情况、居民使用频率、居民使用障碍因素以及公共休闲服务诉求等进行现实考察。

第六、七部分，首先，对我国城镇公共休闲服务供给及基本公共休闲服务均等化主要问题及制约因素进行了分析；其次，对西方公共休闲服务供给与均等化经验进行介绍总结和借鉴。

第八、九两部分，提供了改善我国城镇公共休闲服务供给方式及促进城镇基本公共休闲服务均等化的基本思路，并从城市公园、公共文化、公共体育、社区、商业街区、滨水区等休闲体系构建的视角，提出了建立有中国特色的城镇公共休闲服务供给与保障体系的主要对策。

本章小结

休闲是人类文明进步的重要产物，是人类的基本权利。进入 21 世纪，休闲已经成为一个国家或地区生产力发展水平的新标志、衡量社会文明的标尺，成为人的一种生命状态和生活方式。无论在西方还是在我国，城镇都是人类生活的重要场所，能否满足不断增长的城镇居民的休闲需求既关乎居民个体的健康和幸福，也关乎城市社会的和谐与稳定，所以，休闲乃是城市的基本功能之一。目前，我国城镇化的速度远远快于城镇公共休闲服务供给的速度，城镇居民快速增长的休闲需求不能得到有效满足。公共休闲服务供给以及基本公共休闲服务均等化已经成为影响城镇社会稳定与和谐的关键因素之一。因此，从理论和实践上认识我国城镇公共休闲服务的现状，发现城镇公共休闲供给和基本公共休闲服务均等化方面的不足，探索我国城镇公共休闲服务多元化供给方式以及逐步缓解城镇基本公共休闲服务非均等化的问题，满足城镇居民持续增长的公共休闲服务需求，既具有显著的现实意义，也具有深远的理论价值。

第一章 基本概念与理论基础

第一节 基本概念

一 城镇

城镇，通常指以非农业人口为主，具有一定规模工商业的居民点。"城镇"一词是相对"乡村"而言的，和乡村相比，城镇最本质的特征表现在以下几个方面：（1）城镇是以从事非农业活动的人口为主的居民点，在产业构成上不同于乡村；（2）城镇一般聚居有较多的人口，在规模上区别于乡村；（3）城镇有比乡村要大的人口密度和建筑密度，在景观上不同于乡村；（4）城镇具有上下水、电灯、电话、广场、街道、影剧院、博物馆等市政设施和公共设施，在物质构成上不同于乡村；（5）城镇一般是工业、商业、交通、文教的集中地，是一定地域的政治、经济、文化中心，在职能上区别于乡村。此外，在生活方式、价值观念、人口素质等许多方面，城镇和乡村之间也存在着差异。

"城镇"经常与"城市"混用。在1999年国家颁布的原《城市规划基本术语标准》中，就将二者视为同一概念，认为"城市（城镇）"是指以非农产业和非农业人口聚集为主要特征的居民点，包括按国家行政建制设立的市和镇。2011年后，相关部门对原《城市规划基本术语标准》进行调整和修订，形成新版《城乡规划基本术语标准》。在新标准中，未直接给出"城镇"的定义，仅给出了"城市"定义，认为城市是以非农产业和非农人口集聚为主要特征的人类聚落。但新版标准中仍然保留了原版中的多元含义，指出，一般而言，城市包括建制市和镇。仅在《中华人民共和国城乡规划法》（2015年修订）及之后出台的部分法律法规条文中，城市特指县城及县级市以上的建制市。在我国相关统计资料中，多使用"城镇"一词；在实际研究中，多数学者并未对"城市"和"城镇"加以辨析和区别利用，个别学者提出城镇概念大于城市，即包括建制市与建制市以外的"小城镇"。在本书中，一般使用"城镇"这一概念，但书中所引用文献资料及其他学者所使用的"城市"一词与本文"城镇"一词原则上没有区别。

二 休闲与休闲时代

"休闲"一词首先出现在希腊语中，拼写为"schole"，指的是休闲及教育，被认为是一种远离工作的状态或者条件。英文的休闲"leisure"一词，根源于拉丁词语"licere"，意为正当的或被允许的。在我国，"休闲"一词最早是指农田在一年或一季里不事耕作以恢复地力的措施，耕作者则在农耕闲暇时间进行一系列的节庆、集会活动。随着时代发展，国内外学者试图从时间维度、活动维度、状态维度、心理维度、制度维度等不同层面揭示休闲的内涵及本质，从一定程度上反映了休闲这一社会现象的复杂性。

目前，国内外关于休闲的界定主要有以下几个角度：一是从空闲时间角度（freetime），认为休闲是可以自由支配的时间，即完成所有应尽义务之后的可自由选择和随意支配的时间。二是从活动的角度（activity），认为休闲是一系列与日常需求无关，是出于职业、家庭和社会义务之外的活动，是纯粹出于自愿的一种选择，是静态的、社会的活动。三是从心态的角度（perceived），认为休闲是一种心态或者生存状态，只有参与活动的个体本人才有资格界定组成休闲活动的要素，只有个人的理解和经历才能决定什么是休闲。四是从存在方式的角度（state of existence），认为休闲是人们在空闲时间段为满足个人的自由需求、创造需求和社会交往需求而进行的愉悦身心的活动。[1][2] 美国著名休闲研究学者古德尔和戈比在比较了各种定义之后，给休闲做了如下解释，他们认为，"休闲是从文化环境和物质环境的外在压力中解脱出来的一种相对自由的生活，它使个体能够以自己所喜爱的、本能地感到有价值的方式，在内心之爱的驱动下行动，并为信仰提供一个

---

[1]　韩振华：《休闲城市发展要素研究》，浙江大学出版社，2014。
[2]　程遂营：《北美休闲研究——学术思想的视角》，社会科学文献出版社，2009。

基础"。① 这一定义更为全面地诠释了休闲的本质和内涵，也是目前为学术界所广为接受的休闲定义，在学术界有较大的影响，并被我国许多学者引用。② 虽然中西方对于休闲的原概念及其含义都有不同的理解。但从本质上说，在追求身心的自由、宁静、放松、安适等方面却是相同的。③

19 世纪后期在欧美发达国家迅速展开的工业化和城市化带来了一系列的城市问题，人口数量巨大、人口密度高、环境恶化，居民完全成了追求社会这架"机器"效率与功能的附属物，成为机器的奴隶，变得匆忙不自由。那么，人类的走向和前途命运如何，人生的意义和文明的尺度是什么？休闲研究正是在对这些问题的思考中逐步兴起的。从凡勃仑的《有闲阶级论》一书的出版（1899 年）至今，休闲学在西方已经走过百余年的历程。休闲研究正是通过对休闲活动和休闲生活价值的研究，关注人类的前途命运和走向。对于休闲理论来讲，休闲价值观就是整个休闲理论的核心，它决定着人们如何看待并理解休闲对于人类的意义。休闲研究正是通过探讨休闲活动对人生价值、人类进步等的思考关注人类文明的走向和人类的前途命运。④

休闲时代是指一个国家或地区人均 GDP 达到 3000～5000 美元阶段后，在居民生活方式、城市功能和产业结构等方面相继形成休闲化特点的一个发展时期。⑤ 未来预测学家格雷厄姆 T. T. 莫利托曾指出：到 2015 年人类将走过"信息时代"的高峰期而进入"休闲时代"。休闲时代通常有如下几个方面的特征：（1）休闲生活常态化。居民从事休闲娱乐活动已经成为与工作、睡觉和从事家务等必要的社会活动同等重要的第四种生活状态。（2）休闲消费脱物化。随着人均收入的提高，食品消费在人的全部消费中的比重会下降，而对以精神产品为主导的非物质消费需求迅速攀升。（3）城市功能休闲化。一是经济功能休闲化，形成了比较完善的休闲产业体系，二是公共服务功能凸显休闲内涵。（4）生活泛娱乐化。一是指社会

① 〔美〕杰弗瑞·戈比：《你生命中的休闲》，成素梅、马惠娣等译，云南人民出版社，2000。
② 李仲广、卢昌崇：《基础休闲学》，社会科学文献出版社，2004。
③ 程遂营、张珊珊：《中国长假制度：旅游与休闲的视角》，中国经济出版社，2010。
④ 张广瑞、宋瑞：《关于休闲的研究》，《社会科学家》2001 年第 9 期，第 17～20 页。
⑤ 楼嘉军、徐爱萍：《试论休闲时代发展阶段及特点》，《旅游科学》2009 年第 2 期，第 61～66 页。

生活中的"政治、宗教、新闻、体育、教育和商业都心甘情愿地成为娱乐的附庸";二是娱乐因素越来越多和越来越广地渗透到诸如购物、餐饮及其他各种日常活动中去;三是休闲和工作向着互相融合的方向发展;四是指城市群内部同城化现象日益凸显。(5)休闲方式虚拟化和极限化。休闲方式虚拟化是指休闲娱乐方式由传统的具象化转向网络的虚拟化;休闲方式极限化是指人们在休闲活动中越来越倾向于在生理和心理上尝试体验极限活动带来的一种惊险刺激的感受。① 时至今日,在西方发达国家和许多发展中国家,格雷厄姆 T. T. 莫利托的预言已经变成了现实。

三 公共服务与基本公共服务

日常生活中,人们主要消费着私人和公共两大类物品。其中,私人物品又叫私人服务产品,主要是满足个人的特殊需求;公共产品又称公共服务产品,主要用于满足大众公共需求,这些需求与每个人都有直接利益关系。公共管理学认为,用于满足个人特殊需求的私人服务产品一般以市场机制供给为主导,而公共产品由于存在着产品利益边界模糊、投入产出不成比例以及消费的非竞争和非排他性等特征,则需要由政府来主导供给。② 所谓公共服务,广义上是指不宜由市场提供的(如国防、教育、法律等)所有公共产品,狭义上是指由政府直接提供或出资兴建的基础设施和公用事业,如道路、电信、邮政等。③ 公共服务一般具有以下几个方面的含义:第一,公共服务是为社会公众提供的基本的和非营利性的服务,属于大众化服务;第二,公共服务是人们日常生活中的基本需求服务,如人们生活中不能离开的水、电、气、文化、教育、安全等方面的基本服务;第三,公共服务通常包含了较为广泛的内容,既有如道路、水、电、气、通信、交通工具等物质产品的提供,又要有医疗、教育、安全、娱乐休闲等非物质产品的提供,并且均以低价位提供从而确保人们能够持续性消费。④

---

① 唐晶、辛璐等:《图书馆与博物馆公共休闲服务合作初探》,《图书与情报》2012 年第 4 期,第 48~51 页。
② 马庆钰:《关于"公共服务"的解读》,《中国行政管理》2005 年第 2 期,第 78~82 页。
③ 柏良泽:《"公共服务"界说》,《中国行政管理》2008 年第 2 期,第 17~19 页。
④ 李朝祥:《政府公共服务职能的市场化》,《广西社会科学》2003 年第 4 期。

　　按照服务的水平和层次，人们一般把公共服务分为非基本公共服务和基本公共服务两种。所谓基本公共服务，是指公共服务中最基础、最重要以及群众需求最迫切的服务项目，它与人们的生存和发展关系最为密切，一般包括如义务教育、基本卫生医疗、基本社会保障等。所谓基本，可以从两个方面来理解：一是从供给角度来看，基本公共服务是作为供给主体的政府在其可能提供的范围内，向民众提供的与民生息息相关的最基本的公共服务，也就是说，政府提供的公共服务范围和水平直接影响居民的福利水平和具体生存状况；从需求角度来看，基本公共服务是指在公共服务领域里，全体公民都能够享有相对合理和均等的公共服务水平。[①] 基本公共服务是政府回应社会基本公共需求，以公平正义为价值取向，运用手中所掌握的公共资源，为社会提供产品和服务的总称，它关系公民的基本生存权和发展权，关系国家经济社会的稳定，因而更为根本，相对于非基本公共服务而言要更加优先发展。基本公共服务是一个社会中人们生存和发展必需的基本条件，是政府必须承担和满足的公共产品和服务，是一个社会非由政府提供不能有效满足和充分保障的基本福利水准。[②]

四　均等化

　　一般认为，均等化只能是"大体相等"，而不可能是绝对相等。但在具体取向上，对于均等化的理解和解释分为四种：一是起点或机会平等，即公民享受基本公共服务的机会均等，如公民都享有平等接受教育的权利。该观点关注赋予人们具有同等的条件、权力和机会，而非实际的结果，这是一种自由主义的解释。二是结果平等，即每一个公民都大致均等地享受国家在一定时期内所提供的基本公共服务。该观点认为结果的均等比机会的均等更重要，强调人们的处境、条件或结果相等，常常被看成一种平均主义的理解。三是能力平等，使得能力相同的人获得相同的待遇，能力不同的人获得不同的待遇，据此实现"按劳分配"。四是需求平等，强调对于不同的需求给予同样的满足，"均等"的范畴不仅包括城乡之间的均等、不

---

① 韩小威、尹栾玉：《基本公共服务概念辨析》，《江汉论坛》2010年第9期，第42~44页。
② 项继权：《基本公共服务均等化：政策目标与制度保障》，《华中师范大学学报》（人文社会科学版）2008年第1期，第2~9页。

同区域之间的均等，也包括不同群体及个体之间的均等，据此实现"按需分配"。也就是说，每个人无论其生活在哪里，也不管他的个人能力和收入高低，只要他生活在这个国家，他就享有和其他任何人大体均等的基本公共服务。[1]

五 城镇公共休闲服务与基本公共休闲服务均等化

城镇公共休闲服务是指主要由城镇政府提供以满足市民与游客休闲需求为目的的一种公共服务。具体而言，就是由城镇政府主导或组织的为满足公众休闲需求而进行的一系列活动，包括营造公共休闲环境、构建公共休闲空间、完善公共休闲设施、开展各类休闲教育及直面公众的休闲服务等。[2] 公共休闲环境是一个系统工程，包括自然景观、水体景观、建筑景观及环境保护等硬环境；也包括人文环境、交通环境、发展环境、休闲氛围等软环境。公共休闲空间是由多个休闲空间构成的一个空间系统，基本可划分为传统公共休闲空间，如城市公园、传统休闲商业街区等；以及现代公共休闲空间，如中央休闲区、社区休闲空间等。公共休闲设施包括博物馆、展览馆、科技馆、文化馆、美术馆、青少年宫、公共图书馆、公共体育场馆及户外运动场与健身、休憩、娱乐设施等。休闲教育及直面公众的休闲服务包括公共休闲教育、休闲基础教育、休闲高等教育、休闲职业教育以及各种休闲活动的组织、休闲项目的规划和实施等，其目的是使受教育者提高对休闲价值的自我认知，引导人们科学合理地安排工作与生活，从而更好地利用闲暇时间来充实、发展和完善自我，促进个人的全面发展。城镇向居民提供的基本公共休闲服务则包括营造基本的公共休闲环境、构建必要的公共休闲空间、完善基础性公共休闲设施以及提供切实的休闲教育和休闲服务项目等。

城镇基本公共休闲服务均等化是指城镇基本公共休闲资源和服务要为全体公民共同拥有，每位公民都能均等地享受由城镇政府提供的无地域、民族、性别、阶层等差异的，数量相当、质量相近、可及性大致相同的基

① 白莽祯、程遂营：《我国基本公共休闲服务均等化研究》，《现代商贸工业》2014 年第 12 期，第 36~39 页。

② 程遂营、张月：《中国城镇基本公共休闲服务均等化现状、问题与趋势》，《休闲绿皮书：2017~2018 年中国休闲发展报告》，社会科学文献出版社，2018。

本公共休闲服务。① 不过，从中外实践来看，政府从来不是，也永远不可能是一切公共服务的提供者，不可能包揽一切公共服务，而只能在公共资源，主要是公共财政条件允许的最大限度范围内承担公共服务。② 城镇基本公共休闲服务的范围和程度应根据社会的经济发展水平和公共财政的基本承受能力而定，因此，也就决定了城镇提供的基本公共休闲服务不可能实现绝对的平均，而所谓的均等化则是将各种差距控制在可以接受的范围之内，基本公共休闲服务水平较低的城镇要保障最低限度的服务能力，从而在全社会保障公民的基本休闲权利。

第二节　理论基础

一　供给需求理论

"供给"与"需求"是两个经济学范畴的概念，一般是指人们的交易行为。供给与需求理论，是一种有效的分析工具，可以用来分析不同社会形态的经济活动。供求规律及其所包含的供需应当平衡的原则，是人类在各种社会经济活动中所必须遵循的一个基本规律。

公共服务的需求是指公众在一定价格水平上，对公共服务有支付能力的需求。相对私人产品需求，公共服务需求具有以下几个特点：一、具有公共性而且比较规范化；二、通常通过政治的方式，用公共渠道来表达公共服务需求；三、公共服务需求的判定一般比较难，它不仅有地方性的需求且也有局部性的需求，而且有些需求除了量上存在差异，在质上也存在差异。一般来说，公众对于公共服务的需求，主要受以下因素的影响：一是社会经济发展水平。通常来说，一个社会的经济发展水平越高，则相应的对公共服务的需求也越高，具体体现在规模和质量两个方面。二是居民的收入水平。通常来说，居民的收入水平越高，则对公共服务的需求也会越高。三是居民的基本素质。通常来说，居民的基本素质越高，则对公共

---

① 程遂营、张月：《中国城镇基本公共休闲服务均等化现状、问题与趋势》，《休闲绿皮书：2017～2018 年中国休闲发展报告》，社会科学文献出版社，2018。
② 邱霈恩：《基本公共服务均等化——全民均等受益、共享发展成果》，《红旗文摘》2010 年第 3 期，第 28 页。

服务的规模、质量和水平的要求也越高。城镇公共休闲服务作为公共服务的一个重要组成部分，也遵循以上几个需求特点，受相应因素的影响。

公共服务供给主要有如下几个特点：第一，供给主体可以多样，但必须以政府为主。公共服务的特殊性质，使得公共服务不可能完全由私人供给。公共服务的供给主体一般主要包括政府、社区、私人，但由于其公共产品的属性，因此，在众多供给主体中应以政府为主。第二，供给方式多样，但也必须以政府为主导。公共产品的供给方式一般有政府委托的私人供给、政府的直接供给、社区集体供给、政府补贴的私人供给、市场供给等多种方式。不过，由于公共服务所具有的公共产品的非排他性和正的外部性，所以，在具体的各种供给方式中，必须坚持政府主导，否则很容易导致供给不足的现象发生。第三，供给资金来源形式多样，但以财政资金为主。在公共服务供给的资金来源上，可以包括政府财政资金、金融资金、社区集体资金、私人资金和国外资金等。但在前两个特点的作用下，使得供给资金来源上仍然以政府的财政资金为主。影响公共服务供给的因素有很多，主要包括：第一，供给成本因素。一般来说，供给成本越高，则供给相对困难。第二，政府的执政能力，这里具体包括政府的执政理念和管理效率两个方面，显然，不同的执政理念和不同的管理效率会影响政府最终的公共服务供给数量和供给效果。第三，政府的财政能力。一般来说，各地区经济发展水平不同，政府的财政支出能力也就有差异。此外，还有许多其他影响公共服务供给的因素，如公共服务的绩效考核机制、相应的制度设计理念、区域文化背景等。城镇公共休闲服务供给同样遵循一般公共服务供给的规律。

城镇公共休闲服务属于特殊的公共产品，公共产品具有非竞争性和非排他性，而且公共休闲服务很大一部分属于基础设施范畴，投资量巨大，企业等社会力量不愿也无力去提供这类休闲服务，政府将在其社会效益大于成本时进行供给。半公共物品具有很强的正外部性，如不能得到与其相当的经济补偿，企业等组织将减少或不提供这些休闲服务项目。[①] 政府提供的休闲服务大多数为公共或准公共物品，服务对象不分年龄、性别、民族、信仰、社会地位和经济地位，保证公众平等享受休闲服务的权利。另外，

---

① 卿前龙：《休闲服务的经济学分析》，华南师范大学博士学位论文，2005。

这些服务往往具有公益性或半公益性，能够大大降低人们的休闲成本。①

公共产品的供给需求理论对于城镇公共休闲服务供给及基本公共休闲服务均等化研究具有明显的理论意义。

首先，供给需求理论为城镇公共休闲服务在理论上实现供给主体的多样化提供了理论支持。供给需求理论表明，公共休闲服务作为一项公共产品，是存在一个潜在的供给和需求平衡的价格的，供给的成本与供给的能力，以及需求的数量与质量都会影响最终均衡点的位置，均衡价格的存在理论上为公共休闲服务供给的市场化提供了一定的理论支持。另外，由于公共休闲服务并非"纯公共物品"，其中还存在一些介于纯公共物品和私人物品之间的仅具有非竞争性或非排他性特征的"准公共物品"或"混合公共物品"，因此使得公共休闲服务的供给主体可以多样化，除了政府之外，还可以是社区、企业或私人。目前在公共休闲服务供给上适当引入市场机制的做法在发达国家已经得到了很好的践行。

其次，供给需求理论为城镇基本公共休闲服务非均等化提供了理论解释。在城镇基本公共休闲服务供给中提倡均等化是由于存在非均等化的现实。为什么会造成非均等化？供给与需求理论认为，由于城镇社会经济发展水平、居民的收入水平、居民的基本素质等的不同造成了不同城镇的基本公共休闲服务在需求方面的差异；同样，由于在政府的供给成本因素、政府的财政能力、政府的执政能力等因素的影响，必然造成城镇基本公共休闲服务供给方面的差异。

最后，供给需求理论为城镇基本公共服务均等化的结果评价提供了理论依据。供给需求均衡理论要求同时考虑需求因素和供给因素，这为城镇公共休闲服务均等化结果的评价提供了理论依据，可以从需求和供给两个方面对均等化的效果进行评价。需求方面，基本公共休闲服务均等化在本质上是人的权利的均等化，所以对基本公共休闲服务来讲，就是民众享受基本公共休闲服务的权利是平等的。从供给方来看，基本公共休闲服务的均等化要求财政能力（即供给能力）的均等化，政府需要根据各地提供基本公共服务的能力，在各地区间合理确定转移支付的比例；从供给环节来看，基本公共休闲服务的提供可以分为投入阶段和产出阶段，投入阶段的

① 李仲广、卢昌崇：《基础休闲学》，社会科学文献出版社，2004。

均等化即供给能力的均等化，而产出的均等化则可以通过公民的需求感受来得到反映，因此供给的产出效应最终可以转移到需求的主体的分析上。这样，从需求方面对基本公共休闲服务均等化进行评价，强调的是需求主体已经获得的基本公共休闲服务的均等化，这与从供给（投入）角度对基本公共休闲服务均等化的结果进行评价是完全不同。

二　福利经济理论

福利经济学是在 20 世纪初逐步发展起来的一门理论和应用的经济科学，对于它的定义，不同学者有不同的观点。福利经济学的创始人——英国经济学家庇古（Arthur Cecil Pigou）认为，福利经济学是研究增进世界的或某一国家的经济福利的主要影响的学科。而美国著名经济学家萨缪尔森（Paul A Samuelson）给福利经济学下的定义是：福利经济学是一门关于组织经济活动的最佳途径、收入的最佳分配以及最佳的税收制度的学科。我国经济学家黄有光在《福利经济学》一书中给出的定义为："福利经济学是这样一门学科，是研究不同经济状态下的社会合意性的经济理论。"福利经济学包括两个方面的核心内容：第一，福利实质上是一种个人的意识状态；第二，如果国民收入的总量越大，进而最终的社会经济福利也应该越大。

庇古（Arthur Cecil Pigou）是旧福利经济学的代表人物，而萨缪尔森以及希克斯、卡尔多等则是新福利经济学的代表性人物。与旧福利经济学相比，新福利经济学更强调市场所包含的主要研究内容，如：补偿原则、帕累托最优标准、次优理论、社会福利函数等。目前，后福利经济学的发展主要体现在阿玛蒂亚·森（Amartya Sen）对福利经济学的批判和黄有光的第三优理论上。阿玛蒂亚·森在以下四个方面对以往的福利经济学进行了批判：一、对福利主义进行了批判；二、对社会福利函数理论提出了批判；三、对福利经济学"价值中立"的原则进行了批判；四、通过对饥荒与贫困问题的研究，对传统经济学的"财富万能"的观点提出了挑战。黄有光提出的第三优理论是对次优理论的完善。

福利经济学对世界各国资源配置、收入分配研究，起着非常重要的基础性影响作用。

首先，就公共服务与社会福利的关系来看，社会福利的改善可以看成公共服务的一个目的，而公共服务又可以看成社会福利目标实现的一个重要的手段。公共服务供给与均等化，不仅能够增加社会经济福利，同时也有助于提高效率。在庇古的观点中，其所倡导的国民收入分配均等化的观点，并不可取，这是因为收入的均等化一般会造成效率的损失，这与市场经济中通常所追求的效率原则是相悖的。相对而言，公共服务均等化可以说是较为合理的选择，政府应该在充分考虑民众实际需求的同时，通过对公共服务进行"相对均等"的配置，来提高效率，增进公平。

其次，新福利经济学的方法为基本公共服务均等化的实现从多个角度提供了理论基础。其中，帕累托最优理论对于现实中实现帕累托最优所受到的各种限制条件提供了更为具体的、更有可操作性的理论框架。在经济的发展过程中，应当逐步提高财政支出中被用于公共服务的比例，应实现公共服务地区间的合理分配。一般来说，为了消除地区之间由于经济的发展差异而带来的公共服务供给水平的失衡现象，通常可以通过转移支付来加以调整，由此造成的效用得到补偿，进而提高整体的社会福利水平。

最后，与重视财富、经济增长与收入的均等化不同，以阿玛蒂亚·森为代表的后福利经济学更加关注个人的生存和发展的能力，关注个人基本价值的判断，同时也关注正义和公平等与福利主义密切相关的系列问题。结合我国的情况来看，改革开放四十多年来，由于各地区片面追求 GDP 的数量增长而忽略其他因素，进而造成资源枯竭、生态恶化与贫富差距扩大等系列社会问题，一些社会矛盾也日益突出。因此，我们需要采用新的发展观和新的福利观，来取代传统的发展观和福利观。这种福利内涵及其所包含的价值理念，对于一个国家的建设和政策制定具有非常重要的意义。从后福利经济学的系列观点提出之后，人们开始更加注重从社会权利、人类发展良性循环的角度出发，建立完善的制度保障体系，加强政府在公共服务领域的投入。这样做，不仅能够有效促进民众个体各项能力的提高，而且，会进一步促进经济的持续增长、社会的持续进步。

从上述分析可以看出，福利经济学的研究范畴与公共服务均等化的内涵二者之间存在着交集，而且公共服务均等化的实施将有利于提高社会的福利水平，一定程度上可以缓解社会矛盾，促进社会经济的良性循环，实现可持续发展。所以，福利经济学从理论上为公共休闲服务均等化提供了经济学研究基础，反过来，作为公共服务重要组成部分的公共休闲服务均等化则为福利经济学拓展了研究范畴。

三　公共财政理论

所谓"公共财政"，是指一个国家或政府为市场所提供的公共服务的经济活动（也称为分配活动），是一种能够与市场经济相适应的财政模式。与其他经济学分支学科相比，西方公共财政理论的形成和发展显得要晚些。在资本主义经济发展过程中，自由放任不加约束的市场原则，已逐渐显现出其存在的隐患，并最终集中地表现在稳定与公平这两大问题上。19世纪以后，社会分配不公越来越严重，由此引起的社会动荡也越来越多。这些充分证明，在社会公平问题上，市场机制无能为力。在此背景下，西方资本主义国家的公共财政政策，逐渐由自由放任转向政府干预。1929～1933年，资本主义国家爆发的经济危机，充分证明了光靠市场机制的自发调节是不够的，凯恩斯的宏观调控理论逐渐取代了经济自由主义。在这一时期，西方国家的政府职能日益扩大，资本主义国家进入政府干预的新时期。到20世纪70年代，世界主要的经济体出现"滞胀"现象，发达国家的福利社会面临危机，凯恩斯主义遭遇到了新的挑战。以布坎南等为代表的一批经济学家，创立了公共选择理论。他们对政府与市场的关系进行重新审视，从这一角度去研究社会的公共需求与相应的公共产品问题。

政府干预市场的主要手段则是"公共财政"政策的实施。公共财政的基本特征表现在以下四个方面。第一，公共性。即公共财政是弥补市场失效的财政，它处于市场活动之外，为市场的正常和正当活动提供必不可少的服务。第二，公平性。它要求政府对所有的经济主体与社会成员，必须提供相同的没有差异的均等化公共服务。第三，非营利性。即公共财政只能以社会利益为自己首要的活动目标。第四，是一个国家的法治性。这四大基本特征分别从不同的侧面，共同地表现了此时财政所具有的"公共性"。

"公共财政"的公共性决定了它与公共服务均等化之间密不可分的关系。首先，公共服务均等化是公共财政的基本目标之一。政府作为一国利益的代表，其财政收入来源于全体民众，所以公共财政支出同样地也应用于全体民众，政府用财政收入为全体民众所提供的服务，应该"同样化"。公共服务均等化的目标同样是尽可能地为社会全体成员提供尽可能均等化的公共服务水平。因此，公共服务均等化，可以看成公共财政的基本目标之一。其次，公共财政为公共服务均等化的实现提供资金和资源保障。公共服务作为服务活动的一种，其实现过程中将会涉及资金保障、成本补偿等问题，而这些问题的解决无不依赖于公共财政的支持。同时，为了保障公共服务的供给机制科学有效，应保持税收的中性，提高税收支出的效益；对信息的披露尽量形成正向的激励机制；促进公共服务的成本分担持续优化；在公共服务的供给中，形成良好的私人部门与公共部门的协调与互动机制。

从根本上看，公共服务均等化这一目标是在经济发展过程中逐步实现的，是一个不断改进和完善的过程。一方面，只有当经济发展了，政府的财政能力才会增强，才能更好地为公共服务均等化提供不断增强的财力支持和物质保障。另一方面，由于公共服务需要在一定的社会经济体制下实现供给，因此，如果没有相应合理的供给制度及相关体制作为保障，那么再多的财政支持也难以有效利用，反而会导致资源浪费。所以，实现包括公共休闲在内的公共服务均等化，必然需要财力与制度二者紧密结合。对我国的公共财政来说，需要在服务和谐社会的大背景下，以实现公共休闲服务均等化为导向，不断完善现有的各项公共财政体制，在财力跟上的同时，制度也需要不断完善。

四　公平正义理论

自古以来，公平正义就是人类追求的普遍价值，其实质可以归结为一个平等地对待所有人的问题。文明社会的目标是保障人民在政治、经济、文化、社会等方面的权利和利益，引导公民依法行使权利、履行义务，是社会发展进步的一种价值取向，是社会和谐的基本条件，更是社会主义的核心价值和本质要求。

法国思想家勒鲁曾指出，现在的社会，无论从哪一个方面来看，除了平等的信条外，再没有别的基础。他还说，人类对于平等的信仰一旦取消，任何国家都成了霍布斯所说的那个样子：到处发生丧失理智的激情和敌对利益的冲突。美国伦理学家约翰·罗尔斯（John Bordley Rawls）也认为，正义即指制度的道德、制度的德行，是支撑社会基本结构属性是否道德的一个概念。正义原则必须是这样的原则：它们具有一般的形式，普遍适用于一切场合，能够公开地作为排列各种冲突要求之次序的最后结论来接受。

从利益分配的角度看，现代意义上的社会公平正义就是社会的经济利益、政治利益、文化利益以及其他利益在全体社会成员之间合理而平等地分配。它意味着权利的平等、分配的合理、机会的均等、司法的公正等，其核心内涵是公平交易、公平分配、公平消费，使所有人都能够在个人能力、贡献的基础上享受经济社会发展所带来的好处。社会公平正义应坚持基本权利平等原则、机会平等原则、按贡献进行分配原则、社会调剂原则。公平正义是人类社会的核心价值追求，不同历史阶段、不同意识形态都没有动摇这一核心价值理念。从道德、伦理、法权等角度看，公平正义都应该是政府执政的政策目标之一。

所以，国家和政府不仅要提供公共服务，还需要根据公平正义的核心价值追求，在公共服务的提供上实现均等化。改革开放以来，我国党和政府在搞好经济建设的同时，致力于推进社会的公平正义，促进人的全面和自由的发展，推进公共服务均等化是其主要目标之一。当然，由于资源的约束和个体的差别，并非所有的公共服务内容都能够实现均等化。但是，在教育、卫生、医疗和社会保障等方面的基本公共服务实现均等化，是我国实现公平正义核心价值理念的内在要求，也是我们构建和谐社会、促进全面协调可持续发展的必由之路。而在公共休闲服务方面，实现大众公共休闲环境、基本公共休闲空间和设施以及基础性公共休闲教育等基本公共休闲服务的均等化，乃是现代城市转型发展的必然要求。

本章小结

本章讨论了城镇、休闲、公共服务、公共休闲服务、基本公共休闲服务均等化等相关概念；梳理了与公共休闲服务供给及基本公共休闲服务均等化相关的供给需求、福利经济、公共财政和公平正义等相关理论。城镇公共休闲服务涵盖的范围极广、内容很丰富，诸如公共休闲环境、空间、设施及教育、卫生、安全等诸多领域，涉及建设、规划、市政、园林、文化、体育、教育、卫生等众多政府部门或机构。而"以人为本"是指导城镇公共休闲服务供给体系构建的基本原则，体现在城镇规划、公共服务设施建设及城镇管理等各个方面。应该看到，城镇的出现和城镇化进程的加快使城镇公共休闲服务供给成为城镇管理与服务的基本职能，在这方面，西方资本主义发达国家比较早地进行了探讨和实践，并形成了相对完善的城镇公共休闲管理与服务理论和实践体系。中国是发展中国家，在公共休闲服务供给方式和基本公共休闲服务均等化方面与西方发达国家存在着一定的距离，因此，不断提升城镇休闲功能，满足居民多样化需求乃是一个长远的目标。与此同时，不同的资源和文化环境，也决定了中国在城镇公共休闲服务供给方式和基本公共休闲服务均等化方面与西方发达国家必然存在一定的区别，所以，在建立和完善具有中国特色的城镇公共休闲服务体系的过程中尤其要重视这一点。

第二章　我国城镇公共休闲需求增长及公共休闲服务供给概述

第一节　我国城镇化发展及公共休闲需求增长情况

进入 21 世纪以来，伴随着我国经济的快速增长，城镇化迅猛发展。随着城镇人口增多、城镇居民可自由支配收入增长，以及可自由支配时间增加，城镇居民的休闲需求也快速增长起来。如何满足城镇居民不断增长的休闲需求成为国家和城镇管理者必须面对的客观问题。

一　城镇化迅猛发展

近年来，我国城镇化速度很快。国家统计局发布的资料显示，2006年，我国大陆总人口 132129 万，城镇常住人口 57706 万，占总人口比重为 43.7%；十年之后，2016 年，我国大陆总人口为 138271 万，其中城镇常住人口 79298 万，占总人口比重为 57.3%。十年间，平均每年常住人口城镇化率约提高 1.35 个百分点。2017 年，我国常住人口城镇化率增至 58.52%。预计到 2020 年，我国常住人口城镇化率将超过 60%；2030 年接近 70%，2050 年，将超过 80%。建制市、建制镇等数量的增加也进一步体现了我国城镇化进程的快速推进。《中国城市发展报告（2012）》中公布，截至 2012 年末，全国共有设市城市 658 个，建制镇数量已增加至 19881 个（见表 2-1）。①

---

① 数据来源：2011~2016 年《中华人民共和国国民经济和社会发展统计公报》。

表 2-1　2011~2017 年我国大陆常住人口城镇化率

年份	我国大陆总人口（万人）	城镇常住人口（万人）	常住人口城镇化率（%）
2011	134735	69079	51.3
2012	135404	71182	52.6
2013	136072	73111	53.73
2014	136782	74916	54.77
2015	137462	77116	56.1
2016	138271	79298	57.35
2017	139008	81347	58.52

资料来源：2011~2017 年《中华人民共和国国民经济和社会发展统计公报》。

二　我国城镇居民休闲需求的快速增长

高速的工业化和城镇化进程对社会的发展产生了深刻影响，城市生活空间日益狭窄，交通拥堵、环境恶化、生活压力增大等"城市病"困扰着城镇居民。在社会经济发展水平、居民可支配收入和闲暇时间、休闲观念以及私人汽车发展等综合因素的影响下，我国城镇居民的休闲需求呈现快速增长。

（一）社会经济发展水平及居民可支配收入

在城镇化快速发展的同时，我国的人均国内生产总值（GDP）以及城镇居民人均可支配收入也呈现快速增长的趋势。2011 年，我国人均 GDP 为34999 元；2017 年，我国人均 GDP 增长到 59660 元，年均增长率约为8.7%。2011 年，我国城镇居民人均可支配收入为 21810 元；至 2017 年，城镇居民人均可支配收入达 33834 元，每年以平均 7%以上的速度增长。[①] 人均 GDP 以及城镇居民可支配收入等与休闲发展密切相关的基础性宏观数据的持续增长，表明我国宏观经济的发展为城镇居民休闲需求的扩大提供了坚实的经济基础（见表 2-2）。

---

① 数据来源：2011~2016 年《中华人民共和国国民经济和社会发展统计公报》。

表2-2 2011~2017年全国人均国内生产总值及城镇居民人均可支配收入增长情况

年份	人均国内生产总值（元）	人均国内生产总值年均增长（%）	城镇居民人均可支配收入（元）	城镇居民人均可支配收入年均实际增长（%）
2011	34999	—	21810	—
2012	38354	9.6	24565	9.6
2013	41805	9	26955	7
2014	46531	11.3	28844	6.8
2015	49351	6.3	31195	7.4
2016	53980	9.4	33616	5.6
2017	59660	6.3	33834	7.2
平均增长	—	8.7	—	7.3

资料来源：2011~2017年《中华人民共和国国民经济和社会发展统计公报》。

（二）休闲时间

有钱、有闲是城镇居民休闲活动开展得以实现的基本条件。根据2013年12月11日对《全国年节及纪念日放假办法》的第三次修订，我国目前全年休假时间共计115天，约占全年的1/3。此外，对于大、中、小学生及教师，加上寒暑假全年休息时间约为160天；国家公务员、科研与事业单位以及外企人员享有"带薪休假"；从事第一产业的农民，由于机械化水平的提高，全年休闲时间也会有所增长；退休人员大多数"赋闲在家"；网络化、信息化的发展，催生了更多的"自由职业者"，休闲休假的时间更加弹性化；部分社会人员处于失业、待业以及不稳定的工作状态，"择业空置期"也可以部分转化为休闲时间。[①] 可见，随着社会的发展，城镇居民的闲暇时间呈不断增长的趋势，为居民休闲活动的开展提供了时间上的保证。

（三）休闲观念与休闲消费

2015年发布的《国民休闲旅游发展研究报告》中显示，76.2%的受访者认为休闲是他们的基本权利，是缓解压力、幸福生活的重要内容，说明

---

① 申广斯、杨振之：《中国城镇居民休闲消费变迁及影响因素研究》，《河南大学学报》（社会科学版）2016年第3期，第48页。

正确的休闲观念已经深入人心，成为全民共识。在此基础上，休闲消费增长明显。

据统计，休闲已经成为国民主体消费之一。2016 年全年社会消费品零售总额为 332，316 亿元，扣除价格因素较上年实际增长 9.6%。按经营单位所在地分，城镇消费零售额为 285，814 亿元，增长 10.4%；乡村消费品零售额 46，503 亿元，增长 10.9%。说明城镇居民仍然是我国社会消费品市场的主力军。按消费类型来分，与休闲消费密切相关的餐饮、体育娱乐用品、旅游、电影等在 2016 年表现抢眼：全国实现餐饮收入 35，799 亿元，同比增长 10.8%，增速高于商品零售增速 0.4 个百分点；限额以上单位体育娱乐用品类比上年增长 13.9%，高出社会消费品零售总额增速 3.5 个百分点；万达院线报告显示，2016 年万达院线观影人次达 1.85 亿，比上年增长 22%；实现票房 76 亿元，增长 21%；国内旅游超过 44.4 亿人次，同比增长约 11%，国内旅游收入达 3.9 万亿元，增长约 14%。[①]

（四）私人汽车与休闲生活

按照国际标准，当一个国家或地区每百户家庭汽车拥有量达到 20 辆以上时，这个国家或地区就进入了汽车社会。2012 年底，我国私人汽车拥有量达到了 9309 辆，按照 4 亿个中国家庭计算，每百户家庭汽车拥有量已达到 23 辆，超过 20 辆。这就是意味着，从整体上来说，我国已经进入汽车社会，我国国民的汽车时代已经来临。[②] 2016 年，我国汽车消费受小排量汽车购置税减半政策和升级换代需求增加的共同推动，实现了快速增长。全年汽车销售超过 2800 万辆，同比增长 13.65%，成为消费市场最大亮点。[③]

私人汽车数量迅速增加，在中国家庭中迅速普及，对居民的休闲生活产生显著影响。据调查研究，在私人汽车 15% 的外出旅行旅程中，37.6% 的行驶里程是为了旅游观光；在私人汽车的市内使用中，40% 以上是用于休闲

---

① 数据来源：2016 年《中华人民共和国国民经济和社会发展统计公报》。
② 程遂营：《家用汽车与美国国民休闲：对中国的启示》，《旅游研究》2012 年第 4 期，第 1~5 页。
③ http://www.linkshop.com.cn/web/archives/2017/368977.shtml。

活动的。由此，汽车在城市有车家庭中的休闲地位就十分突出了。①

随着私人汽车数量的迅速增加，不仅改变了国民休闲交通方式、从距离上扩大了我国国民休闲活动范围、丰富了国民日常休闲生活，而且逐渐改变着国民休闲生活方式，使我国国民在节假日和周末的休闲活动变得更加丰富多彩。当然，突飞猛进的私人汽车休闲也给交通、休闲旅游目的地、休闲产品生产企业，乃至环境等方面带来了一系列的问题，以上这些问题又成为制约私人汽车休闲健康持续发展的不利因素。针对私人汽车发展给国民休闲生活带来的影响和制约因素，我国政府部门应采取改善道路交通状况、有序开发休闲资源等积极的公共休闲管理措施，汽车休闲服务行业则应瞄准市场，为国民提供类型多样的休闲服务产品。不断提升城镇休闲功能，满足城市居民汽车休闲需求成为城市管理者的重要职能。②

第二节　我国城镇公共休闲服务供给缘起

针对迅速发展的城镇居民休闲需求，国家政府部门和城镇管理部门也从制定法规政策、成立相应机构、提供公共休闲服务等方面不断做出努力。

一　公共休闲政策与法规

公共休闲供给的有序进行，离不开休闲政策与法规的扶持。近年来涉及公共休闲服务领域的政策法规主要有以下方面。

（一）休闲时间增加

1949 年 12 月 23 日国务院第一次发布《全国年节及纪念日放假办法》，统一全国年节及纪念日的假期；1999 年 9 月 18 日国务院对《全国年节及纪念日放假办法》进行第一次修订，对全国年节及纪念日放假作了调整，五一节由 1 天增加到 3 天，国庆节与春节仍然是 3 天，但五一节、国庆节与春节可与前后两周双休日连休，在全年形成了 3 个 7 天的长假，被称为 3 个

---

① 程遂营：《家用汽车与美国国民休闲——对中国的启示》，《旅游研究》2012 年第 4 期，第 1~5 页。

② 程遂营：《家用汽车与美国国民休闲——对中国的启示》，《旅游研究》2012 年第 4 期，第 1~5 页。

"黄金周";2007 年 12 月 14 日国务院对《全国年节及纪念日放假办法》进行第二次修订，将五一节 3 天假保留 1 天，清明、端午、中秋三大传统节日各放 1 天假；2013 年 12 月 11 日国务院对《全国年节及纪念日放假办法》进行第三次修订，对春节假期时间进行修改，但是时长保持不变。这样，我国居民全年的法定公共假日就长达 115 天，占整年总天数的 31.5%。西方发达国家的年公休假日是多少呢？比如：英国为 112 天、美国 114 天、法国 115 天、西班牙 118 天。这就是说，中国虽然是一个发展中国家，但我国的年公休假日与西方发达国家已基本持平。

此外，我国政府还特别在以城镇居民为主的休闲时间方面不断做出调整：1994 年，全面实行"八小时工作制"，并将其上升为国家法律制度；1995 年，实行"五天工作制"，"双休日"常态化；2008 年，国务院颁布实施了《职工带薪年休假条例》，决定在全国全面推行带薪休假制度，规定职工可以享有 5~15 天的年带薪休假权利。一系列政策法规的出台与实施，保障了我国居民享有较多的休闲时间。

（二）休闲行政管理政策调整

2007 年，在我国《政府工作报告》中明确提出了"积极培育休闲消费热点"，首次将休闲纳入我国经济社会发展的工作部署中。2007~2008 年，国务院相继颁发了《关于加快发展服务业的若干意见》《关于认真贯彻落实国务院关于加快发展服务业的若干意见的通知》等文件，并在相关政策中有限涉及了休闲服务领域；2013 年，国务院印发《关于加快发展养老服务业的若干意见》，政府通过各种措施保障老年人的基本休闲权利。

（三）文化、体育等休闲相关产业发展

近年来，政府在与休闲相关的文化、体育和旅游产业相继又出台了一些政策，也有力推动了休闲服务相关领域的发展。包括 2009 年 9 月发布的《文化产业振兴规划》、10 月的《全民健身条例》、12 月的《国务院关于加快发展旅游业的建议》；并且，2009 年，"国民旅游休闲计划"相继在多个省份实施，带动了旅游、教育、体育、养老、健身等多个领域的发展；同年，原国家旅游局分别与文化部、农业部、体育总局合作，在与休闲相关的体育、文化、旅游等领域加快了体制机制改革的步伐并相继取得了成就，

有效激发了公众的休闲意识和需求；2010 年，政府在文化、体育方面相继颁布了《国务院办公厅关于促进电影产业繁荣发展的指导意见》《关于加快我国数字出版产业的若干意见》《全民健身计划（2011-2015）》等一系列政策文件；2016 年，中央一号文件明确提出大力发展休闲农业，农业部推动落实，印发《关于积极开发农业多种功能大力促进休闲农业发展的通知》，11 月国务院办公厅印发《关于进一步扩大旅游文化体育健康养老教育培训等领域消费的意见》，12 月全国人大常委会通过并颁布《中华人民共和国公共文化服务保障法》，明确了公共文化设施的范畴；2017 年，我国又制定并出台了《中华人民共和国公共图书馆法》，积极推动公共图书馆与休闲文化产业的融合。

（四）休闲标准制定

2009 年，全国休闲标准化技术委员会成立，对《休闲标准体系》进行深入研讨；2010 年，六项国家休闲标准获批立项。同时，自 2011 年开始，由全国休闲标准化技术委员会指导起草了一系列城市公共休闲服务领域的国家标准。截至 2014 年，由全国休闲标准化技术委员会组织起草并由国家质检总局与国家标准委员会联合发布实施的城市公共休闲服务领域相关标准已达 11 项。这些标准是我国在公共休闲领域的新探索，对城市公共休闲服务水平的全面提升起到了巨大的促进作用。我国休闲服务标准工作取得重大进展（见表 2-3）。

表 2-3 主要城市休闲系列标准

编号	名称	主要内容
GBT28001-2011	《城市公共休闲服务与管理 基础术语》	包括城市公共休闲服务范围、基础概念、城市规划、公共休闲空间、休闲场所与设施、公共休闲服务、公共休闲管理等内容
GBT28002-2011	《城市公共休闲服务与管理导则》	提出了城市公共休闲服务与管理的原则、内容、方法和要求。内容包含城市休闲规划、公共休闲制度建设、公共休闲环境建设、休闲空间建设、休闲产业发展、休闲教育、休闲城市营销等

续表

编号	名称	主要内容
GBT28003-2011	《城市中央休闲区服务质量规范》	对城市中央休闲区的范围、术语和定义、规划、休闲环境、基础设施、运营设施、休闲服务、休闲节事活动、安全与卫生、培训与教育等进行了规范
GB/T28928-2012	《社区休闲服务质量导则》	规定了社区休闲服务在休闲空间、休闲设施、休闲环境、休闲资源整合、公共服务、公共管理等方面的基本要求
GB/T31171-2014	《城市公共休闲空间分类与要求》	规定了城市公共休闲空间的分类及基本要求，内容包括城市公共休闲空间的规划、建设、利用、维护与服务等方面
GB/T31172-2014	《城乡休闲服务一体化导则》	规定了城乡休闲服务一体化发展过程中的规划、休闲空间、交通体系、休闲服务、环境卫生、安全保障、标准化引导、服务合作等方面的基本原则和要求
GB/T31174-2014	《国民休闲满意度调查与评价》	标准规定了国民休闲满意度的内容、调查要求和方法，以及评价的体系和方法

资料来源：根据相关国家标准整理。

（五）休闲纲要出台

2013 年 2 月 2 日，国务院印发了《国民旅游休闲纲要（2013-2020）》（以下简称《纲要》），分别在国民旅游休闲的时间、环境、基础设施建设、产品开发与活动组织、公共服务、服务质量六个层面提出了任务和措施。积极推进带薪休假制度的落实，明确由发改委和旅游部门负责《纲要》的组织协调和监督检查，各相关部门参与其中，并鼓励社会力量加入。[1]《纲要》涉及内容涵盖了旅游、文化、体育、教育等休闲服务层面以及对特殊群体的人文关怀，而在《纲要》颁布的前前后后，《公共文化体育设施条例》《文化馆管理办法》《博物馆管理办法》《中华人民共和国公共文化服务保障法》等一系列公共休闲服务方面的法律法规相继出台，标志着我国的休闲服务业进入一个新的发展阶段（见表 2-4）。

---

[1] 江俊浩：《从国外公园发展历程看我国公园系统化建设》，《华中建筑》2008 年第 11 期，第 159~163 页。

表 2-4 涉及公共休闲服务方面的主要法律法规

名称	时间	涉及公共休闲服务的主要内容
《公共文化体育设施条例》	2003 年	条例由总则、规划和建设、使用和服务、管理和保护、法律责任及附则等六部分组成，对于公共文化设施的建设、管理和运行进行了规定
《文化馆管理办法》	2004 年	文化馆的职能是丰富和活跃广大群众的文化生活；普及科学文化艺术知识；指导社会文化活动的普及与提高；开展社会宣传教育等
《博物馆管理办法》	2006 年	博物馆应当逐步建立减免费开放制度，并向社会公告；开放时间应当与公众的工作、学习及休闲时间相协调；法定节假日和学校寒暑假期间，应当适当延长开放时间；博物馆应当根据办馆宗旨，结合本馆特点开展形式多样、生动活泼的社会教育和服务活动，积极参与社区文化建设
《全国年节及纪念日放假办法》	2008 年	取消五一长假，增加清明、端午、中秋这三个节日为法定休息日，并与周末放在一起连休，从而形成若干个"长周末"或"小长假"，以满足人们短途旅行的需要。至此，我国法定假日总计达到 115 天
《职工带薪年休假条例》	2008 年	职工累计工作已满 1 年不满 10 年的，年休假 5 天；已满 10 年不满 20 年的，年休假 10 天；已满 20 年的，年休假 15 天
《关于全国博物馆、纪念馆免费开放的通知》	2008 年	要求全国各级文化文物部门归口管理的公共博物馆、纪念馆、全国爱国主义教育基地全部免费开放
《全民健身条例》	2009 年	条例规定，公办学校应当积极创造条件向公众开放体育设施；国家鼓励民办学校向公众开放体育设施；公园、绿地等公共场所的管理单位，应当根据自身条件安排全民健身活动场地。县级以上地方人民政府体育主管部门根据实际情况免费提供健身器材等
《关于推进全国美术馆、公共图书馆、文化馆（站）免费开放工作的意见》	2011 年	《意见》提出了免费开放全国美术馆、公共图书馆、文化馆（站）的指导思想、工作原则、主要目标、基本内容和实施步骤
《国家基本公共服务体系"十二五"规划》	2012 年	将公共文化体育纳入基础公共服务的范畴中，提出国家要建立公共文化体育服务制度，保障人民群众看电视、听广播、读书看报、进行公共文化鉴赏、参加大众文化活动和体育健身等权益

续表

名称	时间	涉及公共休闲服务的主要内容
《全国地市级公共文化设施建设规划》	2012 年	明确指出，地市级三馆建设要结合当地文化发展的实际需求和突出特点，根据经济社会发展情况、服务人口、当地文化特色、文物藏品等，科学合理地确定规划选址和建设内容、规模及标准等
《国民旅游休闲纲要（2013～2020）》	2013 年	落实《职工带薪年休假条例》，保障国民旅游休闲时间；稳步推进公共博物馆、纪念馆和爱国主义教育示范基地免费开放，城市休闲公园限时免费开放等，改善国民旅游休闲环境；加强城市休闲公园、休闲街区、环城市游憩带、特色旅游村镇等国民旅游休闲基础设施建设，营造居民休闲空间等
《关于加快发展体育产业促进体育消费的若干意见》	2014 年	提出"到 2025 年要实现人均体育场地面积达到 2 平方米，经常参加体育锻炼的人数达到 5 亿，体育公共服务基本覆盖全民"的目标
《关于加快构建现代公共文化服务体系的意见》	2015 年	提出到 2020 年，基本建成覆盖城乡、便捷高效、保基本、促公平的现代公共文化服务体系，政府、市场、社会共同参与公共文化服务体系建设的格局逐步形成，人民群众基本文化权益得到更好的保障，基本公共文化服务均等化水平稳步提高
《中华人民共和国公共文化服务保障法》	2016 年	明确规定县级以上人民政府应将公共文化服务纳入本级国民经济和社会发展规划；明确将科技馆、体育场馆、工人文化宫、青少年宫、妇女儿童活动中心纳入公共文化设施范畴
《中华人民共和国公共图书馆法》	2017 年	提出县级以上人民政府应将公共图书馆事业纳入本级国民经济和社会发展规划

资料来源：根据相关条例法规整理。

　　综上所述，随着城镇公共休闲服务相关领域的政策法规逐渐增多，我国城镇休闲发展的制度环境正在逐步得到改善。尽管这些政策法规绝大多数并不是直接为休闲服务制定的，涉及公共休闲服务供给的内容还十分有限，需要深入地细化和逐步落实。但是，毕竟有了良好的开端和赖以实施的政策法律依据，也必将进一步引领我国城镇公共休闲服务供给向更好的方向发展。

二 公共休闲服务部门与机构

通过对我国政府门户网站查阅发现，截至 2018 年底，涉及公共休闲服务供给与管理的国家行政部门共有 16 个，根据这些部门及其内设机构的职能内容进行划分，发现共有三类：

一是其主要职能涉及公共休闲服务供给与管理的部门。在这些部门及其内设机构的具体职能描述中，很多都是直接涉及公共休闲服务的供给、监督与管理，包括国家文化和旅游部（公共服务司），体育总局（群众体育司、体育经济司）、文物局（博物馆与社会文物司），国家新闻出版广电总局（公共服务司）。

二是部分职能涉及公共休闲服务供给与管理的部门。如教育部（体育卫生与艺术教育司）、住房和城乡建设部（城市建设司）、民政部（基层政权和社区建设）、宗教事务局（业务一、二、三、四司）、林业局（造林绿化管理司、森林资源管理司）、发展和改革委员会。

三是尽管其职能描述中没有直接涉及公共休闲服务的部分，但客观上涉及的部门包括水利部（水资源管理司）、交通运输部（公路局、水运局）、环境保护部（环境影响评价司、宣传教育司）、国土资源部（规划司、土地利用管理司）、工业和信息化部、农业部。

涉及公共休闲服务供给的相关部门及其主要职能见表 2-5。

表 2-5　涉及公共休闲服务供给的主要职能部门

部门名称	下属机构	主要职能
文化和旅游部	公共服务司	拟订文化和旅游公共服务政策及公共文化事业发展规划并组织实施。承担全国公共文化服务和旅游公共服务的指导、协调和推动工作。拟订文化和旅游公共服务标准并监督实施。指导群众文化、少数民族文化、未成年人文化和老年文化工作。指导图书馆、文化馆事业和基层综合性文化服务中心建设。指导公共数字文化和古籍保护工作
住房和城乡建设部	城市建设司	拟定城市建设和市政公用事业的发展战略、中长期规划、改革措施、规章；指导城市供水、节气、燃气、热力、市政设施、园林、市容环境治理、城建监察等工作；指导城镇污水处理设施和管网配套建设；指导城市规划区的绿化工作等

续表

部门名称	下属机构	主要职能
体育总局	群众体育司	拟定群众体育工作的有关方针规划和政策；推行全民健身计划；推动建立和完善全民健身服务体系，指导群众体育组织健身、健身场地设施建设，指导协调开展群众性体育活动；指导和推动各类人群的全民健身工作，协调推动全民健身志愿服务工作；指导和推动农村体育、城市体育及其他社会体育的发展等
	体育经济司	拟定体育产业发展规划和体育服务管理政策，推动体育标准化建设；研究拟定公共体育设施发展规划，指导公共体育设施建设，承担公共体育设施监督管理工作等
文物局	博物馆与社会文物司	指导博物馆工作，承担全国博物馆管理制度规范和业务指导工作；承担文物和博物馆科技、信息化、标准化规划的拟定和推动落实工作；协调博物馆间的交流与协作等
民政部	基层政权和社区建设司	拟定城乡基层群众自治建设和社区建设政策；指导社区服务体系建设等

资料来源：根据各部门机构官方网站整理。

这就是说，直接和间接涉及公共休闲服务供给的部门包括文化和旅游部、体育总局、新闻出版广电总局、教育部、住房和城乡建设部、林业局、水利部、交通运输部等10多个部门，遗憾的是，并没有具体负责城乡公共休闲服务的专属机构。

我国省级以及市、县（区）等地方政府部门的相关机构设置也基本类似，只是根据各地区具体情况略有不同。相对而言，市、县（区）等地方政府机构承担了较多公共休闲服务的直接供给职责，但同时地方政府通常在省级政府的约束下活动，所享有的自主权十分有限。这种休闲服务职能分散在多个政府机构中且某些部门职能交叉重合的情况，增加了公共休闲服务供给过程中的协调难度，降低了供给效率，不利于我国公共休闲供给的长期和整体协调发展。[①]

① 程遂营、彭璐璐：《公共休闲服务供给与制度设计——西方的经验与中国的现状》，《中国休闲研究学术报告2013》，中国经济出版社，2013。

此外，目前我国政府在休闲服务方面最突出的特点是政府的行政管理功能占据了最重要的地位，政府在公共休闲服务上以宏观规划、行政管理和监督检查职能为主，而缺乏具体的休闲项目供给职能。这和国外政府负责大量户外休闲活动资源供给的职能差异较大。

第三节　我国城镇公共休闲服务供给构成

一　城镇公共休闲服务供给框架

公共休闲服务的供给框架一般是由四要素组成，分别是公共休闲服务的供给主体、供给内容、供给方式以及供给对象：（1）公共服务供给的主体有政府、非营利组织与工商企业。这三大主体还分别被称为第一部门（政府）、第二部门（企业）、第三部门（非营利组织）。由于公共服务的非营利性以及中国社会发展环境的影响，政府必须长期处于指导地位，政府授权非营利组织和工商企业提供某些公共休闲服务。（2）公共休闲供给的内容主要包括公共休闲环境、公共休闲空间、公共休闲场所、公共休闲项目、公共休闲信息和公共休闲教育。（3）公共休闲服务供给的对象，或者说公共休闲服务的需求者，可以是某一地区或者某一类的群体，根据具体情况而定。（4）公共休闲服务供给的具体方式有多种，大致上可以分为四类，一是政府全权组织、生产和供给，即政府安排；二是政府组织，政府和其他部门联合生产与供给，即跨部门联合；三是政府只组织，其他部门负责生产和供给，即规制垄断；四是政府组织和生产，其他部门供给，即市场化。（5）供给主体通过各种具体的供给方式为需求者提供服务内容，需求者在进行休闲活动的时候涉及供给内容，并通过主观感知反馈给供给主体。[①] 城镇公共休闲服务供给是公共休闲服务供给的重要组成部分，因此，城镇公共休闲服务供给的构成要素及各个要素之间的互动关系与公共休闲服务的整体框架基本保持一致，但是在公共休闲服务供给的服务对象等方面又存在一些不同之处，见图2-1。

[①] 程遂营、彭璐璐：《公共休闲服务供给与制度设计——西方的经验与中国的现状》，《中国休闲研究学术报告 2013》，中国经济出版社，2013。

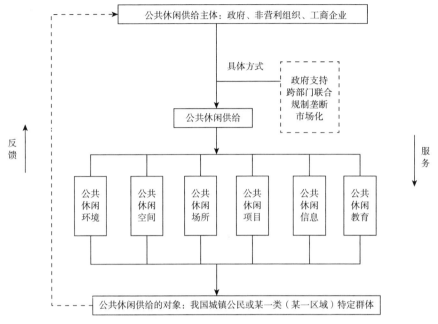

图 2-1 城镇公共休闲服务供给框架

二 城镇公共休闲服务供给的内容

公共休闲服务供给与公共休闲服务的含义应当是一体的。供给源于需求，而公共休闲服务供给的内容就是公共休闲服务的内容。概括而言，我国政府为城镇居民提供的公共休闲服务的主要内容包括：（1）营造公共休闲环境，包括：构建城市景观系统、改善自然环境、提升人文环境、完善交通环境、加强环境保护、优化发展环境等；（2）构建公共休闲空间，包括：构建整体休闲空间、建设社区休闲空间、完善公园系统、建设中央休闲区、培育休闲商业街、建设水域休闲区等；（3）完善公共休闲设施，包括：建设充实室内公共休闲设施、优化配置户外公共休闲设施等；（4）开展各类休闲教育，包括：强化公共休闲教育、建立休闲教育体系；（5）直面公众的休闲服务，包括：制定相应服务规范、完善服务质量保障体系、加强服务便利化建设等（见表 2-6）。

表 2-6 公共休闲服务的内容

城镇公共休闲服务	公共休闲环境	城市景观系统	总体景观
			建筑景观
			水体景观
			夜晚景观
			民俗景观
			山石景观
			树木景观
			花卉景观
			动物景观
			景观氛围
		自然环境	自然地貌
			自然水体
			自然植被
		人文环境	城市文化
			城市历史
			民俗风情
			文物古迹
		交通环境	进入交通：铁路、公路、航空、水运等
			市内交通：公交系统、旅游休闲观光巴士、的士系统、人力交通等
		环境保护	自然环境保护
			人文环境保护
		发展环境	地理位置
			城市经济
			政策支持
			城市资源
			人口素质

续表

城镇公共休闲服务	公共休闲空间	整体休闲空间	社区休闲空间
			工作休闲空间
			公园休闲空间
			商业休闲空间
			体育休闲空间
			艺术休闲空间
			游乐休闲空间
			文化休闲空间
		社区休闲空间	社区公园休闲
			社区健身休闲
			社区景观休闲
			社区游乐休闲
		公园系统	中央公园
			城市公园
			区域公园
			郊区公园
			社区公园
			邻近公园
			迷你公园
		中央休闲区	城市生活
			城市娱乐
			城市文化
			城市底蕴
		休闲商业街	步行商业街
			休闲购物中心
			专业街区
		水域休闲区	滨水休闲区
			邮轮休闲
			湿地休闲

续表

公共休闲设施	室内公共休闲设施	图书馆
		博物馆
		展览馆
		科技馆
		文化馆
		美术馆
		青少年宫
		群艺馆
		公共体育场馆
	户外公共休闲设施	户外运动场
		健身设施
		休憩设施
		娱乐设施
休闲教育	公共休闲教育	公共休闲教育计划
		公共休闲教育咨询
		公共休闲行为引导
	休闲教育体系	基础休闲教育
		高等休闲教育
		职业休闲教育
休闲管理与服务	服务规范	职业道德规范
		服务行为规范
		服务操作规范
		服务语言规范
		服务环境规范
		文明服务规范
		着装仪表规范
	服务质量保障体系	休闲服务质量监督与休闲权益保障机构
		休闲服务相关投诉受理
		休闲服务质量评价体系与公示平台
	服务便利化建设	休闲信息查询服务
		多语种服务
		针对残障等特殊群体服务

（表格最左侧合并单元格：城镇公共休闲服务）

三　城镇公共休闲服务供给的模式

多元化的供给主体与多样化的供给方式相结合，形成了多种类型的供给模式。从整体上看，我国的城镇公共休闲服务供给方式仍以政府供给为主，但随着近几年政策的放宽——"公共服务可以适当交由社会组织承担"① "推进政府向社会力量购买公共服务"② 等，政府通过委托、承包、采购等方式购买公共服务，从而降低了市场进入公共服务供给的门槛——我国的公共休闲服务供给方式正趋向多元化发展，社会组织和商业部门正在慢慢发挥作用，跨部门的供给逐渐增多。但由于我国非营利组织发展的不成熟，因此其所能发挥的作用还较小，我国公共休闲服务供给方式的市场化程度依然较低，并且在一些地区市场进入难度仍然较大，在具体供给方式的灵活性和可操作性上，改进的空间还相当大（见图2-2）。

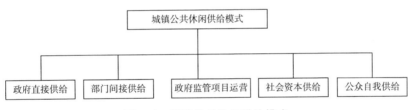

图2-2　城镇公共休闲供给模式

按照政府参与程度的不同，我国公共休闲服务供给方式通常有如下几种情况。

1. 直接投资建设、经营和管理

目前，政府供应休闲服务采用的最普遍方式是直接投资建设、经营和管理。这种供给方式的好处是用于公共休闲服务项目的资金相对有保障。如对城市广场、公园和公共绿地等的建设。

2. 相关政府部门拨款或补贴，由其下属单位负责建设、运营和管理

第二种方式则是由相关政府部门拨款或补贴，由其下属单位负责建设、运营和管理各种公共休闲项目。采用这种方式，有利于促进公共休闲服务

① 曾春燕、卿前龙：《闲暇时间的产生及其经济性质》，《商业研究》2010年第4期，第52~54页。
② 郝赪：《略论城市公共休闲服务标准化》，《大众标准化》2014年第11期，第16~19页。

供给的专业化发展。如群众艺术馆、公共图书馆、博物馆等公共文化事业。

3. 相关政府部门通过招商等途径获得休闲服务项目的建设和经营管理资金

第三种方式则是由相关政府部门通过招商等途径获得休闲服务项目的建设和经营管理资金。这种方式，能够有效吸引社会资金从而大幅度减轻政府的财政压力。如举办大型展览会、博览会、运动会等其他节事活动时多采用这种方式。

4. 由各类民间社团组织或协会负责各种休闲活动的主办，政府主管部门给予部分资金支持

采用这样方式，一方面，可以节约政府的运营成本。另一方面，民间社团组织种类多样且针对性较强，可以较多地关注某些特殊群体和弱势群体。

5. 政府部门为社区培训相关专业人员，由以社区群众为主的自我供给

如目前在一些大城市出现的社会指导员的培训等，通过休闲教育的途径，提高公众休闲意识和技能，提升群众休闲服务的自我供给能力。

第四节　我国城镇公共休闲服务供给概况

一　我国城镇公共休闲服务供给的发展历程

18 世纪 60 年代以来，以大规模机器生产为特征的工业生产方式取代了传统的手工劳动，使得社会生产力得以飞速发展，人类步入工业化时代。工业时代的显著特征是普遍的大工业生产、城市规模迅速扩大以及工厂式的社会管理模式。从 19 世纪中期开始，在发达国家，政府资助体育、艺术、文物、博物馆和美术馆等的必要性理论开始出现，同时为获得国民健康、公民权利和社会控制等益处，政府开始立法以此助推公共休闲供给。可见，在西方国家，公共休闲服务供给的发展始终与城市经济发展水平相适应。中国亦是如此，在新中国成立以前，人们的温饱问题还未解决，动荡不安的社会环境使社会公共服务供给基本处于空白状态，公共休闲服务更是无从谈起；在改革开放初期，人们也只强调工作，受不愿为休闲花费金钱和时间的传统观念的影响，公共休闲供给未实现较大的突破；但随着改革开放的不断推进，人们生活水平有了很大的提高，生活观念和休闲方式也随

之发生巨大变化。经济生活水平的提高激发了城镇居民户外游憩的冲动，休闲的价值与意义日益凸显并引起了社会与政府的广泛关注，政府对旅游、娱乐、体育、文化等休闲服务领域的介入日益增多，公共休闲服务成为政府工作的必要组成部分。

目前，我国城镇的公共休闲服务供给主要体现在三个方面：以城市公园为主要代表的城市园林绿化供给，以公共图书馆、博物馆、文化馆（站）为代表的公共文化休闲服务供给，以体育馆、公共健身器材为代表的公共体育休闲服务供给。在这三个不同领域，受发展水平和社会接受程度与参与水平等因素的影响，又分别经历了不同的发展历程。

（一）以城市公园为核心的园林绿化服务供给

19 世纪下半叶开始，依靠慈善机构的捐赠和政府的提供，现代城市公园开始在欧美大量出现。纽约中央公园的巨大成功，使全美各地掀起了一场城市公园的建设运动，并伴随着殖民扩张开始在全世界得到了快速传播，中国第一个城市公园——于 1868 年开放的上海外滩公园就是在这样的社会背景下诞生的。然而，上海外滩公园开放初期仅是为少数西方殖民特权阶级服务的，因此，算不得现代意义的城市公园。新中国成立之初，党和政府基于对群众休闲娱乐活动的鼓励和支持，开始兴建各种类型的城市公园，使得城市公园的数量不断增多，管理水平也不断提高。但是，总体来看，从辛亥革命至改革开放前，虽然城市中出现了大量的改建或新建的公园，但由于公民游憩需求并不强烈，这些公园的公共游憩功能也非常有限。① 自改革开放以来，城市公园的建设速度加快。20 世纪 90 年代以来，上海、北京、深圳等大城市大规模投入游憩基础设施建设，特别是随着创建园林城市活动的开展，作为城市园林绿化重要工作的城市公园开始在全国各地兴起，并呈现出"城市经济发展水平越高、居民生活水平和消费能力越高，则城市政府的游憩供给量越大"的特征。② 近年来，随着北京、天津、广州等大城市环境的退化，中东部地区秋冬季节雾霾的增加，"绿水青山就是金

---

① 张海霞：《社会政策之于公共游憩供给：兼议政府作为的空间载体》，《旅游学刊》2010 年第 9 期，第 20~26 页。
② 宋子千：《中国城市公园的改革与发展》；张广瑞等：《2002-2004 中国旅游发展：分析与预测》，社会科学文献出版社，2003。

山银山"的理念逐渐被人们接受，通过建设城市公园等绿化美化举措改善城市环境和提高居民生活质量的观念逐渐成为城市管理者和广大居民的共识，新一轮的城市公园运动在我国兴起。城市公园作为政府供给公共休闲资源的积极尝试，为人们暂时逃避城市藩篱、保持生态平衡和增加景观资源等方面做出了重要贡献。①

（二）以博物馆、图书馆为核心的公共文化休闲服务供给

在公共文化休闲服务方面，民国时期，我国就已经出现了社会教育馆和民办图书馆，并且出现了我国第一个公立博物馆——南通博物苑，这是我国在公共文化休闲服务方面的最早实践。新中国成立之初，文化部就发布了一系列有关文化馆、图书馆、群众艺术馆等的指示文件，表现出对群众文化事业的高度重视②，并逐步形成了包括省（区、市）群众艺术馆、县级文化馆、乡（镇）文化站和农村俱乐部等多层级的群众文化管理体系。"文化大革命"中，群众文化工作一度中断，并且遭到了严重破坏。直到党的十六大之后，在中央文件中才正式提出了"公共文化服务"的概念。十八届三中全会针对文化体制改革，又提出了"构建公共文化服务体系"的新任务，各地纷纷加大了对博物馆、图书馆、文化活动中心等公共文化设施的投入和建设力度。此外，从2008年开始，相关部门在不断推动公共文化设施的免费开放，一大批公共图书馆、博物馆、纪念馆、文化馆（站）、美术馆等已经或正在努力推进向公众免费开放。如今，这些公共文化场所在我国城市居民的日常休闲生活中发挥了重要作用。

（三）以体育馆、公共健身器材为代表的公共体育休闲服务供给

新中国建立后，体育休闲逐渐成为城镇居民日常生活的重要组成部分，体育活动经历了从单一的广播操、街舞、交谊舞、广场舞到蹦极、攀岩、滑冰、冲浪等多元化健身方式的变迁。新中国成立之后的计划经济时代，

---

① 任晋锋：《美国城市公园与开放空间的发展》，《国外城市规划》2003年第3期，第43～46页。

② 文化部先后于1953年、1955年、1956年发布了《关于整顿和加强文化馆、站建设工作的指示》《关于加强和改进图书馆工作的指示》《关于群众艺术馆任务和工作的通知》，明确了文化馆、图书馆、群众艺术馆的性质和工作任务。

我国的全民健身服务由政府全部包揽，无论是财政拨款，还是提供编制的体育事业单位等，政府成为体育服务的唯一供应者。依靠行政命令和硬性指标，各地以突击形式购买体育器材、修建运动场，虽然有一定的数量保障，但内容单调、形式划一，可供人们自由选择的体育休闲方式非常少，公共体育服务水平十分低下。改革开放后，稳定的政治经济环境推动了体育休闲的发展。1995年，国务院颁布《全民健身计划纲要》，提出了体育要走向社会化和产业化发展的要求，使体育休闲进入一个新的发展阶段。2002年，党中央、国务院明确提出构建群众性的多元化体育服务体系，反映出政府对体育休闲的高度重视，表明体育休闲活动开始成为一种大众化的活动。

在我国相当长的一段时期，政府都是城镇居民体育休闲的单一供给主体，体育行政部门又偏重竞技体育而忽视群众体育的发展，使得用于公共体育事业的经费十分有限，直接导致目前我国公共体育产品供给严重不足的现状，城镇中公共体育活动场所和设施非常匮乏，体育场馆、运动场等公共体育休闲资源没有惠及大多数群众。

二 我国城镇公共休闲服务供给的总体现状

(一) 公共休闲服务供给环境

我国中央及地方各级政府的财政投入情况、城市公共事业建设情况等为城市公共休闲服务供给提供了资金、政策等方面的支撑。

1. 财政投入情况

财政是实现国家宏观调控的重要手段之一，国家通过财政可以有效地调节资源配置，对实现资源的优化配置起着重要作用。对于文化、教育、休闲等公共事业的发展，必须依靠财政的大力支持。就与城镇公共休闲服务供给的关联度而言，财政支出中的"文化体育与传媒"支出可以看作城镇公共休闲服务供给的重要组成部分。"十二五"期间，国家财政支出中用于文化体育与传媒的支出逐年增加，累计增长62.5%。至2015年，国家财政中3076.64亿元用于支持文化体育与传媒事业的发展。但是从占比来看，文化体育与传媒支出仅占国家财政总支出的1.7%左右，且增长趋势并不明显。

　　根据政府在经济和社会活动中的不同职责，确定财政支出，分为中央财政支出和地方财政支出。其供给情况与国家财政支出的供给现状基本保持一致，即中央及地方财政对文化体育与传媒的资金投入数额逐年增长，但是所占财政总额的比例相对较小且基本稳定。但是与中央相比，地方对文化体育与传媒事业的财政支出力度则略高一些（见表2-7）。

表2-7　2011~2015年国家财政与地方财政用于文化体育与传媒的支出概况

支出项目	2011 年	2012 年	2013 年	2014 年	2015 年
国家财政总支出（亿元）	109247.79	125952.97	140212.10	151785.56	175877.77
国家财政文化体育与传媒支出（亿元）	1893.36	2268.35	2544.39	2691.48	3076.64
所占比例（%）	1.7	1.8	1.8	1.8	1.7
中央财政总支出（亿元）	16514.11	18764.63	20471.76	22570.07	25542.15
中央财政文化体育与传媒支出（亿元）	188.72	193.56	204.45	223.00	271.99
所占比例（%）	1.1	1.0	1.0	1.0	1.1
地方财政一般预算支出（亿元）	92733.68	107188.34	119740.34	129215.49	150335.62
地方财政文化体育与传媒支出（亿元）	1704.64	2074.79	2339.94	2468.48	2804.65
所占比例（%）	1.8	1.9	2.0	1.9	1.9

　　资料来源：2012~2016年《中国统计年鉴》。

　　从具体的支出内容来看，中央和地方财政在文化体育与传媒等方面的支出主要用在了公共图书馆、城镇体育事业、博物馆、文化事业、群众文化机构、园林绿化、新闻出版等方面。可以看到，随着经济的发展，中央和地方政府不断加大了公共休闲服务供给的投入力度，政府在公共图书馆、博物馆、城镇体育事业、城市园林绿化、新闻出版等方面的财政投入逐年稳步增加（个别项的个别年份除外）。然而，从占比上看，虽然文化事业费投入总量在快速增长，政府在文化体育与传媒的财政投入仍比较低，城镇公共休闲服务供给仍得不到中央和地方财政的有效支持和保障。

2. 城市公用事业建设

近年来，我国加大了对城市道路、城市公共交通等城市公用事业的投入力度，表 2-8 显示了 2010～2015 年我国城市公用事业基本情况（见表 2-8）。

表 2-8　我国城市公用事业基本情况

项目	2010 年	2011 年	2012 年	2013 年	2014 年	2015 年
建成区面积（平方公里）	40058	43603	45566	47855	49773	52102
城市人口密度（人/平方公里）	2209	2228	2307	2362	2419	2399
年末实有道路长度（万公里）	29.4	30.9	32.7	33.6	35.2	36.5
每万人拥有道路长度（公里）	7.5	7.6	7.7	7.8	7.9	7.9
年末实有道路面积（亿平方米）	52.1	56.3	60.7	64.4	68.0	71.8
人均拥有道路面积（平方米）	13.2	13.8	14.4	14.9	15.3	15.6
年末公共交通车辆运营数（万辆）	38.3	41.3	43.2	46.1	47.6	50.3
每万人拥有公交量（标台）	11.2	11.8	12.1	12.8	13.0	13.3
出租汽车数（万辆）	98.6	100.2	102.7	105.4	107.4	109.2

资料来源：2011～2016 年《中国统计年鉴》。

从表中可知，近年来，我国城市的城市建设、市政设施、公共交通等方面都有了很大的进步。道路总长度、总面积、公交以及出租车等城市内部交通的总数增长趋势明显，人均拥有量也逐年攀升。但随着我国城镇化进程的加快，城镇人口密度也大幅增长，因此，带来的一个突出问题则是人均供给依然不足，很大程度上制约了城镇公共休闲服务供给功能的完善。

（二）公共休闲空间的供给现状

2015 年 1 月 1 日开始实施的《城市公共休闲空间分类与要求》是我国首个对休闲空间进行规范的标准，主要规定了城市公共休闲空间的分类及基本要求。其划分对象是城市公共休闲空间，主要从休闲功能的维度把城市公共休闲空间分为了两类：（1）专项公共休闲空间——某一种或某一类休闲功能为主要特色的公共休闲空间，包括运动场馆、文化场馆、休闲步道等；（2）综合型公共休闲空间——集合多个专项休闲功能为主要特色的公共休闲空间，包括中央休闲区、公园、城市广场、滨水休闲区等。本书中主要选择覆盖率较高、统计数据易于获取的城市公园、绿地、休闲商业街区等公共休闲空间的概念、功能及供给现状进行简要介绍。

1. 公共绿地

城市绿地,指城市规划区范围内的各种绿地。大致包括六大类型:公共绿地、居住区绿地、交通绿地、附属绿地、生产防护绿地、位于市内或城郊的风景区绿地。其中,公共绿地是指满足规定的日照要求,适合于安排游憩活动设施的、供居民共享的游憩绿地,应包括居住区公园、小游园和组团绿地及其他块状带状绿地等,城市街旁绿地等公共活动场所也属于此范畴。公共绿地作为公共休闲空间的主要构成部分,是政府公共休闲服务供给的主要内容。

公共绿地的公共属性主要体现在由政府主管部门负责,并免费向公众开放,这也是公共绿地的基本特征。[①] 现代化快节奏的城市生活造成人们与自然的疏离,而公共绿地正好为人类亲近自然亲近绿色的本性提供了释放的空间,进而有助于人们缓解繁重的工作和精神压力,促进身心健康。[②] 公共绿地因其具有的良好环境给人们提供了交流、游憩、锻炼、疗养的场所,是现代城市居民在市内的主要休息与游憩空间之一,是城市休闲游憩系统中的重要组成部分。因此,政府对公共绿地建设的关注度与投入度逐渐提高。表 2-9 显示,2011~2015 年城市绿地面积及公园面积等各指标均有一定的增幅,总体发展态势良好。不过,人均公园绿地面积虽增长稳定,但增幅较小,且人均公园绿地面积数值较小,与发达国家间的差距较大(见表 2-9)。

表 2-9 2011~2015 年城市公共绿地休闲资源供给概况

指标	2011 年	2012 年	2013 年	2014 年	2015 年
城市绿地面积(万公顷)	224.29	236.78	242.72	252.80	266.96
城市公园绿地面积(万公顷)	48.26	51.78	54.74	57.68	61.41
人均公园绿地面积(平方米)	11.8	12.3	12.6	13.1	13.32

① 徐波、赵锋等:《关于"公共绿地"与"公园"的讨论》,《中国园林》2000 年第 11 期,第 6~10 页。
② 谭少华、李进:《城市公共绿地的压力释放与精力恢复功能》,《中国园林》2009 年第 6 期,第 79~82 页。

续表

指标	2011 年	2012 年	2013 年	2014 年	2015 年
公园个数（个）	10780.00	11604.00	13037.00	13037.00	13834.00
公园面积（万公顷）	28.58	30.62	35.24	35.24	38.38
建成区绿化覆盖率（%）	39.2	39.6	40.2	40.2	40.1

资料来源：2012~2016 年《中国统计年鉴》。

　　表 2-10 为 2015 年我国不同省份地区城市绿地和园林覆盖情况。从建成区绿化覆盖率看，青海省、甘肃省的覆盖率较低，分别为 29.8% 及 30.2%，远低于全国水平 40.1%；而北京市建成区的绿化覆盖率高达 48.4%；可见，受地区社会发展水平、区域面积以及建成区面积等多种因素的影响，我国公共绿地休闲资源供给地区总量分布不均。

表 2-10　2015 年分地区城市绿地和园林覆盖情况

地区	城市绿地面积（公顷）	公园绿地面积（公顷）	公园面积（公顷）	建成区绿化覆盖率（%）
西藏	5332	882	978	42.6
青海	5732	1942	1350	29.8
海南	14883	3784	1972	37.7
甘肃	23560	7773	4335	30.2
宁夏	24132	5126	2411	37.9
天津	28406	8865	2299	36.4
贵州	36739	8308	7021	35.9
云南	39416	9427	7558	37.3
山西	42033	12910	9552	40.1
吉林	47251	14650	6446	36.1
江西	54147	14663	8764	44.1
重庆	55934	22733	11502	40.3
陕西	56108	11714	5877	40.6
湖南	59359	14903	10145	39.7
新疆	60775	8338	4721	37.5
内蒙古	63090	16876	13725	39.2

续表

地区	城市绿地面积 （公顷）	公园绿地面积 （公顷）	公园面积 （公顷）	建成区绿化 覆盖率（%）
福建	64466	15327	11913	43.0
黑龙江	76501	16997	9777	35.8
湖北	80309	21719	11997	37.5
北京	81305	29503	29448	48.4
河北	81346	24014	17339	41.2
广西	82382	12111	8579	37.6
四川	87096	24512	13343	38.7
河南	89952	25201	12653	37.7
安徽	93786	19913	12043	41.2
辽宁	124193	26233	13629	40.3
上海	127332	18395	2407	38.5
浙江	138039	28593	16655	40.6
山东	213517	54345	34112	42.3
江苏	274071	4713	25935	42.8
广东	438376	89591	65318	41.4
全国	2669567	614090	383805	40.1

资料来源：2016年《中国统计年鉴》。

此外，根据2016年《中国统计年鉴》，我国城市居民人均公共绿地面积的空间分布很不均衡，内蒙古、宁夏、四川、重庆、广东、北京和山东等7个省份的城市居民人均公共绿地面积处于14.46～18.80km²，城市人均公共绿地面积属高水平省份；甘肃、陕西、河北、安徽、江苏、浙江、湖南、福建、贵州和海南等10个省份的城市居民人均公共绿地面积介于12.11～14.45km²，城市人均公共绿地面积属较高水平区；黑龙江、吉林、辽宁、山西、新疆、西藏、青海和湖北等8个省份的城市居民人均公共绿地面积位于9.94～12.10km²，城市人均拥有公共绿地面积属于中等水平区；其余6个省份的城市居民人均公共绿地面积均位于7.33～9.93km²，城市人均公共绿地面积拥有量相对较低。从空间分布来看，各省份城市居民人均公共绿地面积高低水平区错杂分布的态势明显。

2. 城市公园

城市公园是城市建设的主要内容之一，是城市生态系统、城市景观的重要组成部分。城市公园一般是由政府及其他团体建设经营，向社会开放，通过较为完善的设施设备及绿化环境为城镇居民提供休闲游憩、锻炼、交往以及举办各种集体文化活动等公共服务的城镇休闲场所。

（1）城市公园的分类

各国国情不同，对城市公园的分类也有差异。在我国，根据《城市绿地分类标准》（CJJ/T85—2002），将城市绿地分五大类，包括公园绿地、生产绿地、防护绿地、附属绿地和其他绿地。其中公园绿地又可分为五类，包括综合公园、社区公园、专类公园、带状公园和街旁绿地。综合公园中分市级、区级、社区级；专类公园包含动物园、植物园、山体公园、儿童公园、文化公园、体育公园、交通公园、陵园等。

从城市公园的概念及分类中，可以了解到城市公园包含以下几个方面的内涵：（1）首先，城市公园作为城市绿地的一种，是城市公共休闲空间的重要组成部分；其次，城市公园以一定区域范围内的城市居民为主要服务对象，但随着全域旅游概念的提出以及城市旅游的开展，城市公园也将作为城市一景，吸引和服务于外地旅游者；再次，城市公园的主要功能是休闲、游憩、娱乐，而且随着城市自身的发展及市民、旅游者外在需求的拉动，城市公园在强化休闲、游憩、娱乐等功能的基础上，还应在挖掘和突显地域文化特色等方面下功夫。

（2）城市公园的功能

城市公园作为综合性休闲场所，同时兼具健全生态、美化景观、防灾减灾等作用。主要涉及以下几方面。

①休闲游憩功能

城市公园作为城市居民主要的休闲游憩场所，其活动空间、活动设施为城市居民提供了大量户外活动的可能性，承担着满足城市居民休闲游憩活动需求的主要功能。居民可以在公园内赏花观景，利用健身器材开展休闲健身运动等，这也是城市公园最主要、最直接的职能。

②环境绿化功能

公园还是城市生态绿地的主要载体。作为"城市绿肺"，城市公园在净化空气、改善城市环境、保护生物多样性、有效维持城市生态平衡方面具有重大作用。

③景观美化功能

从城市公园诞生开始，它就被赋予了美学的意义。受中国传统文化的影响，城市公园多参照园林的设计理念，融人工美、自然美、艺术美于一体，符合人们的审美要求。其次，随着城市化进程的加快，城市土地的深度开发使城市景观趋向于破碎化，而城市公园在措施得当的前提下，可以重新组织构建城市的景观，组合历史、文化、休闲等要素，使城市重新焕发活力。

④文化建设功能

目前，许多城市公园除了满足为城市居民提供健身、休闲等活动设施和场所外，还通过承办各种文化活动，增强文化建设，成为城市居民精神文明建设基地。例如，公园多数已经成了露天演唱会的首选场地，国内众多的音乐节，或者跨年演出也多选择公园作为舞台。上海爵士音乐节、北京朝阳公园的音乐节等，都是演唱会落户公园的范例。近年来，国内一些城市的端午节龙舟赛或者春节庙会等活动，也渐渐开始选择公园作为场地。除此之外，城市公园还开展各种宣传教育活动，在提升公园文化品位的同时，也为城市居民搭建展现文明素质的舞台。

⑤防灾避震功能

城市公园大面积的开放空间可以在地震等自然灾害发生时，作为避难场所使用。在地震等自然灾害频发的地区，城市公园的防灾避难功能显得尤为重要。比如1923年时，日本发生关东大地震，许多人由于躲避在公园内幸免一死。之后日本阪神大地震时，神户市有27个公园成为居民紧急避难场所。显然，由于城市公园面积比较大，有充足的绿地、水流和自然空间，与外界交通条件也比较好，往往成为城市灾难发生时紧急避难的理想场所。

（3）城市公园的供给现状

由于历史、经济与规划设计等方面的原因，目前，我国城市公园的区域分布并不均衡。这种不均衡主要表现在三个层面上：

第一，省（市）级区域分布不均衡。表2-11所示为2016年我国各地区公园数量排行榜，广东（3512）、浙江（1171）、江苏（942）、山东（828）、云南（683）等省份的城市公园总数位居全国前五，其城市公园的

总数高达 7136 个；而城市公园数量排在后五位的省份依次是天津（102）、
西藏（81）、宁夏（77）、海南（55）以及青海（41），总数仅为 356 个，
不到排名前五位的省份总数的 5%。从空间分布特征来看，排名靠前的五个
省份均是我国东部及东南沿海省份；而排名较靠后的五个省份除面积较小
的天津、海南外，其余的则均位于我国西部内陆地区。

表 2-11　2016 年我国各地区城市公园数量

地区	公园（个）	地区	公园（个）	地区	公园（个）	地区	公园（个）
青海	41	新疆	178	河南	327	四川	508
海南	55	吉林	191	黑龙江	345	福建	555
宁夏	77	陕西	209	重庆	349	云南	683
西藏	81	广西	216	湖北	352	山东	828
天津	102	内蒙古	254	江西	356	江苏	942
贵州	114	山西	271	安徽	374	浙江	1171
甘肃	123	湖南	287	辽宁	379	广东	3512
上海	165	北京	287	河北	502	全国	13834

资料来源：根据相关机构统计资料整理。

造成这种现状的原因可以归为两个方面：其一，大多数城市公园建造
之初，就担负着美化城市环境、为本地居民提供休闲活动空间的使命，这
样的属性也决定了当地政府是城市公园投资建设的主体。因此，地方经济
的发展水平以及财政实力的不均衡必然造成东西部地区的城市公园供给在
数量上分布不均；其二，从古埃及园林出现至今，世界造园已有 5000 多年
的历史，但是现代意义上的城市公园，则是起源于美国，并在欧美国家率
先流行起来。近代中国受殖民侵略的影响，东部沿海地区被迫开放，关于
城市公园的相关理念也由这些地区率先传入中国；随着改革开放时代的到
来，人们休闲意识的崛起，东部沿海地区主动开放，学习西方的城市公园
建设和管理理念，因此，东部沿海地区相较于我国内陆地区，城市公园在
数量和质量上的发展水平都略胜一筹。

另外，东部各省份之间的城市公园的发展程度也参差不齐。从各省份
的城市公园数量上看，广东省"一枝独秀"，城市公园的数量高达 3512 个，
公园面积达到 65318 公顷，占全国公园面积的比重超过 17%，但广东省常住

人口还不到全国总人口的 8%；公园绿地面积达到 89591 公顷，占全国公园绿地面积的比重约为 14%。

第二，主要城市间分布不均衡。除了全国范围内各省份的城市公园建设水平存在差距外，我国主要城市间公园数量分布也严重不均衡。表 2-12 所示为 2016 年城市公园数量排名在前 20 位的城市。从总体数量上看，东莞市公园数量高达 1223 个；排名第二位的深圳公园个数紧随其后，为 911 个；但排名在第 20 位的西安，其公园数量仅为 85 个，不足东莞市公园总数的 1/10。从分布地域上看，排名前 20 位的城市大多分布在东部沿海地区，开放时间早且经济发达，远高于我国中西部地区城市公园的发展水平（见表 2-12）。

表 2-12　中国主要城市公园数量排行榜 TOP20

排行	城市名称	公园个数（个）	公园面积（公顷）
1	东莞	1223	14493
2	深圳	911	21955
3	昆明	463	3206
4	广州	246	5193
5	杭州	217	2488
6	佛山	202	2033
7	珠海	197	2792
8	苏州	167	2110
9	宁波	133	1126
10	南京	127	7122
11	昆山	127	846
12	厦门	110	2500
13	福州	95	3223
14	江门	93	2004
15	大连	91	2121
16	哈尔滨	90	1868
17	石家庄	88	4198
18	青岛	87	3163
19	成都	87	2607
20	西安	85	2489

资料来源：根据相关机构统计资料整理。

　　第三，城市内部不同区域间城市公园分布也不均衡。以北京市为例，截至 2015 年，北京 60% 以上的城市公园分布于西、东、西北、东北方向，呈现出从中心集聚向外围拓展态势。而这一态势主要是由于受到城市中心用地紧张、重大事件（比如奥运会）、城市化进程以及绿化政策等的影响，更多地体现出对城市产业和人口流动的引导，而非与城市现有休闲需求的匹配。城市公园大面积连片分布，但在选址上远离居民区，空间分布同城市居民休闲需求脱节，导致城市公园后续利用困难。[①]

　　3. 城市滨水区

　　（1）城市滨水区的定义

　　学术界对城市滨水区的定义较为统一，代表性的观点如徐慧（2007）认为滨水区指范围为 200~300 米的水域空间及与之相邻的陆域空间，对人的诱惑距离可扩展为 1000~2000 米，相当于步行 15~30 分钟的距离[②]；张环宙、沈旭炜和高静（2011）把城市滨水区的含义归纳为城市中的一个特定地段，濒临河流、湖泊、海洋等水体区域的城市空间，是陆域与水域相连的一定区域的总称。[③] 李国敏、王晓鸣（1999）则认为，城市滨水区既是陆地的边缘，又是水体的边缘，包括一定的水域空间和与水体相邻近的城市陆地空间，是自然生态系统和人工建设系统相互交融的城市公共的开敞空间。[④] 上述界定，反映出学术研究中的滨水区具有以下共性：第一，水域和陆域是滨水区的基本组成成分；第二，水域的形态是多样的，可能是河流、湖泊、海洋、海湾、运河或是小溪；第三，陆域往往是与人类社会经济活动关联密切的城市或城镇，且功能混合。

　　在城市规划中，城市滨水区被称为"蓝道"（Blueways），并且和"绿道"（Greenway）共同构成了城市中水陆结合、优美开阔的开放空间，是许多城市的点睛之笔。自 1990 年以来，在北京、上海、广州、天津、深圳、

---

① 马聪玲：《从世界主要城市公园看城市公共空间的形成与演变》，《城市》2015 年第 3 期，第 53~56 页。
② 徐慧：《城市景观水系规划模式研究——以江苏省太仓市为例》，《水资源保护》2007 年第 5 期，第 25~27 页。
③ 张环宙、沈旭炜、高静：《城市滨水区带状休闲空间结构特征及其实证研究——以大运河杭州主城段为例》，《地理研究》2011 年第 10 期，第 1891~1900 页。
④ 李国敏、王晓鸣：《城市滨水区的开发利用与立法思考——以汉口沿江地段为例》，《规划师》1999 年第 15（4）期，第 124~127 页。

南京等一些大城市中，开始了开发建设城市滨水区的步伐。城市滨水区对于展示城市风貌、拓展城市生活空间以及平衡城市生态环境方面发挥着重要作用。① 到目前为止，我国已经拥有了大量的滨水城市，城市滨水区为城市居民和外来游客提供了一个环境优美的休闲、娱乐活动空间，是现代城市居民户外休闲的最经常选择之一。

（2）城市滨水区的分类

按空间类型分类：场地型——港口、码头、滨水城市广场、滨水道路等；园林型——滨水城市公园、滨水绿化带（林带）、滨水游乐场、滨水步行绿地。

按分布位置和形态分类：平行水边带型——沿水体边缘发展，呈现带状场地或者带状绿化；边缘块状型——在城市滨水的特殊地段，有一边或以上与水体相接，一般是大型城市广场和城市公园；混合型——由带型和块状等复合发展而成，通常会形成一个网络。②

按水系类别分类：滨江、滨河、滨海、滨湖。

按职能状况分类：滨水商业金融区、滨水行政办公区、滨水仓储区、滨水港口码头区、滨水厂房区、滨水住宅区、滨水自然湿地、滨水文化娱乐区、滨水风景名胜区、滨水公园区。

按城市区位分类：城市中心滨水区——指处在城市主城区范围内的滨水区，并且位于城市的核心地段；城市边缘滨水区——指偏离主城区或城市核心地段以外的滨水区。

按空间特色和风格分类：传统风格滨水空间、现代风格滨水空间。③

（3）城市滨水区的角色功能

①环境角色

滨水地区是一座城市珍贵的自然资源，滨水区的再开发是改善城市人居环境的重要手段。滨水区有利于调节城市湿度、温度、水质等自然环境，优美的滨水生态环境和文化环境，能够为长期生活在高压之下的城市群体

---

① 路毅：《城市滨水区景观规划设计理论及应用研究》，东北林业大学博士学位论文，2006。
② 顾雯：《城市滨水区旅游功能开发研究——以上海苏州河为例》，华东师范大学硕士学位论文，2008。
③ 李艳：《运用类型学方法研究城市中心滨水区的改造更新》，天津大学硕士学位论文，2007。

提供一个舒缓心情、逃离拥挤的户外空间，是人与自然相互交融、和谐共处的重要场所，合理的规划开发可以促使这种和谐关系得到延续。

②经济角色

滨水区自然条件优越，环境良好，往往属于城市中的黄金地段，滨水区休闲功能开发为土地的开发利用提供了新机遇。滨水区休闲功能开发意味着城市的经济结构的转型升级，即从第二产业占统治地位转向第二产业和第三产业并重，通过调整城市滨水区土地利用方式，促进城市经济结构调整。同时，滨水区休闲娱乐产业的发展也将为城市提供更多就业岗位。

③社会角色

滨水区休闲功能开发还有利于重塑城市良好形象，增强城市知名度和美誉度，吸引更多外来游客。滨水区开发是当前我国城市建设的热点之一，众多滨海、滨江、滨河和滨湖的城市，随着经济实力不断增强，政府和广大市民对滨水区改造的呼声日益高涨，某些城市开发新滨水区的条件也日趋成熟。

（4）城市滨水区的发展现状

①城市滨水休闲功能分区逐渐合理化

按照距离水体的远近，可以将滨水区划分成亲水区、临水区、近水区、远水区，进行不同的景观设计。在临水区，水岸沿线由近到远依次布局沙滩—草坪—低矮植物等，构建滨水自然景观带；在近水区，建立休闲设施、文化小品与绿植相互交错的文化景观带；在远水区，布置休闲功能配套设施，治理周边环境卫生，加强道路绿化，通过种植景观花木与水体交相呼应，进而带动滨水周边地产的发展。同时，城市滨水区域内有必要划分出专门的游憩场所和配置相关游憩娱乐设施，形成综合性的功能分区，如休闲娱乐区、景观观赏区、餐饮购物区、健身区和办公区等。此外，在对重点岸段进行景观设计时，要保存城市历史标志建筑，从而保证滨水区在功能上和审美上的一致性。

②城市滨水休闲产品结构逐渐完善

目前，各种类型的滨水区都能够根据自身地理位置和资源禀赋，重点发挥优势，设计开发滨水休闲产品。城市滨水休闲产品主要可以概括为以下几种：（1）水上活动，利用优质安全的水质，打造水上趣味活动基地，开展漂流、冲浪、游艇、游泳、垂钓等水上娱乐活动。利用声光电等现代科技手段，挖掘当地文化特色，举办大型水上文化演艺；（2）养生度假，利用热带气候优势开发气候养生，利用海洋、温泉开发水疗养生，通过潜水、跳伞水上运动以及高尔夫、滑沙和沙滩排球等滨海运动开发运动养生；（3）美食娱乐，为了延长休闲者的停留时间，大多数滨水区已经形成了以滨水资源为载体，以美食休闲为主要内容的餐饮娱乐休闲功能区。合理的休闲产品结构，多元的休闲活动内容，丰富的休闲消费层次，进一步促进了城市滨水区的经济文化发展。

③城市滨水休闲功能影响力不断扩大

城市生活节奏加快，工作压力剧增，环境问题凸显，使城市中越来越多的人渴望亲近大自然，通过户外休闲放松心灵、释放压力。城市滨水休闲区凭借良好的生态优势，已经成为居民进行室外休闲活动的新宠，成为本地居民休闲娱乐的新去处。同时，交通便捷化使远距离的滨海休闲旅游逐年受到热捧，旅游人次逐年增加，新婚旅行、娱乐养生、休闲度假等各种目的的游客均将滨海作为休闲娱乐的首选之地。自 2008 年起，到海南三亚旅游度假的人数大致以每年 100 万人的速度递增，成为城市滨水休闲功能影响力不断扩大的有力佐证。

4. 休闲商业街区

我国休闲街区最初的发展形态为步行街，最早的起源可追溯至唐代，至宋代已极度繁荣，到明清得以进一步发展。时至现代，众多带有厚重历史印记的街区已经成为城市的亮丽文化名片。2013 年，国务院办公厅印发《国民旅游休闲纲要》，明确提出要推进国民旅游休闲基础设施建设，加强城市休闲街区、环城市游憩带建设，营造居民休闲空间。同时，加快公共场所无障碍设施建设，逐步完善街区、景区等场所语音提示、盲文提示等无障碍信息服务。随后，休闲街区作为休闲公共设施建设项目被纳入城市建设和地方发展规划。

（1）城市休闲商业街区的分类

依据不同的分类标准，休闲商业街区可以划分为不同的类型。根据经营业态的不同，可划分为专业性商业街和综合性商业街；根据交通限制的不同，可划分为普通的商业街以及步行街；根据规模大小的不同可划分为大、中、小三个等级的商业街，服务不同范围的居民。本书根据城市休闲业态的发育程度以及历史背景的不同等综合因素，将大型购物中心、历史文化街区以及文化创意街区作为城市休闲商业街区主要类型看待。

①大型购物中心

在城市消费水平提高、市场竞争加剧的环境下大型和超大型购物中心（Shopping Mall）应运而生，主要有城市中心型和城市周边型两种形态。大型购物中心发端于 20 世纪 50 年代的美国，现已成为欧美国家的主流零售业态，销售额已占据其社会消费品总额的一半左右。一般来说，大型购物中心集合了百货店、超市、卖场、专卖店、大型专业店等各种零售业态，而且有各式快餐店、小吃店和特色餐馆、电影院、儿童乐园、健身中心等各种休闲娱乐设施。此外，大型购物中心还提供一般百货店无法提供的长廊、广场、庭院等景观型购物体验。例如广东的华南 MALL、北京金源时代购物中心以及万达广场等均属于国内大型购物中心的代表。

②历史文化商业街区

历史文化商业街区指的是在有一定历史文化底蕴和传统特色的区域，以原有的风貌、文化、民俗等为基础，依托现代商业的发展形态，注入"文化、休闲、创意"等元素，以休闲消费为特色，具有购物、餐饮、休闲、旅游等一种或多种功能特质的文化休闲街区。历史文化商业街区既体现本土的传统历史文化，又展现了现代时尚生活，是城市历史与现代融合的产物。在商业地产竞争日益激烈的今天，历史文化商业街区似雨后春笋般出现在全国的大小城市，如上海的新天地、成都的宽窄巷子、武汉的户部巷、开封的书店街等都是如此。

③创意文化街区

文化创意街区是城市特色文化街区的一种，它将文化创意产业与商业相结合，将很多艺术的感悟融入经济载体，能够让由高科技、新创意所生产的有形产品更加容易进入百姓生活，实现其展示、推介、交易和传播功能，最终带给人们新的生活方式。从城市文化创意街区发展的轨迹来看，城市工业遗产——老厂房、仓库等多是文化创意街区建设最初的载体，后伴随着文化创意产业的快速发展，街区会逐步向科技园区、大学城、城市新城区等拓展。

（2）城市休闲商业街区的价值

城市休闲商业街区拥有其独特的文化面貌、迥异的风俗以及独树一帜的休闲业态，通过为居民和旅游者提供一个融购物、餐饮、娱乐、休闲于一体的休闲场所，成功打造了一种新兴的商业业态，对城市经济、文化以及社会的协调发展具有重要意义。其作用主要表现在以下几点。

①实现社会经济价值

首先，城市商业街区具有消费带动作用。城市休闲商业街区多布局在地理位置优越、交通便利的场所，客流量大，是服务公众，聚集人气的重要场所，也是城市展示商业形象和发展水平的重要窗口。一般来说，构成商业街的主体是各个相对独立的零售商，百货店、专卖店、精品店、餐饮、休闲、娱乐、健身等多种商业元素聚集。俗话说"店多成市"，各种类型的商店以及多元化的服务设施的集聚，产生 1+1>2 的效应，使人群和客流的聚集产生市场规模，带动居民消费。对于消费者而言，他们的各类消费需求都可以在此得到满足，因而居民在该区的消费一般会高于在城市其他场所的消费水平，并不断推动居民消费结构转型升级。

此外，休闲商业街区是城市经济发展的有机组成部分，大力支持与发展休闲商业街区，也可进一步促进城市经济的发展与繁荣，促进城市整体经济活力的提升。通过大规模的商业活动也可带动周边区域在金融、房地产、广告以及交通运输等其他行业的发展，促进该区域商业的规模化和专业化建设。

②完善城市功能

首先，作为城市商业街区，其商业服务功能是最基础的功能，是其存在的前提条件和形态。在城市发展早期，居民对商业街区的要求仅限于满足基本生活需要的要求。但在现代社会，随着我国经济的发展和居民消费需求的多元化提升，商业街区的商业服务功能日趋综合化，特色商业街区应运而生，购物、餐饮、休闲娱乐"三足鼎立"，一般形成商品购物占40%，餐饮占30%，休闲娱乐占30%的商业格局。

其次，都市旅游的日益繁荣使各级政府逐渐认识到休闲商业街区在旅游发展中的重要地位。城市休闲商业街区往往成为城市形象新名片、城市旅游新吸引物、都市旅游新坐标和都市变迁新力量，对完善城市旅游功能意义重大。与旅游功能相辅相成的是城市休闲功能。与旅游功能不同的是，休闲功能是针对本地居民而言，满足其日常休闲娱乐功能。城市休闲街区作为城市公共空间的一种，拥有完善的城市设施、舒服宜人的休闲环境以及多样化的休闲业态，完美契合了城市居民的休闲需求，成为居民休闲空间的重要组成部分。

③传承城市历史文化

城市的建设与发展日新月异，而城市休闲商业街区则是延续城市历史的重要介质。一方面，许多城市休闲商业街区的建立多是位于城市历史地段，或直接由历史街区改造建设而来，本身就具有历史文化价值。这些特有的历史文化因素可以吸引游客，带动该街区商业的发展，对城市的历史进行保护性的开发和传承。另一方面，有一部分新建的商业街区并没有深厚的历史文化背景，但是作为商业街区，却是城市空间中最精华的部分；作为城市的新"名片"，其建造与发展也始终围绕着城市的历史文化展开，是城市进步的见证。如开封的七盛角，虽没有长时间的历史积淀，但是其在建设的过程中，以宋代建筑风格为主题，并融入现代商业和休闲的元素，既丰富了城市形象，更体现了城市发展的时代特色，这也是对城市历史文脉的有效传承。

5. 城市广场

城市广场是城市中由道路、绿化带和建筑物等包围而成的开放空间，它是城市居民日常生活的中心。[1] 最初，城市广场的出现主要是为了满足城市中居民实现信息及商品交流的需求。[2] 到古希腊时代（公元前8世纪），真正意义上的广场才开始出现，称为 Agora，表示集中的意思，即由建筑包围而成的公共空间。从此之后，广场开始成为城市空间组织的重要元素。[3]

到了现代，作为城市主要的公共设施，城市广场更成为整个城市空间构成中不可或缺的组成部分，是城市中大量人流的聚集之地，成为一个重要的社会活动空间。同时，城市广场因对社会公众生活的开放性和包容性特征，使其成为目前城市居民中最乐意选择的日常休闲活动场所。[4]

6. 社区服务中心

一般情况下，城镇居民的绝大部分休闲活动主要在居住地附近完成。

[1] 《中国大百科全书（建筑、园林、城市规划）》，中国大百科全书出版社，1998。
[2] 王富臣：《城市广场：概念及其设计》，《华中建筑》2000年第4期，第93~96页。
[3] 王婉飞：《休闲管理》，浙江大学出版社，2012。
[4] 王鲁民、宋鸣笛：《关于休闲层面上的城市广场的思考》，《规划师》2003年第3期，第51~52页。

社区作为城镇居民人口集中区，是城市管理的细胞和居民休闲的首选区域。因此，社区的道路、交通等基础设施，绿地、公园等休闲设施的建设切实影响着社区居民的休闲生活质量，社区休闲显得日益重要。不过，从相关统计来看，2007～2011年，我国社区服务机构的数量分别为17.2万人、16.3万人、17.5万人、15.3万人、16.0万人，呈一定的下降趋势；到2012年末，我国共有社区服务机构20万个，其中社区服务中心1.6万个，社区服务站7.2万个；到2013年末，社区服务中心增至1.9万个，社区服务站增至10.3万个；至2014年末，社区服务中心2.2万个，社区服务站11.4万个，呈现出明显上升趋势。

社区服务中心中设有文化活动中心，是为满足社区居民的基本文化需要，由政府主导，在街道、乡镇设置的综合性、公益性文化服务机构。目前，社区文化活动中心内一般开设社区图书馆或阅览室、陈列展览室、社区学校、棋牌室、健身室等，主要为社区居民提供读书看报、康体健身、影视放映、教育培训等公益性文化服务。[1]

（三）公共休闲活动与场所的供给现状

1. 公共体育休闲活动与场所

公共体育场馆是公共体育休闲活动的主要场所，它是指由政府兴建的，主要用于满足体育训练、体育竞赛和群众康体健身等需要的体育场地及相应配套设施。其建设资金主要依靠财政拨款或集资途径，是实现我国体育事业发展和全民健身目标的基础性物质条件。公共体育场馆的数量和质量，直接关系着一个国家或地区竞技体育水平的状况和全民健身活动的普及程度，是社会发展水平的重要标志。目前，公共体育场馆作为人们进行身体锻炼、体育竞赛和社会交往的场所，在城市居民的休闲生活中扮演着重要的角色。

2014年12月25日，《第六次全国体育场地普查数据公报》正式发布。相关数据显示，截至2013年12月31日，全国共有体育场地169.46万个，用地面积39.82亿平方米，建筑面积2.59亿平方米，场地面积19.92亿平方米。其中，室内体育场地16.91万个，场地面积0.62亿平方米；室外体

---

① 黄锴：《政府文化职能的公共性——以社区文化活动中心建设为视角》，复旦大学硕士学位论文，2011。

育场地 152.55 万个，场地面积 19.30 亿平方米。以 2013 年末我国大陆总人口 13.61 亿计算，平均每万人拥有体育场地 12.45 个，人均体育场地面积 1.46 平方米。根据此次普查标准，全国普查到 82 种主要体育场地类型，占总体场地数量的 91.93%（见表 2-13）。

表 2-13　场地数量排名靠前的场地类型情况

场地类型	场地数量（万个）	数量占比（%）
篮球场	59.64	36.32
全民健身路径	36.81	22.41
乒乓球场	14.57	8.87
小运动场	8.91	5.42
乒乓球房（馆）	4.87	2.97
合计	124.80	75.99

资料来源：《第六次全国体育场地普查数据公报》。

在各种体育场地类型中，数量排名靠前的体育场地分别是篮球场、全民健身路径①、乒乓球场、小运动场和乒乓球房（馆），共计 124.80 万个，占 75.99%。可见，场地类型分布不均。

同时，第六次全国体育场地普查数据还显示，在全国体育场地中，分布在城镇的体育场地 96.27 万个，占 58.61%；场地面积 13.37 亿平方米，占 68.61%。其中，室内体育场地 12.87 万个，场地面积 0.54 亿平方米；室外体育场地 83.40 万个，场地面积 12.83 亿平方米。以 2013 年全国城镇化人口 7.3 亿人计算，平均每万人拥有体育场地 13.19 个，人均体育场地面积 1.83 平方米，略高于全国水平。

但是在我国体育场地中，体育系统管理的体育场地 2.43 万个，占 1.43%；场地面积 0.95 亿平方米，占 4.79%。教育系统管理的体育场地 66.05 万个，占 38.98%；场地面积 10.56 亿平方米，占 53.01%。军队系统管理的体育场地 5.22 万个，占 3.08%；场地面积 0.43 亿平方米，占 2.17%。其他系统管理的体育场地 95.76 万个，占 56.51%；场地面积 7.98 亿平方米，占 40.03%。但是就目前而言，中小学校、企事业单位以及军队

---

① 统计场地数量时，全民健身路径按照所在地点进行统计，即建在同一地点的若干件器械记为 1 件。

系统的体育场地一般仅对单位人员开放，不对外完全开放，因此我国社会城镇居民实际享受的公众开放的体育场地相当有限。与发达国家的人均体育场地面积相比较，我国公共休闲体育发展水平相对滞后，大众缺乏必要的体育休闲场所。

公共体育服务建设资金主要包括中央预算内投资、体育彩票公益金、地方财政性资金、社会投入等。近年来，随着全民健身工程（2005—2010）、全民健身计划（2011-2015）的展开以及全民健身条例的实施，我国对公共体育事业的财政支持逐年加大。仅 2016 年，政府财政就支持了1260 个公共体育场馆向社会免费或低收费开放。[①]

全民健身服务的资金主要来源于体育彩票公益金。国家体育总局安排本级体育彩票公益金，主要用于支持建设中小型全民健身中心；留归各级体育主管部门使用的彩票公益金，是需要根据国家相关规定，增加对公共体育服务设施建设的投入。2011~2013 年，全国各级体育部门使用彩票公益金建设健身广场 23744 个、户外营地 688 个、健身步道 8859 个，全民健身活动中心 2730 个、体育公园 1662 个、社区多功能运动场 18984 个。在一定程度上促进了体育宣传教育、公共体育路径、体育健身设施、体育活动项目、社区体育以及青少年、老年、残疾人体育等公共体育休闲事业的发展。表 2-14 显示的数据，也表明了深圳市利用体育彩票公益金推动当地公共体育休闲事业发展的概况（见表 2-14）。

表 2-14　2015~2016 年度深圳市体育彩票公益金支出计划

序号		项目	拟安排金额（万元）	
			2015 年	2016 年
1		群众体育部分	4060	7060
	（1）	援建和维修公共体育场地设施	450	189
	（2）	购置体育健身器材	—	300
	（3）	资助群众体育组织和队伍建设	558.5	598.5
	（4）	资助或组织开展全民健身活动	1775	2075
	（5）	资助或组织全民健身服务	1276.50	1937.5

---

① 资料来源：《关于 2016 年中央和地方预算执行情况与 2017 年中央和地方预算草案的报告》。

续表

序号		项目	拟安排金额（万元）	
			2015 年	2016 年
	（6）	资助或组织其他全民健身项目开展	—	92
	（7）	待支付以前年度采购	—	1533
	（8）	群众体育预留部分		335
2		青少年体育部分	5409	7699
	（1）	资助青少年体育后备人才培养	1641	3446
	（2）	搭建学校后备人才培养网络	1998	2031
	（3）	组织开展青少年各项竞赛活动	1705	1784
	（4）	组织开展青少年科学研究和培训	65	81
	（5）	往年结转	—	178.98
	（6）	青少年体育预留部分	—	178.02
3		竞技体育部分	3881	1433
	（1）	资助举办或承办各类型体育赛事	3281	200
	（2）	改善专业运动队训练比赛、生活设施条件	600	1133
	（3）	竞技体育预留部分	—	100
		合计	13350	16192

资料来源：根据深圳政府在线公示数据整理。

2. 公共文化艺术休闲活动与场所

受国家文化政策的影响，近年来，我国文化艺术事业发展趋势明显。图书馆、各级文化馆（站）、博物馆、艺术表演团体、艺术表演场馆个数等文化休闲资源的供给场所及机构总数均有增长，其中，博物馆、图书馆以及艺术表演团体和场馆增长趋势稳定，发展势头良好。不过，由于受到互联网普及的影响，期刊、报纸等传统阅读方式受到冲击，近年来，期刊的总印数、报纸总印数均呈现明显下降趋势。与期刊、报纸的发展趋势相反，广播、电视、电影事业发展则硕果累累，根据 2016 国家统计公报的数据，截至 2015 年末，广播、电视的人口覆盖率，广播及电视节目的套数与播出时间均呈明显增长态势，广播、电视以及电影等日益成为城镇居民喜闻乐见的休闲方式（见表 2-15、表 2-16、表 2-17）。

表 2-15　我国文化艺术事业基本情况

项目	2010 年	2011 年	2012 年	2013 年	2014 年	2015 年
图书种数（万种）	32.8	37	41.4	44.4	44.8	47.5
图书总印数（亿册）	71.7	77.1	79.2	83.1	81.8	86.6
期刊种数（种）	9884	9849	9867	9877	9966	10014
期刊总印数（亿册）	32.2	32.9	32.5	32.7	30.9	28.8
报纸种数（种）	1939	1928	1918	1915	1912	1906
报纸总印数（亿份）	452.1	467.4	482.3	482.4	463.9	430.1
图书馆（个）	2884	2952	3076	3112	3117	3139
省、地市级群众文化馆（个）	374	379	382	385	—	—
县市级文化馆（个）	2890	2905	2919	2930	2928	2929
乡镇（街道）文化站（个）	40118	40390	40575	40945	41110	40976
博物馆（个）	2435	2650	3069	3473	3658	3852
艺术表演团体（个）	6864	7055	7321	8180	8769	10787
艺术表演场馆（个）	1461	1429	1279	1344	1338	2143

资料来源：2011~2016 年《中国统计年鉴》。

表 2-16　2011~2016 年全国文化馆、博物馆、公共图书馆等
文化休闲资源的每百万人拥有量

年份	艺术表演团体（个）	文化馆（个）	博物馆（个）	公共图书馆（个）	人均公共图书馆藏书（册）
2011	1.84	2.43	1.91	2.17	5.71
2012	1.54	2.43	2.1	2.2	5.98
2013	1.51	2.42	1.94	2.26	6.1
2014	1.47	2.42	2.02	2.27	6.14
2015	1.49	2.41	2.15	2.28	5.89
2016	1.48	2.41	2.21	2.29	6.27

资料来源：2011~2016 年《中华人民共和国国民经济和社会发展统计公报》。

表 2-17　2010~2015 年广播电视电影事业发展情况

指标		2010 年	2011	2012	2013	2014 年	2015 年
广播	综合人口覆盖率（%）	96.78	97.06	97.51	97.79	97.99	98.17
	公共广播节目套数（套）	2549	2590	2627	2637	2686	2782
	公共广播播出时间（万小时）	1266.0	1305.8	1338.4	1379.5	1405.8	1421.8
电视	综合人口覆盖率（%）	97.62	97.82	98.20	98.42	98.60	98.77
	实际用户数（万户）	18872	20264	21509	22894	23458	23567
	实际用户数占家庭总户数比重（%）	46.40	49.43	51.50	54.14	54.82	54.63
	公共电视节目套数（套）	3272	3274	3353	3338	3329	3442
	公共电视节目播出时间（万小时）	1635.50	1675.30	1698.53	1705.72	1747.6	1779.6
电影	电影院线（条）	37	39	40	42	45	46
	银幕（块）	6256	9286	13118	18195	23600	31600
	全国电影票房收入（亿元）	157.21	177.47	170.73	217.69	296.39	440.69

资料来源：2011~2016 年《中国统计年鉴》。

另有数据显示，2014 年，我国 40 个省会城市、直辖市和沿海改革开放城市市辖区政府提供的公共休闲资源中，剧场、影剧院数平均为 27.35 个、公共图书馆总藏量平均为 5317.45 千册（千件）、每百人公共图书馆藏书平均为 146.21 册（件）。但在各城市间，三项数据的差别相当大，比如：剧场、影剧院数最多的北京有 236 个，最少的秦皇岛只有 1 个；公共图书馆总藏量最大的上海有 56244 千册（千件），最小的三亚只有 71 千册（千件）；每百人公共图书馆藏书最多的上海为 445.53 册（件），而最少的重庆只有 27.77 册（件）（见表 2-18）。

表 2-18　2014 年我国省会城市、直辖市和沿海开放城市市辖区
部分公共文化休闲资源概况

序号	城市	剧场、影剧院数（个）	公共图书馆总藏量（千册、千件）	每百人公共图书馆藏书（册、件）
1	北京	236	30838	312.09
2	天津	28	7785	104.08

序号	城市	剧场、影剧院数（个）	公共图书馆总藏量（千册、千件）	每百人公共图书馆藏书（册、件）
3	上海	40	56244	445.53
4	重庆	14	2508	27.77
5	哈尔滨	8	4900	159.41
6	长春	9	4787	160.63
7	沈阳	26	6732	138.04
8	大连	7	3534	130.56
9	石家庄	4	1763	90.41
10	秦皇岛	1	418	59.74
11	太原	17	2967	124.04
12	呼和浩特	2	2053	189.43
13	西安	21	2811	70.26
14	郑州	28	3185	139.06
15	洛阳	11	553	37.93
16	济南	25	5546	172
17	青岛	17	1685	70.91
18	武汉	69	7458	98.36
19	合肥	22	2783	201.74
20	南京	43	9701	260.86
21	苏州	44	1414	67.51
22	杭州	64	5934	156.37
23	宁波	8	630	49.95
24	南昌	9	3412	195.33
25	福州	11	2898	188.46
26	厦门	21	1413	105.17
27	长沙	8	4409	243.90
28	广州	17	7731	133.99
29	深圳	126	2452	185.70
30	珠海	17	253	46.49

续表

序号	城市	剧场、影剧院数 （个）	公共图书馆总藏量 （千册、千件）	每百人公共图书馆 藏书（册、件）
31	南宁	7	2226	161.48
32	海口	26	295	49
33	三亚	3	71	14.61
34	成都	11	6555	191.94
35	贵阳	6	2934	153.57
36	昆明	18	3600	167.29
37	兰州	10	2885	154.23
38	西宁	16	1865	194.49
39	银川	27	1661	253.63
40	乌鲁木齐	13	1172	73.65
平均		27.35	5317.45	146.21

资料来源：《中国城市统计年鉴2015》、各城市《2014国民经济与社会发展统计公报》。

本章小结

　　我国城镇化的发展速度远远快于城镇公共休闲服务供给的速度。同时，随着社会经济发展水平以及居民可支配收入的持续增加，休闲时间的稳步增长，私人汽车等交通工具的普及，城镇居民的休闲观念逐渐提升，休闲消费逐年扩大，城镇居民的休闲需求快速增长。与此同时，政府为加大公共休闲服务的供给，通过出台一系列政策法规、成立相关政府机构、增加休闲资金投入等手段，逐步明确公共休闲服务供给的内容并加强在公共休闲供给领域的职能。

　　公共休闲服务的供给框架一般由四要素组成，分别是公共休闲服务的供给主体、供给内容、供给方式以及供给对象；依据四要素组成的不同，公共休闲服务的供给模式也存在一定差距。就我国目前公共休闲服务供给的现状来看，供给内容、供给方式等虽有显著改变，但总体来讲仍明显存在供给总量不足、地区间不均衡等诸多问题，公共休闲服务供给以及基本公共休闲服务均等化已经成为影响城镇社会稳定与和谐的关键因素之一。

因此，一方面，在相当长的时期内，政府仍将扮演公共休闲服务主要供给者的角色；另一方面，还要扮演公共休闲服务管理者的角色，政府在城镇公共休闲服务供给中的主体地位短期内不会改变。政府对公共休闲空间、场所和设施等公共休闲资源的提供，对于博物馆、图书馆、科技馆、公园等的建设，体育、艺术文化活动的开展等所需公共休闲资金的支持，户外、社区等休闲娱乐公共休闲项目的设置，以及公共休闲的教育和引导等方面的工作等仍然将长期在路上。

第三章 我国省域公共休闲服务供给现状及基本公共休闲服务均等化考察

对地区公共休闲服务供给水平的有效评估将有利于政府认清自身的发展现状及未来发展方向,有利于政府制定相应的休闲发展措施,从而促进地区休闲服务水平的整体提高。本章通过构建公共休闲服务供给评价指标体系,并运用相应的指标评价方法,对我国 31 个省(自治区、直辖市)的公共休闲服务供给水平进行评估,以期对地区宏观休闲政策制定、区域公共休闲服务发展等提供一定的现实参考。

第一节 指标体系的构建

一 指标构建的基本原则

(一) 可获得性原则

在本研究各级指标的建立过程中,可获得性是首先考虑的问题。所选择的指标必须是可度量的,而且能够实际取得的数据。相关指标主要通过权威部门的统计资料获取数据,并尽量选取各地区统计口径相一致的指标。

(二) 综合性和独立性原则

公共休闲供给水平评价指标体系必须具有足够的覆盖面,将影响地区公共休闲供给水平的主要因素全部考虑在内。因此,评价指标体系必须能够尽量综合考虑到地区经济发展水平、基础设施、休闲资源配置等各个方面。其次,各个指标之间应相互独立,关联性小,不能够相互取代。

（三）主导性和层次性原则

主导性原则是指所选用的指标必须是能够衡量城市公共休闲供给水平的重要指标，通过这些指标能够把握城市休闲基础、休闲供给等的总体状况。层次性原则是指所选择的指标应逐级分层且易于量化，力求每一个指标都能够反映城市公共休闲供给的某方面特征。

（四）可比较性原则

公共休闲服务供给水平是一个相对概念，指标选择应该能够适合不同地区的公共休闲服务供给水平的评价要求，评价结果能够在时间或空间范围内进行比较。本研究采取空间比较的方式反映同期内各地区公共休闲服务供给水平的空间差异。

不过，公共休闲服务涉及社会生活的方方面面。目前，休闲还没有成为我国统计年鉴的专项指标，而只是在文化、体育、城建等指标方面有所涉及。同时，我国不同地区的统计指标和统计口径均有较大出入，这给数据收集带来一定困难。因此，评价指标的选择并不能关注到公共休闲服务的每个方面，这也必然会对评价结果产生一定程度的影响。

二 指标构建的依据

评价指标的构建直接影响评价的科学性、正确性和系统性。为保证指标体系构建的合理性，所选指标主要依据以下几类文献。

（一）已有评价成果

目前，涉及公共休闲服务评价方面进行的研究少之又少，相关研究成果主要集中在城市休闲和休闲城市两个方面。如郑胜华、王琳、楼嘉军等通过构建指标体系对城市休闲发展水平进行的评估，闪媛媛、曹新向、吕宁等构建的休闲城市的评价指标体系。在肯定其指标构建合理性的同时，应注意到，这些研究还存在如下问题：（1）选取的部分指标与评价内容的关联度较低；（2）部分指标的获取难度较大，可操作性较差；（3）部分指标使用了绝对数值，而忽视了地区人口数量因素。不过，以往研究的合理性，还是为本研究评价指标体系的构建提供了重要参考（见表3-1）。

表 3-1　有关休闲评价指标方面的研究

研究者	研究内容	评价指标体系
郑胜华等	城市休闲发展水平评估	构建了城市休闲发展实力系统、动力系统、能力系统和魅力系统 4 个一级指标；城市经济规模、产业机构、城市功能、人居环境、理念导向、社会进步、休闲设施、休闲资源、城市品牌认知度、城市文化影响力和城市休闲满意度 11 个二级指标。共包含了 38 个三级指标
王琳	城市休闲发展水平	设置了城市休闲经济实力系统、城市休闲环境支持系统、城市休闲产业动力系统、城市休闲意识发展系统 4 个准则层指标和 25 个因子层指标
闪媛媛	休闲城市评价	设置了休闲主体、休闲客体和休闲介体 3 个指标层；休闲频繁度、休闲满意度、休闲资源丰厚度与特色化、休闲设施完善度与个性化、城市环境舒适度、城市交通便捷度、政府支持力度、城市产业结构优化度、城市文明友好度 9 个一级指标；包含了 38 个二级指标
曹新向等	休闲城市评价	设置了休闲主体、休闲客体和休闲介体 3 个层面指标。休闲主体涉及当地居民参与休闲活动的状况、频率等方面的 16 个指标；休闲客体涉及休闲资源、娱乐场所等方面的 15 个指标；休闲介体包含城市经济条件、自然环境、居住环境和社会环境支持性等方面的 25 个指标
吕宁	休闲城市评价	构建了城市综合实力、居民休闲需要和城市休闲环境 3 大系统层，政府服务支撑、城市基本功能、城市经济结构、居民休闲潜力、居民休闲能力、公共休闲空间、休闲环境质量、休闲资源与设施 8 个领域层，共包含了 33 个评价指标
楼嘉军等	城市休闲化发展评价	指标体系包括一级指标 4 个，即公共基础、消费能力、产业能力和特色资源；二级指标 51 个，分别为公共基础部分 13 个，消费能力部分 14 个，产业能力部分 17 个，特色资源部分 7 个

资料来源：根据相关文献整理。

（二）城市休闲系列标准

自 2011 年起，由全国休闲标准化技术委员会指导起草了一系列城市休闲标准。主要有《城市公共休闲服务与管理基础术语》（GBT28001-2011）、

《城市公共休闲服务与管理导则》（GBT28002-2011）、《城市中央休闲区服务质量规范》（GBT28003-2011）、《城市公共休闲空间分类与要求》（GB/T31171-2014）、《城乡休闲服务一体化导则》（GB/T31172-2014）、《社区休闲服务质量导则》（GB/T28928—2012）等。这些标准也是本研究评价指标体系构建的重要依据。

（三）统计年鉴数据

本研究在构建评价指标体系的过程中，参阅了大量相关统计年鉴、公报和数据库等。主要包括《中国经济与社会发展统计数据库》《中国统计年鉴》《中国文化文物统计年鉴》《中国旅游年鉴》，以及相关城市统计公报等。

三 指标体系的构建

（一）宏观层面

根据上文评价指标的构建原则，并借鉴以往的相关研究成果，本文将从地区公共休闲服务供给实力、地区公共休闲基础服务功能、地区公共休闲资源配置三个方面来构建地区公共休闲服务供给水平评价指标体系。这三个方面之间相互影响、相互作用，共同影响着地区公共休闲服务供给的综合水平。其中，地区公共休闲服务供给实力是地区公共休闲资源配置的物质保障，地区公共休闲基础服务功能关系着大众公共休闲活动的舒适度和便捷性，地区公共休闲资源配置则是大众公共休闲活动开展的直接载体。根据公共休闲服务供给水平指标选取的原则，将指标体系划分为如下三个层次。

1. 一级指标
即目标层，指地区公共休闲服务供给水平。
2. 二级指标
即方面层，包括地区公共休闲服务供给实力、地区公共休闲基础服务功能、地区公共休闲资源配置三个方面。
3. 三级指标
即因子层，依据指标构建的原则，本文从影响地区公共休闲服务供给水平的主要因素出发，结合相关研究成果和统计数据，确定了 38 个三级指标层的评价因子。

（二）微观层面

本文结合地区公共休闲服务供给实力、地区公共休闲基础服务功能、地区公共休闲资源配置三个方面的实际情况，共设计了 38 个三级因子指标，且 38 个因子指标均为官方统计指标。一、二、三 3 级指标层共同构成了对地区公共休闲服务供给水平的评价体系。

1. 地区公共休闲服务供给实力

公共休闲服务供给实力与地区经济发展水平关系密切。衡量地区公共休闲供给实力的指标主要包括地区宏观经济指标、地区在文化体育与传媒方面的财政投入、居民用于文教娱乐的消费支出等。考虑到评价指标的可获得性原则，我们选择了以下 6 项统计指标作为对地区公共休闲供给实力的评价标准（见表 3-2）。

表 3-2　地区公共休闲服务供给实力评价指标

指标名称	单位
X1 人均地区生产总值	元
X2 人均公共财政收入	元
X3 文化体育与传媒占公共财政支出的比重	%
X4 城镇居民人均可支配收入	元
X5 城镇居民人均现金消费支出	元
X6 城镇居民人均现金消费中用于文教娱乐的支出	元

在这里，有必要对上表中的几项主要统计指标作一解释。

● 公共财政收入。指国家财政参与社会产品分配所取得的收入，是实现国家职能的财力保障。主要包括：第一，各项税收。包括国内增值税、国内消费税、进口货物增值税和消费税、出口货物退增值税和消费税、营业税、企业所得税、个人所得税、资源税、城市维护建设税、房产税、印花税、城镇土地使用税、土地增值税、车船税、船舶吨税、车辆购置税、关税、耕地占用税、契税、烟叶税等。第二，非税收入。包括专项收入、行政事业性收费、罚没收入和其他收入。财政收入按现行分税制财政体制划分为中央本级收入和地方本级收入。

• 城镇居民家庭可支配收入。指家庭成员得到可用于最终消费支出和其他非义务性支出以及储蓄的总和，即居民家庭可以用来自由支配的收入。它是家庭总收入扣除交纳的个人所得税、个人交纳的社会保障支出以及记账补贴后的收入。其计算公式为：

城镇居民家庭可支配收入=家庭总收入-交纳个人所得税-个人交纳的社会保障支出-记账补贴

• 城镇家庭现金消费支出。指家庭用于日常生活的全部现金支出，包括食品、衣着、居住、家庭设备及用品、交通通信、文教娱乐、医疗保健、其他等八大类支出。

2. 地区公共休闲基础服务功能

地区公共休闲基础服务功能主要表现在地区交通水平、居住环境、社会服务等的维护水平上，它们将决定着地区公共休闲功能能否更好地实现。交通设施水平主要考察居民日常休闲所需的基本交通工具，因此选取每万人拥有出租汽车数和公共交通车辆等指标，来反映地区交通的发展程度。居住环境是地区公共休闲服务发展的基础，衡量此方面选择了每万人拥有公共厕所、生活垃圾无害化处理率、人均道路面积、互联网宽带接入户数等指标。社会服务方面主要选择社会组织单位数作为衡量指标。总计统计指标有 9 项，具体指标选择见表 3-3。

表 3-3　地区公共休闲基础服务功能评价指标

指标名称	单位
X7 每万人拥有公共交通车辆	标台
X8 年末公共交通运营线路总长度	公里
X9 年末每万人拥有出租汽车数	辆
X10 每万人拥有公共厕所	座
X11 生活垃圾无害化处理率	%
X12 人均道路面积	平方米
X13 互联网宽带接入户数	万户
X14 互联网上网人数比重	%
X15 社会组织单位数	个

主要统计指标解释：

• 每万人拥有公共交通车辆。指按城市人口计算的每万人平均拥有的公共交通车辆标台数。其计算公式为：

每万人拥有公共交通车辆数（标台）＝全市公共交通车辆数（标台）÷城区总人口（万人）

• 生活垃圾无害化处理率是指无害化处理的城市市区生活垃圾数量占市区生活垃圾产生总量的百分比。其计算公式为：

生活垃圾无害化处理率＝生活垃圾无害化处理量÷生活垃圾产生量×100%

3. 地区公共休闲资源配置

考虑到统计数据的可获得性，参照《中国经济与社会发展统计数据库》《中国统计年鉴》等统计指标，本研究选择了城市公园、园林绿化、广播电视、公共图书馆、博物馆、社区服务机构等 23 类我国目前主要的公共休闲资源为数据来源，对各省域公共休闲资源配置情况进行大致评估。其中，考量城市公园配置情况选用了每万人拥有城市公园个数和城市公园面积两个指标；考量园林绿化配置情况采用了人均公园绿地面积、万人拥有城市绿地面积、建成区绿化覆盖率三个指标；广播电视情况从综合人口覆盖率和节目套数两个方面来考量；评估公共图书馆配置情况采用了万人拥有公共图书馆机构数、人均拥有公共图书馆藏书量、每百万人拥有公共图书馆阅览室席位数、公共图书馆组织各类讲座等七个指标；博物馆配置情况指标选用了每百万人拥有博物馆机构数、博物馆基本陈列、博物馆举办展览、人均博物馆参观次数；社区服务机构则选用了每万人拥有社区服务机构数、社区服务机构覆盖率等指标。评估地区公共休闲资源配置情况的具体指标见表 3-4。

表 3-4　地区公共休闲资源配置评价指标

指标名称	单位
X16 每万人拥有城市公园个数	个
X17 每万人拥有城市公园面积	公顷
X18 人均公园绿地面积	公顷
X19 每万人拥有城市绿地面积	平方米

续表

指标名称	单位
X20 建成区绿化覆盖率	%
X21 广播节目综合人口覆盖率	%
X22 公共广播节目套数	套
X23 电视节目综合人口覆盖率	%
X24 公共电视节目套数	套
X25 有线广播电视用户数占家庭总户数的比重	%
X26 每万人拥有公共图书馆机构数	个
X27 每万人拥有公共图书馆建筑面积	平方米
X28 每百万人拥有公共图书馆阅览室席位数	个
X29 人均拥有公共图书馆藏书量	册
X30 公共图书馆组织各类讲座	次
X31 公共图书馆举办展览	个
X32 公共图书馆举办培训班	个
X33 每百万人拥有博物馆机构数	个
X34 博物馆基本陈列	个
X35 博物馆举办展览	个
X36 人均博物馆参观次数	次
X37 每万人拥有社区服务机构数	个
X38 社区服务机构覆盖率	%

主要统计指标解释：

• 广播/电视节目综合人口覆盖率。指根据原国家广电总局制定的《广播电视人口覆盖率统计技术标准和方法》进行统计调查的，在对象区内能接收到由中央、省、地市或县通过无线、有线或卫星等各种技术方式转播的各级广播/电视节目的人口数占全国总人口数的百分比。

• 公园绿地。城市中向公众开放的、以游憩为主要功能，有一定的游憩设施和服务设施，同时兼有健全生态、美化景观、防灾减灾等综合作用的绿化用地。包括综合公园、社区公园、专类公园、带状公园和街旁绿地。其中，综合公园、专类公园和带状公园面积之和为公园面积。

• 社区服务机构数。指报告期末设立的社区服务指导中心、社区服务

中心、社区服务站、其他社区服务机构的总和数。具有面向老人及其家庭的商品递送、医疗保健、家庭保洁、日间照料、陪伴服务等为社区居家养老服务的设施和突出综合服务的职能。包括党员活动室、就业保障网络、社区卫生服务站、文化活动室、图书室、"爱心超市"、社区捐助接收站点、警务室、老年活动室、未成年人文化活动场所等具有综合服务功能的机构。

依据公共休闲服务供给评价指标体系构建的原则，遵循上文既定的指标体系框架，我们构建了如下公共休闲服务供给水平评价的指标体系。该指标体系包括了 1 个一级指标，3 个二级指标和 38 个三级指标。具体内容见表 3-5。

表 3-5　公共休闲服务供给水平评价指标体系

一级指标	二级指标	三级指标	单位
公共休闲服务供给水平评价（U）	公共休闲服务供给实力（Y1）	X1 人均地区生产总值	元
		X2 人均公共财政收入	元
		X3 文化体育与传媒占公共财政支出的比重	%
		X4 城镇居民人均可支配收入	元
		X5 城镇居民人均现金消费支出	元
		X6 城镇居民人均现金消费中用于文教娱乐的支出	元
	公共休闲基础服务功能（Y2）	X7 每万人拥有公共交通车辆	标台
		X8 年末公共交通运营线路总长度	公里
		X9 年末每万人拥有出租汽车数	辆
		X10 每万人拥有公共厕所	座
		X11 生活垃圾无害化处理率	%
		X12 人均道路面积	平方米
		X13 互联网宽带接入户数	万户
		X14 互联网上网人数比重	%
		X15 社会组织单位数	个

续表

一级指标	二级指标	三级指标	单位
公共休闲服务供给水平评价（U）	公共休闲资源配置（Y3）	X16 每万人拥有城市公园个数	个
		X17 每万人拥有城市公园面积	公顷
		X18 人均公园绿地面积	公顷
		X19 每万人拥有城市绿地面积	平方米
		X20 建成区绿化覆盖率	%
		X21 广播节目综合人口覆盖率	%
		X22 公共广播节目套数	套
		X23 电视节目综合人口覆盖率	%
		X24 公共电视节目套数	套
		X25 有线广播电视用户数占家庭总户数的比重	%
		X26 每万人拥有公共图书馆机构数	个
		X27 每万人拥有公共图书馆建筑面积	平方米
		X28 每百万人拥有公共图书馆阅览室席位数	个
		X29 人均拥有公共图书馆藏书量	册
		X30 公共图书馆组织各类讲座	次
		X31 公共图书馆举办展览	个
		X32 公共图书馆举办培训班	个
		X33 每百万人拥有博物馆机构数	个
		X34 博物馆基本陈列	个
		X35 博物馆举办展览	个
		X36 人均博物馆参观次数	次
		X37 每万人拥有社区服务机构数	个
		X38 社区服务机构覆盖率	%

需要指出的是，公共休闲服务供给评价指标体系的构建在目前学术界尚属首次，本指标体系的构建弥补了这一空白。因缺少可以直接借鉴的研究成果，且公共休闲服务涉及方面较多，内涵尚未界定，客观上造成了指标体系构建的困难。在保证指标数据可获得性的基础上，我们尽量让指标体系包含的内容较为详细、涉及面较广。此外，体系中的各指标项目和数据均来自相关统计年鉴，不涉及个人主观判断，力求评价结果的相对客观。

第二节 评价方法的选择和运用

一 评价方法的选择

构建基本公共休闲服务供给水平指标体系实质上是对不同地区的不同公共休闲服务项目的总水平进行评价。由于公共休闲服务项目涉及很多方面，必须用到综合评价方法，其基本思路是将多个指标转化为一个能够反映综合情况的指标来进行评价。对于多指标体系的综合评价，指标权重的确定非常关键。一般来说，指标权重的确定可以分为主观赋权法和客观赋权法。目前，学术界大多采用德尔菲法和层次分析法（又称 AHP 法）进行赋权。然而，这两种方法均属于主观赋权法，即各指标的权重判断是由专家意见决定的，而不同专家因知识、经验和个人价值观的不同，对各指标之间重要程度的判断也会很不一致，从而使各指标权重的设置带有一定的主观性。[1] 本文选择客观赋权法来确定指标权重，即指标权重由客观数据决定，从而规避先验理论对指标权重的主观干扰。在信息论中，熵是对系统无序程度的度量，用于度量已知数据所包含的有效信息和确定权重。信息量越大，不确定性就越小，熵也就越小；信息量越小，不确定性越大，熵也越大。[2] 熵值法能充分挖掘原始数据本身所蕴含的信息，并利用指定指标的信息熵值来判断该指标的有效性和价值。所以，它能够深刻地反映出指标信息熵值的效用价值，其给出的指标权重值比德尔菲法和层次分析法有较高的可信度，并且适应于大量的样本数据。[3] 结合本研究的数据特点，我们选择使用熵值法进行指标体系的综合评价。熵值法的基本原理如下。

（一） 评价指标的无量纲化

由于各项指标的计量单位不统一，为使各指标数据之间具有可比性，

---

[1] 曹新向等：《休闲城市评价指标体系及其实证研究》，《地理研究》2010 年第 9 期，第 1696~1705 页。

[2] 陆添超、康凯：《熵值法和层次分析法在权重确定中的应用》，《软件开发与设计》2009 年第 22 期，第 19~20 页。

[3] 王文波、赵青华等：《区域人力资源供给安全评价指标体系研究——结合层次分析法和熵值法确定权重》，《辽宁经济管理干部学院学报》2014 年第 3 期，第 19~24 页。

需要将各指标进行标准化处理，即无量纲化，从而解决各项不同质指标值的同质化问题。研究采用极差标准化方法，公式为：

$$x'_{ij} = \frac{x_{ij} - m_j}{M_j - m_j} \tag{1}$$

式中，$M_j = \max\{x_{ij}\}$；$m_j = \min\{x_{ij}\}$。

（二）计算评价指标值的比重

熵值法确定指标权重，包含以下四个步骤：

①计算第 j 项指标下第 i 个系统的特征比重。

$$P_{ij} = \frac{x'_{ij}}{\sum_{i=1}^{m} x'_{ij}} \tag{2}$$

②计算第 j 项指标的熵值 e_j。

$$e_j = -k \sum_{i=1}^{m} P_{ij} \ln(P_{ij}) \tag{3}$$

式中，$k = \frac{1}{\ln m}$，$e_j \geq 0$。

③计算指标 $x_j e_j$ 的差异化系数 g_j，其中，g_j 越大，越应该重视该项指标的作用。

$$g_j = |1 - e_j| \tag{4}$$

④确定权重 w_j，其为归一化了的权重系数。

$$w_j = \frac{g_j}{\sum_{i=1}^{n} g_j} \tag{5}$$

（三）计算综合评价得分

$$U = \sum_{i=1}^{n} P_{ij} w_i \cdot 100 \tag{6}$$

式中：x_{ij} 为 i 地区第 j 项指标的初始值，x'_{ij} 为对应的归一化值；m 为评价的地区数量，n 为指标数，分别为 31 个省市级行政单位和 38 项指标；P_{ij} 为 i 地区第 j 项评价指标的特征比重；e_j 为第 j 项评价指标的熵值；g_j 为第 j 项评价指标的差异化系数；w_j 为各评价指标的权重；U 为地区公共休闲服务供给的综合评价得分。

二　评价方法的运用

基于我国 31 个省份（自治区、直辖市）的相关数据，根据上述构建的基本公共休闲服务水平指标体系和评价方法，对各区域基本公共休闲服务水平进行考察。具体分为以下几个步骤：

考虑到数据的连续性和可获得性，本文将数据考察时段定为 2016 年。搜集 2016 年我国 31 个省（自治区、直辖市）衡量基本公共休闲服务水平的 38 个单项指标的原始数据，并进行初步整理。相关原始数据基本来源于《中国经济与社会发展统计数据库》《中国统计年鉴》等权威统计数据。

根据上述指标合成方法，分别对不同省份的具体取值进行无量纲化处理，并进一步运用熵值法将三级方面指标合成为不同省份（自治区、直辖市）的基本公共休闲服务供给水平指数，从而作为我国不同省域基本公共休闲服务供给水平的评价依据。将各指标的原始数据代入上述指标权重的计算公式中，得出各三级指标的权重系数见表 3-6。

表 3-6　三级指标的权重系数统计

指标	权重	指标	权重	指标	权重	指标	权重
X1	0.015725	X11	0.000417	X21	0.000024	X31	0.067604
X2	0.039574	X12	0.007536	X22	0.029485	X32	0.063586
X3	0.004269	X13	0.050619	X23	0.000010	X33	0.015702
X4	0.004926	X14	0.002966	X24	0.031454	X34	0.055528
X5	0.004827	X15	0.046403	X25	0.015803	X35	0.051468
X6	0.006166	X16	0.027917	X26	0.066938	X36	0.021868
X7	0.005587	X17	0.033376	X27	0.010039	X37	0.039646
X8	0.064804	X18	0.00407	X28	0.005558	X38	0.062591
X9	0.035822	X19	0.021712	X29	0.031962		
X10	0.007476	X20	0.000763	X30	0.045779		

资料来源：根据研究分析所得。

第三节 评价结果分析

一 全国城镇公共休闲服务均等化水平分析

特别需要说明的是，因为 31 个省（自治区、直辖市）的统计数据基本全部来源于城镇地区，所以，评价结果可以被视为各省域城镇公共休闲服务的总体水平现状。

我们先来看各省域城镇公共休闲服务均等化的水平。从评价结果来看，2016 年，我国城镇公共休闲服务均等化的基尼系数[①]值约为 0.196，处于绝对均等水平（见表 3-7）。

表 3-7 我国城镇公共休闲服务均等化水平分析

区域	指标	综合	供给实力	基础服务	资源配置
全国	均值	3.23	0.24	0.71	2.27
	基尼系数	0.196	0.294	0.294	0.188
	均等化水平	绝对均等水平	比较均等	比较均等	绝对均等

为什么会出现这样的结果呢？一方面，近年来，休闲观念逐渐深入人心，居民也呼唤更为公平的公共休闲服务。中央及地方政府通过增加财政支出、扩大供给等方式提高公共休闲服务均等化水平，并取得显著成就。同时，《国民旅游休闲纲要（2013-2020 年）》《"十三五"推进基本公共服务均等化规划》等政策文件的发布，也为公共休闲服务水平的提升与均等化的实现提供了制度保障。但是，另一方面，需要指出的是，均等化程度较高只是说明地区间存在的差距较小，并不意味着我国不同地区公共休闲服务综合水平普遍较高。事实上，我国整体公共休闲服务仍处于较低的水平。

---

① 基尼系数，用于测量一个国家或地区提供的公共休闲服务均等化差距程度。基尼系数越大，表明基本公共休闲服务水平在一定范围内的差距越大，相应地，均等化水平越低。按照国际通行的划分标准，当基尼系数低于 0.2 时属于绝对均等水平；处于 0.2~0.3 属于比较均等；处于 0.3~0.4 表示相对合理；处于 0.4~0.5 则表示差距较大；0.6 以上则为差距悬殊。一般来说，当基尼系数超过 0.4 就是比较危险的，理论界称之为警戒线。

从各项指标值的均等化程度来看，城镇公共休闲服务供给实力以及城镇公共休闲基础服务功能的基尼系数均为 0.294，处于比较均等水平。公共休闲资源配置的基尼系数为 0.188，处于绝对均等水平。公共休闲资源配置的均等化水平较高，说明各地区政府都对公共休闲领域建设有一定的重视，并保证有相应的建设资金的投入。

二　四大经济区域城镇公共休闲服务均等化分析

图 3-1 反映的是 2016 年我国东北、东、中、西部四大经济区域①各项指标的均值及基尼系数。从均值来看，整体上我国东部地区的各项指标值均高于其他地区，说明东部地区的休闲服务水平相对较高。我国四大经济区域间的公共休闲服务不均等现象较为明显。

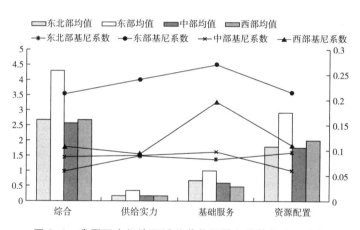

图 3-1　我国四大经济区域公共休闲服务均等化水平分析

就我国东北、中、西部地区而言，三个地区的综合评价以及公共休闲服务供给实力基本持平。西部地区公共休闲服务资源配置水平略高于其他两个地区。而在公共休闲基础服务功能方面，东北部地区的均值最高，西部地区的公共休闲基础服务功能最弱。

---

①　根据国家统计局 2011 年 6 月 13 日的划分办法，为科学反映我国不同区域的社会经济发展状况，为党中央、国务院制定区域发展政策提供依据，根据《中共中央、国务院关于促进中部地区崛起的若干意见》、《国务院发布关于西部大开发若干政策措施的实施意见》以及党的十六大报告的精神，将我国的经济区域划分为东部、中部、西部和东北四大地区。

各经济区域的基尼系数反映的是该地区内部的均等化水平。从图 3-1 的折线图可以看出，东部地区整体上基尼系数值较大；西部地区也有类似情况存在。因此，我国东部地区虽然公共休闲服务供给水平较高，但内部均等化水平较低。东北部及中部地区的基尼系数较小，内部均等化水平相对较高。

三 各省（直辖市、自治区）城镇公共休闲服务均等化分析

（一）公共休闲服务供给实力均等化水平

数据显示，我国各地区公共休闲服务供给实力指数的得分范围为 0.14< 供给实力指数<0.69，均值为 0.24。依据各地区得分情况，本研究对地区进行了排序。具体指数分布情况见表 3-8。

表 3-8 各省（直辖市、自治区）公共休闲服务供给实力指数

排序	省份	数值	排序	省份	数值	排序	省份	数值
1	上海	0.69	12	宁夏	0.21	23	四川	0.17
2	北京	0.64	13	辽宁	0.21	24	西藏	0.17
3	天津	0.49	14	湖北	0.20	25	贵州	0.17
4	江苏	0.35	15	陕西	0.20	26	河北	0.16
5	浙江	0.34	16	新疆	0.20	27	云南	0.15
6	广东	0.31	17	吉林	0.19	28	河南	0.15
7	内蒙古	0.28	18	湖南	0.19	29	广西	0.15
8	福建	0.26	19	江西	0.17	30	黑龙江	0.14
9	重庆	0.24	20	青海	0.17	31	甘肃	0.14
10	山东	0.23	21	安徽	0.17			
11	海南	0.22	22	山西	0.17			

总体来看，全国共有 8 个地区的公共休闲服务供给实力指数值超过全国均值（0.24），约占所有地区的 25%，而另外将近 75% 地区的指数不足全国平均水平。约半数地区的公共休闲服务供给实力位于 0.2 以下。这说明，整体来看，我国城镇公共休闲服务供给实力水平不高。

供给实力水平指数排名前五位的地区分别是：上海（0.69）、北京

（0.64）、天津（0.49）、江苏（0.35）、浙江（0.34），均值为0.502；排名后五位的地区分别是：云南（0.15）、河南（0.15）、广西（0.15）、黑龙江（0.14）、甘肃（0.14），均值为0.146。从空间分布上看，公共休闲服务供给实力分值较高的地区主要分布于东部沿海。区域经济的发展水平直接影响公共休闲服务的供给实力。然而，这种影响却并不总是完全正相关的，如内蒙古、海南等地区。

（二）公共休闲基础服务功能均等化水平

数据显示，我国各地区公共休闲基础服务功能指数的得分范围为0.15<基础服务功能<1.92，均值为0.71。依据各地区得分情况，对地区进行排序。具体指数分布情况见表3-9。

表3-9　各省（直辖市、自治区）公共休闲基础服务功能指数

排序	省份	数值	排序	省份	数值	排序	省份	数值
1	广东	1.92	12	湖北	0.69	23	重庆	0.50
2	江苏	1.75	13	湖南	0.66	24	江西	0.47
3	山东	1.60	14	黑龙江	0.65	25	新疆	0.46
4	浙江	1.47	15	安徽	0.64	26	甘肃	0.44
5	四川	0.91	16	内蒙古	0.61	27	宁夏	0.40
6	辽宁	0.82	17	吉林	0.57	28	贵州	0.35
7	河北	0.81	18	云南	0.57	29	青海	0.31
8	河南	0.81	19	天津	0.55	30	海南	0.28
9	北京	0.78	20	陕西	0.54	31	西藏	0.15
10	福建	0.72	21	广西	0.51			
11	上海	0.71	22	山西	0.50			

总体来看，全国共有11个地区的指数值超过或达到全国均值（0.71），约占所有地区的1/3，而另外超过2/3的地区基础设施指数尚未达到全国平均水平。基础设施指数排名前五位的地区分别是：广东（1.92）、江苏（1.75）、山东（1.60）、浙江（1.47）、四川（0.91），均值为1.53；排名居于后五位的地区分别是：宁夏（0.40）、贵州（0.35）、青海（0.31）、海

南（0.28）、西藏（0.15），均值为 0.298。

从空间分布来看，在公共休闲的基础设施方面，我国东、中、西部地区的差异化现象更为显著。东、中部地区城市基础设施建设相对而言较为完善。其中，广东、山东等部分东部沿海省份的基础设施建设水平尤为突出。

（三）公共休闲资源配置均等化水平

数据显示，我国各地区公共休闲资源配置指数的得分范围为 1.36<休闲资源配置<5.64，均值为 2.27。依据各地区得分情况，对地区进行排序。具体指数分布情况见表 3-10。

表 3-10 各省（直辖市、自治区）公共休闲资源配置指数

排序	省份	数值	排序	省份	数值	排序	省份	数值
1	广东	5.64	12	福建	2.18	23	广西	1.76
2	浙江	4.13	13	湖北	2.09	24	安徽	1.74
3	江苏	3.52	14	内蒙古	2.00	25	山西	1.68
4	山东	3.21	15	河南	1.95	26	江西	1.68
5	上海	3.10	16	重庆	1.92	27	贵州	1.54
6	北京	3.00	17	黑龙江	1.90	28	青海	1.53
7	四川	2.64	18	新疆	1.88	29	海南	1.46
8	西藏	2.49	19	河北	1.85	30	宁夏	1.45
9	陕西	2.49	20	甘肃	1.82	31	吉林	1.36
10	云南	2.45	21	天津	1.82			
11	辽宁	2.19	22	湖南	1.81			

总体来看，全国共有 10 个地区的公共休闲资源配置水平超过全国均值（2.27），约占所有地区的 1/3，而另外超过 2/3 的地区公共休闲资源配置指数低于全国平均水平。从全国范围内看，我国公共休闲资源整体配置水平较低，绝大部分地区的公共休闲资源配置指数位于 1~2 区间内。资源配置指数排名前五位的地区分别是：广东（5.64）、浙江（4.13）、江苏（3.52）、山东（3.21）、上海（3.10），均值为 3.92；排名居于后五位的地

区分别是：贵州（1.54）、青海（1.53）、海南（1.46）、宁夏（1.45）、吉林（1.36），均值为1.468。

从空间分布看，东南沿海地区的休闲资源配置水平较高，占绝对优势。此外，我国西南地区由于受到人口、面积等因素的影响，地区休闲资源配置水平高于部分中东部地区。

（四）公共休闲服务均等化水平的综合评价

数据显示，我国各地区公共休闲服务综合指数的得分范围为1.97<公共休闲服务<7.87，均值为3.23。依据各地区得分情况，对地区进行排序。具体指数分布情况见表3-11。

表3-11　各省（直辖市、自治区）公共休闲服务综合评价指数

排序	省份	数值	排序	省份	数值	排序	省份	数值
1	广东	7.87	12	湖北	2.99	23	广西	2.42
2	浙江	5.94	13	河南	2.91	24	甘肃	2.41
3	江苏	5.62	14	内蒙古	2.89	25	山西	2.36
4	山东	5.04	15	天津	2.86	26	江西	2.33
5	上海	4.50	16	河北	2.82	27	吉林	2.13
6	北京	4.42	17	西藏	2.81	28	贵州	2.07
7	四川	3.71	18	黑龙江	2.69	29	宁夏	2.06
8	陕西	3.23	19	重庆	2.66	30	青海	2.01
9	辽宁	3.21	20	湖南	2.65	31	海南	1.97
10	云南	3.17	21	安徽	2.55			
11	福建	3.16	22	新疆	2.54			

总体来看，全国共有7个地区的公共休闲综合评价指数超过全国均值（3.23），约占所有地区的23%，而另外不足77%的地区综合评价指数低于全国平均水平。综合评价指数排名前五位的地区分别是：广东（7.87）、浙江（5.94）、江苏（5.62）、山东（5.04）、上海（4.50），均值为5.794；排名后五位的地区分别是：吉林（2.13）、贵州（2.07）、宁夏（2.06）、青海（2.01）、海南（1.97），均值为2.048。排名前五位与后五位的均值差为4.562。此外，值得一提的是，得分第一的广东省和得分最后一位的海南省

指数相差达到 5.9。

全国除海南省以外，其他地区的公共休闲服务综合指数均位于 2 以上。除东部部分地区外，大多数地区的综合指数集中分布于区间 2~4 内，进一步验证了我国整体公共休闲服务水平有待进一步提高。

本章小结

本章借助各省域相关数据，间接分析了我国城镇公共休闲服务的综合水平。从分析结果来看，当前，我国大部分城镇的公共休闲服务供给处于较低水平，表现在无论是综合还是分类指数，基本上仅有 1/3 的地区达到平均值，大部分地区仍在平均水平之下。相对而言，少数地区如上海、北京、浙江和江苏等地，地处我国经济发达地区，依靠自身经济实力，在城镇公共休闲服务供给实力、公共休闲基础服务功能和公共休闲资源配置方面均表现出相对优势。当然，此次评价中得分指数相对较高的地区也并不意味着其城镇公共休闲服务供给已经达到了很高的水平。事实上，整体上来说，我国城镇公共休闲服务供给水平仍普遍较低。同时，各地区间公共休闲服务供给水平呈现显著的不均等现象，且表现在地区间公共休闲服务的供给实力差异最大，这是由我国长期存在的区域经济发展不均衡的实际所决定的。

影响城镇公共休闲服务供给水平的因素是多方面的，所以，一方面，对于公共休闲服务自身供给实力较弱而短期内难以健全资源配置的地区，政府应积极争取各种专项资助、扩大融资渠道等途径拓宽资金来源，此外，还应转变供给思路，充分利用社会闲暇资源，如通过补贴私人书店替代对公共图书馆的直接投入等途径减轻财政支出负担。另一方面，对于地区公共休闲基础服务功能较差的地区，政府应改变观念，注重建设引导，致力于地区基础设施和环境的维护、更新与完善，为地区公共休闲服务供给做好基础性保障工作，从而推动地区公共休闲服务综合水平的快速发展。实际上，能否真正解决城镇公共休闲服务供给问题很大程度上取决于政府的供给意愿，即政府能否真正认识到休闲对于社会发展的积极意义和深远影响。发达国家的经验表明，当休闲娱乐越来越成为人们日常生活中重要组成部分的时候，政府就必须承担相应的责任。我国正经历着由单纯偏重

GDP 增长向全面社会和谐、环境友好以及可持续发展的科学发展观转型，强调人与社会协调发展，从而实现人的全面自由发展，这正是休闲的本质和价值所在。城镇公共休闲服务供给是民生工程，直接关系城镇居民的幸福感和归属感，是人本理念主导下服务型政府的重要职责所在。

第四章　我国城镇基本公共休闲服务供给及均等化的实证研究

本章选择北京、上海、西安、武汉、郑州、洛阳及开封七个城市为调研对象，分析其基本公共休闲服务供给现状并进行基本公共休闲服务均等化评价。典型案例城市的选择主要基于如下几点考虑：

第一，目前国内少数有关城市公共休闲服务供给的研究主要是针对单一城市进行，缺少多城市间的对比研究，同时也存在着样本量不足的局限。

第二，在经济发展水平上，上述七个城市能作为经济发达、经济欠发达和经济不发达城市的典型。

第三，在区位上，这七个城市分布于我国的东、中、西部三个地区，这七个城市特色鲜明、共性与个性并存。

此外，研究者的地缘便利因素（河南大学）能为大量第一手资料的获取提供保障。

第一节　各典型城市历史、文化及休闲发展概况

本节主要通过发放《城市公共休闲服务供给调查问卷》，分别对北京、上海、武汉、西安、郑州、洛阳、开封七城市的公共休闲空间社区覆盖情况、居民使用频率、居民使用障碍因素及居民诉求等进行现实考察，据此评估典型城市公共休闲资源的配置现状及城市居民对各种休闲设施的使用情况等，试图从微观层面对我国城市公共休闲服务供给现状进行评估，以期为相关政策的制定提供数据支撑。

一　调查准备

（一）调查问卷的设计

课题组利用小组讨论的方式，初拟了调查问卷。调查问卷由三部分构成：第一部分包括 1~6 题，需要被调查者对其每日闲暇时间、法定假日享有类型、闲暇时间是否充足、对闲暇时间的认知以及日常闲暇活动类型等做出选择；第二部分包括 7~10 题，针对典型样本城市市区内主要公共休闲空间或设施进行调查，要求被调查者对其居住地 1 公里范围内是否有如下公共休闲空间或设施（课题组成员通过文献检索、访谈、预调查等途径，筛选出来 24 类居民日常休闲活动空间或设施）、个人使用频率、使用障碍因素以及居民诉求等方面作出选择，以此对城市公共休闲服务供给现状进行考察；第三部分包括 11~16 题，主要涉及被调查者的性别、职业、年龄、学历、月平均收入等人口统计特征。问卷设计完成后，先在开封市进行了预调查，发放 20 份进行初测，针对出现的问题，课题组经过讨论后对问卷进行了修订，使其更加科学合理且方便作答，最终确定正式问卷。

（二）问卷发放与回收

正式问卷发放时间是 2014 年 5 月至 11 月间，课题组分小组行动，选择周末时间在调研城市的免费开放公园、广场和购物中心等本地居民日常休闲集聚处发放。七个城市共发放问卷 2750 份，因采用当场填写当场回收的方式，共回收 2750 份。其中，有效问卷共计 2173 份，问卷有效率为 79.02%。有效样本具体分布情况（见表 4-1）。

表 4-1　调查城市有效样本人口统计特征

	类别	北京	上海	西安	武汉	郑州	洛阳	开封	总计	百分比%
性别	男	129	145	143	163	150	156	146	1032	47.5
	女	175	163	164	154	171	165	149	1141	52.5
年龄	22 岁以下	22	14	26	5	12	8	37	124	5.7
	22~35 岁	127	187	139	183	196	148	97	1077	49.6
	36~45 岁	89	58	82	91	78	114	71	583	26.8

续表

类别		北京	上海	西安	武汉	郑州	洛阳	开封	总计	百分比%
年龄	46~60岁	54	35	49	25	28	36	70	297	13.7
	60岁以上	12	14	11	13	7	15	20	92	4.2
学历	初中及以下	15	15	24	16	25	41	72	208	9.6
	高中或中专	62	62	75	128	94	149	117	687	31.6
	大学	167	185	180	141	180	125	97	1075	49.5
	硕士及以上	60	46	28	32	22	6	9	203	9.3
家庭人员	≤2人	131	160	167	178	152	141	171	1100	56
	>2人	173	148	140	139	169	180	124	1073	49.4
有效样本		304	308	307	317	321	321	295	2173	100

资料来源：根据调查统计所得。

对有效样本的人口统计特征做如下几点说明。

第一，有效样本中，女性比例为52.7%，略高于男性（47.5%）。在调查中，女性表现出比男性更大的耐心和配合度，使得有效问卷中女性的比例略高。

第二，22岁以下者，大多属于学生群体，因学生群体使用公共休闲设施的特殊性，在样本选择中，我们尽量控制这一群体的比例。而60岁以上的老年者因个人知识、体能等的限制，有效问卷数量较低，使得样本中中青年者占据较大比例。

第三，考虑到城市经济实际发展水平，我们对不同城市的被调查者设置了不同的收入区间（此项未在表格中列出）。在北京、上海两城市中，月平均收入5000元以下者占两城市被调查总人数的55.2%，月平均收入超过5000元者占45.8%；西安、武汉、郑州、洛阳四城市中被调查者月平均收入为4000元以下者占被调查者总人数的67.1%，月平均收入为4000元以上者占到32.9%；开封市被调查者月平均收入为3000元以下者占被调查者的71.3%，月平均收入在3000元以上占到28.7%。

二 各典型城市公共休闲服务供给分析

（一）北京

北京是中华人民共和国的首都，世界闻名的历史文化名城。长期以来，北京作为全国的中心城市、超大城市，也是全国的政治中心、文化中心、国际交往中心、科技创新中心。在经济基础雄厚、文化积淀深厚以及对外交流频繁等因素的影响下，北京也逐渐成为我国公共休闲文化建设的一个典型代表。

1. 休闲文化资源

悠久的历史为北京这座城市带来了灿烂的文化艺术，并留下了许多名胜古迹和人文景观以及很多具有地方特色的民风习俗，如北京小吃、京剧、京韵大鼓、相声、舞台剧、景泰蓝、牙雕、漆雕、赛蝈蝈、吹糖人儿、捏面人儿等；北京又是一座名副其实的"博物馆之都"，注册博物馆多达151座，其中国家博物馆为世界最大博物馆，故宫博物院是世界五大博物馆之一；在休闲购物领域，北京是唯一入选世界15大购物之都的内地城市，拥有百余家大中型购物商场，王府井大街、前门大栅栏、西单商业街是北京的传统商业区，国贸商城、东方新天地、中关村广场等也日益受到城市居民的青睐。此外，琉璃厂或潘家园的古玩城拥有各类古玩；雅秀服装批发市场销售各类服装；景泰蓝、玉器、丝绸刺绣等历史悠久；民间手工艺品，如泥人儿、京剧脸谱、风筝、剪纸等物美价廉。

同时，北京也是全球拥有世界遗产（7处）最多的城市，是全球首个拥有世界地质公园的首都城市。北京对外开放的旅游景点达200多处，有世界上最大的皇宫紫禁城、祭天神庙天坛、皇家园林北海公园、颐和园和圆明园，还有八达岭长城、慕田峪长城以及世界上最大的四合院恭王府等名胜古迹。这些都成为当地居民及游客进行现代休闲活动的基础。

2. 休闲情况调查研究

（1）居民每日闲暇时间

休闲生活常态化是休闲时代发展的一个重要特征，居民每日闲暇时间是衡量居民休闲生活常态化的一个重要指标。在通常情况下，居民每天可自由使用的闲暇时间总量能够达到5小时左右，即意味着居民从事休闲娱乐活动已经成为与工作、睡觉和从事家务等必要的社会活动同等重要的第四生活状态。目前来讲，北京居民的每日闲暇时间平均在3小时左右的占比31%；而每日闲暇时间为5小时及以上的居民占比约为18%；闲暇时间在1小时左右的居民仅占12%，所占百分比最小，说明北京市居民的日常闲暇时间基本可以得到保障，北京市居民每日闲暇时间的发展水平处于中等程度。

（2）休假类型

居民的休假时间主要由周末双休日、法定假日、带薪休假三部分构成。从受访情况来看，北京市居民的休假时间构成在逐渐完善，但三种类型的休假占比有一定差异。其中，周末双休日、3天及以上的法定假日是北京居民集中进行休闲的时间，占比均在60%以上；带薪休假的占比不高，为27%；不定时调休的比例较低，仅为18%。值得注意的是，仍有2%的被访者表示无假期。

（3）社区休闲资源供给情况

社区已经成为城市居民日常休闲活动的一个重要空间。对社区范围内的休闲资源供给情况进行调查，能够从总体上把握城市公共休闲服务的供给情况。在北京市，供给情况良好、排名前五位的休闲资源分别是：大型商场、购物中心（81%）；公共绿地（78%）；公共健身器材（75%）；城市公园（74%）；城市广场（61%）；排名后五位的分别是：宗教活动场所（15%）；陵园、纪念馆等（18%）；公益性技能培训班（18%）；青少年文化宫（25%）；志愿服务与公益活动机构（25%）。说明与居民公共休闲服务密切相关的公益性、非营利性的社会组织与活动相对较少（见表4-2）。

表4-2 北京市居民休闲情况调查

项目	类型	百分比（%）
每日闲暇	1小时左右	12
	2小时左右	21
	3小时左右	31
	4小时左右	17
	5小时及以上	18
休假类型	周末双休日	61
	不定时调休	18
	带薪假期	27
	3天及以上法定假日	62
	无假期	2

续表

项目	类型	百分比（%）
社区休闲资源供给情况	城市广场	61
	城市公园	74
	公共绿地	78
	滨水休闲空间	30
	公共图书馆	37
	博物（科技、美术）馆等	40
	公共健身器材	75
	文化馆（站）	26
	青少年文化宫	25
	社区或单位活动中心	58
	市民休闲活动中心	57
	球类运动场地	51
	公益性技能培训班	18
	志愿服务与公益活动机构	25
	唱歌（跳舞等）表演场所	47
	不收费体育场馆	30
	宗教活动场所	15
	学校文化或体育设施	42
	大型商场、购物中心	81
	大型书店	33
	免门票景区	56
	花鸟、字画等集贸市场	37
	历史文化或商业特色街区	37
	陵园、纪念馆等	18

资料来源：根据调查统计所得。

（4）休闲制约因素

在对休闲制约因素的调查研究中，地点远、交通不便这一因素的反映最为集中，占比为60.5%；其次，没有空闲时间以及休闲活动设施较少等因素对北京居民的休闲活动的开展也有很大的制约作用，均为57%左右；

安全感以及不想浪费时间、想多赚钱工作这两类因素对北京城市居民休闲产生的消极影响最小,说明休闲环境的安全感较高,且居民对待工作与休闲的观念及意识已经发生了转变。

(二) 上海

上海是我国重要的经济、交通、科技、工业、金融、会展和航运中心,是世界上规模和面积最大的都会之一。2014 年,上海 GDP 总量已居中国城市第一,亚洲第二。与江苏、浙江、安徽共同构成的长江三角洲城市群已成为国际 6 大世界级城市群之一。同时,上海作为一座国家历史文化名城,近代以来一直受到西方文化的影响和熏染。因此,上海以传统的吴越文化为基础,融合了大量先进的西方文化因素,形成了"海纳百川,兼容并蓄"的海派文化,在饮食、服饰、建筑、音乐等方面都有较为明显的体现,对上海人的休闲生活也产生了较大影响。

1. 休闲文化资源

上海是国际体育名城,许多世界最高级别的单项赛事纷纷在上海落户。上海每年举办的常规赛事有 F1(世界一级方程式锦标赛)、ATP 网球大师赛、国际田联钻石联赛、世界高尔夫锦标赛-汇丰冠军赛、上海斯诺克大师赛等。上海主要体育场馆有上海体育场、上海体育馆、虹口足球场、上海国际赛车场、源深体育中心、旗忠网球中心、上海东方体育中心等。

上海的文化节日有上海国际电视节、上海国际电影节、上海国际艺术节、上海国际旅游节、上海之春国际音乐节等。上海电视节是中国创办最早的国际电视节,1986 年创立。上海国际电影节创办于 1993 年,是国际九大 A 类电影节之一,最高奖项为"金爵奖"。

上海拥有融汇世界各国的饮食文化、经典时尚的购物激情和浓郁的商业气息。西餐汇聚世界各地 30 多个国家的风味,中国大陆唯一一家三星级米其林餐厅就位于外滩 18 号。中餐汇聚中国几乎所有地方的风味,著名的饮食文化区有老城隍庙、云南路、黄河路、仙霞路等。中华商业第一街南京路、时尚高雅的淮海路是闻名全国的商业大街,正大广场、徐家汇的港汇恒隆广场规模巨大,南京西路的恒隆广场、中信泰富广场等云集各种顶级品牌、时尚商品和大众用品。丰富多彩的休闲资源为上海居民的公共休闲活动奠定了良好的基础。

2. 休闲情况调查研究

（1）居民每日闲暇时间

根据调查所得，上海居民的每日闲暇时间集中在 3 小时左右（33%）；而每日闲暇时间为 5 小时及以上的居民占比约为 15%，闲暇时间在 1 小时左右的居民仅占 8%，所占百分比最小。说明上海市居民的日常闲暇时间基本可以得到保障。

（2）休假类型

从受访情况来看，上海市居民的休闲时间集中在周末双休日，占比为 61%；其次是 3 天及以上假日，占比 32%；不定时调休的占比不高，为 19%；利用带薪假期休假的比例较低，仅为 16%。值得注意的是，尚无受访者表示没有假期。这与北京的情况有所不同，应该与上海人较为强烈的法制观念有一定关联。

（3）社区休闲资源供给情况

在上海市，供给情况良好的休闲资源排名前五位的分别是：公共绿地（78%）；城市公园（76%）；大型商场、购物中心（73%）；公共健身器材（66%）；城市广场（58%）；排名后五位的分别是：宗教活动场所（16%）；陵园、纪念馆等（18%）；滨水休闲空间（22%）；不收费体育场馆（23%）；历史文化或商业特色街区（24%）（见表4-3）。

表 4-3 上海市居民休闲情况调查

项目	类型	百分比（%）
每日闲暇	1 小时左右	8
	2 小时左右	27
	3 小时左右	33
	4 小时左右	17
	5 小时及以上	15
休假类型	周末双休日	61
	不定时调休	19
	带薪假期	16
	3 天及以上法定假日	32
	无假期	0

项目	类型	百分比（%）
社区休闲资源供给情况	城市广场	58
	城市公园	76
	公共绿地	78
	滨水休闲空间	22
	公共图书馆	45
	博物（科技、美术）馆等	30
	公共健身器材	66
	文化馆（站）	32
	青少年文化宫	27
	社区或单位活动中心	54
	市民休闲活动中心	51
	球类运动场地	47
	公益性技能培训班	30
	志愿服务与公益活动机构	25
	唱歌（跳舞等）表演场所	47
	不收费体育场馆	23
	宗教活动场所	16
	学校文化或体育设施	51
	大型商场、购物中心	73
	大型书店	36
	免门票景区	40
	花鸟、字画等集贸市场	29
	历史文化或商业特色街区	24
	陵园、纪念馆等	18

资料来源：根据调查统计所得。

（4）休闲制约因素

通过对上海市居民休闲制约因素的分析发现，61%的受访居民表示没有空闲时间成为休闲制约的首要因素；其次，被访者中有53.9%的上海市居民表示休闲活动设施供给不足；49.4%的受访居民认为活动场所不足。因此，对于上海居民而言，休闲活动设施与场所不足成为较为突出的供给问题。另外，47.4%的受访居民认为休闲场所距离自己的日常居住区较远，交通不便。

（三）西安

西安，故称长安。作为国家历史文化名城，西安拥有5000多年文明史、3100多年建城史，先后有10多个王朝在此建都，是中国六大古都之一，中国文明和中华民族的重要发祥地之一，丝绸之路的起点，也是我国西部地区重要的中心城市。在这片古老的土地上，传统与现代文明碰撞，东方与西方文化交融，形成了独具特色的地方休闲文化。

1. 休闲文化资源

"西安文物甲天下"，深厚的历史文化积淀和浩瀚的文物古迹遗存使西安享有"天然历史博物馆"的美称。西安目前已有两项六处遗产被列入《世界遗产名录》，分别是：秦始皇陵及兵马俑、大雁塔、小雁塔、唐长安城大明宫遗址、汉长安城未央宫遗址、兴教寺塔。另外，西安的美食、西安的戏曲、西安的民俗风情，以及大量的博物馆、公共图书馆、文化馆、艺术表演团体、国际性和全国性赛事等，使西安公共文化、体育事业建设呈现出良好发展势头。丰富的旅游和休闲资源，加上利用网络媒体的广泛传播，使西安不仅成为国际和国内旅游最佳目的地，更为城市居民休闲活动的开展创造了无与伦比的优越条件。

2. 休闲情况调查研究

（1）居民每日闲暇时间

调查显示，西安居民的每日闲暇时间集中分布在3小时左右（31%），且每日闲暇时间为5小时及以上的居民占比约为23%；闲暇时间在1小时左右的居民占9%，所占百分比最小，说明西安市居民的日常闲暇时间基本可以得到保障。

（2）休假类型

从受访情况来看，周末双休日是西安居民集中进行休闲的时间，占比为51%；其次是3天及以上法定假日，占比32%；不定时调休的占比不高，为25%；利用带薪假期休假的比例较低，仅为10%。值得注意的是，西安市5%的受访者表示没有假期。

（3）社区休闲资源供给情况

在西安市，供给情况良好的休闲资源排名前五位的分别是：大型商场、购物中心（79%）；公共健身器材（72%）；公共绿地（71%）；城市公园（69%）；城市广场（63%）；排名后五位的分别是：宗教活动场所（8%）；青少年文化宫（13%）；公益性技能培训班（15%）；文化馆（站）（16%）；志愿服务与公益活动机构（16%），营利性、非公益性的社会组织与活动明显多于公益性的社会场所（见表4-4）。

表 4-4　西安市居民休闲情况调查

项目	类型	百分比（%）
每日闲暇	1 小时左右	9
	2 小时左右	21
	3 小时左右	31
	4 小时左右	16
	5 小时及以上	23
休假类型	周末双休日	51
	不定时调休	25
	带薪假期	10
	3 天及以上法定假日	32
	无假期	5
社区休闲资源供给情况	城市广场	63
	城市公园	69
	公共绿地	71
	滨水休闲空间	21
	公共图书馆	33
	博物（科技、美术）馆等	21
	公共健身器材	72
	文化馆（站）	16
	青少年文化宫	13
	社区或单位活动中心	40
	市民休闲活动中心	56
	球类运动场地	46

续表

项目	类型	百分比（%）
社区休闲资源供给情况	公益性技能培训班	15
	志愿服务与公益活动机构	16
	唱歌（跳舞等）表演场所	47
	不收费体育场馆	25
	宗教活动场所	8
	学校文化或体育设施	49
	大型商场、购物中心	79
	大型书店	31
	免门票景区	37
	花鸟、字画等集贸市场	24
	历史文化或商业特色街区	27
	陵园、纪念馆等	21

资料来源：根据调查统计所得。

（4）休闲制约因素

通过对西安市居民休闲制约因素的分析发现，60.3%的受访居民表示地点远、交通不便是休闲制约的首要因素；55.7%的受访居民表示没有空闲时间，这也制约了居民休闲活动的参与度。其次，55%的受访居民表示，休闲活动设施少；另有30%以上的居民表示，价格高以及场所不足等也制约着他们对公共休闲活动的参与。

（四）武汉

武汉是我国中部地区的最大都市、唯一的副省级城市以及国家区域中心城市。武汉历史悠久、文化源远流长。早在6000年前的新石器时代，已有先民在此繁衍生息。北郊的盘龙城遗址作为武汉建城开端，距今有3500年。民国时期汉口高度繁荣，被誉为"东方芝加哥"，武汉三镇综合实力曾仅次于上海，位居亚洲前列。

1. 休闲文化资源

武汉是"国家园林城市""国家森林城市"，其拥有免费开放公园、公园绿地面积、建成区绿化覆盖率、森林覆盖率等都位居全国大都市前列。长江岸边的黄鹤楼以及南京长江大桥使武汉名扬天下，同时，武汉还是中国"赛马之都",从1902年英国人在汉口兴建西商跑马场开始,赛马运动就此走进武汉人的生活。武汉东方马城国际赛马场是全国规模最大、等级最高的赛马场,是国家体育总局中国马术协会唯一马术与速度赛马训练基地,在此举办的武汉速度赛马公开赛是中国内地唯一的常年赛马赛事,武汉国际赛马节则是中国赛马第一品牌。武汉是近代中国兴办博览会的发源地之一,1909年在武昌举办的武汉劝业奖进会,是中国最早的较为正规的商品博览会,是中国近代史上第一个博览会。在改革开放之前,武汉就是全国四大会展中心城市。现拥有中西部最大、中国第三的展览场馆——武汉国际博览中心及武汉国际会展中心、武汉科技会展中心、湖北省现代农业展示中心等展览会议场所。第四届汉交会、第三届世界植物园大会、第十三届世界湖泊大会、第47届国际规划大会、中亚区域经济合作第11次部长会议等国际展会相继在武汉成功举办。

近年来,武汉市也在逐年加大对文化、体育建设事业的投入。曾成功举办首届WTA武汉网球公开赛、第41届国际横渡长江活动暨抢渡长江挑战赛、第12届中国武汉国际赛马节、2014环中国-国际公路自行车赛等多项大型体育赛事。这些一方面成为武汉丰富多彩的城市休闲活动的一部分,同时也为休闲活动的进一步开展奠定了良好的基础。

2. 休闲情况调查研究

(1)居民每日闲暇时间

根据调查,武汉居民的每日闲暇时间集中分布在3小时左右(31%),每日闲暇时间为5小时及以上的居民占比约为11%;闲暇时间在1小时左右的居民占11%,所占百分比较其他城市来说较高,反映了武汉市居民每日闲暇时间相对不足。

(2)休假类型

从受访情况来看,武汉市居民的休闲时间集中在不定时调休,占比36%。其次是3天及以上法定假日,占比33%;固定在周末双休日休闲的居民占比为31%,利用带薪假期休假的比例较低,仅为7%。另外,武汉市4%的受访者表示没有假期。

(3)社区休闲资源供给情况

在武汉市,供给情况良好的休闲资源排名前五位的分别是:大型商场、购物中心(78%);公共绿地(77%);公共健身器材(72%);城市广场

（69%）；学校文化或体育设施（65%）；排名后五位的分别是：市民休闲活动中心（6%）；宗教活动场所（15%）；文化馆（站）（24%）；花鸟、字画等集贸市场（26%）；公益性技能培训班（26%）。从相关数据来看，公共休闲场所即市民休闲活动中心占比最少，远远低于其他城市，差距较大（见表4-5）。

表 4-5　武汉市居民休闲情况调查

项目	类型	百分比（%）
每日闲暇	1 小时左右	11
	2 小时左右	21
	3 小时左右	31
	4 小时左右	26
	5 小时及以上	11
休假类型	周末双休日	31
	不定时调休	36
	带薪假期	7
	3 天及以上法定假日	33
	无假期	4
社区休闲资源供给情况	城市广场	69
	城市公园	62
	公共绿地	77
	滨水休闲空间	32
	公共图书馆	48
	博物（科技、美术）馆等	32
	公共健身器材	72
	文化馆（站）	24
	青少年文化宫	29
	社区或单位活动中心	58
	市民休闲活动中心	6
	球类运动场地	54
	公益性技能培训班	26
	志愿服务与公益活动机构	27

项目	类型	百分比（%）
社区休闲资源供给情况	唱歌（跳舞等）表演场所	61
	不收费体育场馆	37
	宗教活动场所	15
	学校文化或体育设施	65
	大型商场、购物中心	78
	大型书店	46
	免门票景区	39
	花鸟、字画等集贸市场	26
	历史文化或商业特色街区	41
	陵园、纪念馆等	42

资料来源：根据调查统计所得。

（4）休闲制约因素

通过对武汉居民休闲制约因素的分析发现，62.8%的受访居民表示休闲时间不足，从而造成休闲参与度低。其次，54.6%的受访居民表示地点远、交通不便制约着他们的休闲参与；52.1%的受访居民认为休闲活动设施太少，休闲环境过于拥挤；45.1%的受访者表示经济因素对休闲活动的参与制约程度较高。另外，包括卫生、休闲观念在内的各类制约因素均在不同程度上对居民的休闲参与产生了消极影响。综合各项数据表明，在武汉，各类制约因素所占比例相对较高，说明休闲制约存在普遍性。

（五）郑州

郑州地处我国地理中心，是全国重要的铁路、航空、高速公路、电力、邮政电信枢纽城市，中国中部地区重要的工业城市。郑州是华夏文明的重要发祥地，是三皇五帝活动的腹地、中华文明轴心区。

1. 休闲文化资源

郑州城市绿化率处于中国城市前列，被誉为"中原绿城"。法国梧桐还被确定为郑州市市树，并且不断加大种植的力度。郑州市的公园主要有郑州人民公园、世纪欢乐园、郑州绿博园、方特欢乐世界，紫荆山公园、文博广场、郑州儿童乐园、碧沙岗公园、郑州动物园、郑州植物园、郑州海洋馆、金鹭鸵鸟园、五一公园、中州大道森林公园、西流湖公园、郑州之林公园、郑州月季公园、红白花公园等，是居民日常休闲的重要场所。在体育事业建设方面，市内建有航海体育场和河南省体育中心等体育场馆。河南省体育中心有可容纳近 5 万人的体育场、田径场、足球场、棒球球场、综合训练馆及配套设施。由中国田径协会、河南省体育局、郑州市、开封市人民政府共同举办的郑开国际马拉松赛，是河南省唯一常设的大型国际体育赛事，也是中西部地区规模最大的全程马拉松赛事。众多节会活动丰富了城市居民的休闲生活，如以月季为主题的节会——郑州月季花会，集武术、旅游、文化交流于一体的大型综合性节会——郑州国际少林武术节，中国郑州城隍庙庙会，《禅宗少林·音乐大典》演出，中国豫剧界精品荟萃、名角云集的国家级艺术盛会——中国豫剧艺术节等。

2. 休闲情况调查研究

（1）居民每日闲暇时间

郑州市居民的每日闲暇时间集中分布在 3 小时左右，占比达 30%；有 26% 的受访居民每日闲暇时间在 2 小时，闲暇时间在 1 小时左右的居民占比为 9%。闲暇时间在 3 小时及以下的受访居民占总体的 65%；闲暇时间在 4 小时及以上的受访居民占 35%；其中，21% 的居民每日闲暇时间为 4 小时左右，14% 的受访居民每日闲暇时间为 5 小时及以上。说明郑州市居民的休闲时间基本得到了保障。

（2）休假类型

从受访情况来看，郑州市居民的休闲时间构成与传统的休闲时间类型不同，周末双休日、不定时调休和 3 天及以上法定假日呈三足鼎立状态，所占比例均在 30% 以上，分布较为平均。而享受带薪休假的人数仅占受访总数的 13%，所占比例较低。此外，2% 的受访者表示自己无假期。

（3）社区休闲资源供给情况

在郑州市，供给情况良好的休闲资源排名前五位的分别是：大型商场、购物中心（85%）；公共绿地（71%）；城市公园（70%）；城市广场（64%）；公共健身器材（68%）；排名后五位的分别是：文化馆（站）（21%）；公益性技能培训班（21%）；陵园、纪念馆（21%）；青少年文化宫（17%）；滨水休闲空间（16%）；宗教活动场所（14%）。因大型商场及购物中心分布较多，势必对郑州市居民的休闲生活造成较大的影响，购物、餐饮等娱乐休闲方式则成为郑州市居民休闲活动的重要组成部分（见表4-6）。

表4-6　郑州市居民休闲情况调查

项目	类型	百分比（%）
每日闲暇	1小时左右	9
	2小时左右	26
	3小时左右	30
	4小时左右	21
	5小时及以上	14
休假类型	周末双休日	39
	不定时调休	38
	带薪假期	13
	3天及以上法定假日	30
	无假期	2
社区休闲资源供给情况	城市广场	64
	城市公园	70
	公共绿地	71
	滨水休闲空间	16
	公共图书馆	41
	博物（科技、美术）馆等	43
	公共健身器材	68
	文化馆（站）	21
	青少年文化宫	17
	社区或单位活动中心	44
	市民休闲活动中心	55
	球类运动场地	37
	公益性技能培训班	21
	志愿服务与公益活动机构	22
	唱歌（跳舞等）表演场所	45
	不收费体育场馆	28
	宗教活动场所	14
	学校文化或体育设施	46

续表

项目	类型	百分比（％）
社区休闲资源供给情况	大型商场、购物中心	85
	大型书店	33
	免门票景区	36
	花鸟、字画等集贸市场	23
	历史文化或商业特色街区	24
	陵园、纪念馆等	21

资料来源：根据调查统计所得。

（4）休闲制约因素

通过对郑州市居民休闲制约因素的分析发现，62.9％的受访居民表示地点远、交通不便成为休闲制约的首要因素，61.1％的受访居民表示没有空闲时间也制约着他们休闲活动的参与度。其次，59.2％的受访居民认为休闲活动设施少，49.5％的受访者表示没有足够的休闲活动场所来满足他们日常休闲活动的需求。总体来看，各类休闲制约因素的比例都相对较高，说明郑州市对居民公共休闲服务的供给存在较为明显的不足。

（六）洛阳

洛阳是国务院首批公布的国家历史文化名城，有着5000多年的文明史、4000多年的建城史和1500多年的建都史。洛阳素有"十三朝古都"之称，建都时间早，建都朝代多，建都历史长，是华夏文明和中华民族的主要发祥地，在国内外享有盛誉。

1. 休闲文化资源

"洛阳牡丹甲天下"，洛阳被誉为"千年帝都，牡丹花城"，牡丹文化节蜚声中外。其前身为洛阳牡丹花会，已入选国家非物质文化遗产名录，被评为全国四大名会之一。2010年11月，经国务院文化部正式批准升格为国家级节会。洛阳拥有多项世界文化遗产——龙门石窟、隋唐大运河以及丝绸之路，沿洛河两岸存有夏都二里头遗址、偃师商城遗址、西周成周城遗址、东周王城遗址、汉魏洛阳城遗址、隋唐洛阳城遗址等六大都城遗址。悠久的历史文化为洛阳市留下了数量众多、类型不同的博物馆，大致分为以下三类：历史文化博物馆、自然科学博物馆以及专题性博物馆。如洛阳博物馆、周王城天子驾六博物馆、中国二里头夏都博物馆、关林、洛阳围棋博物馆、洛阳三彩艺术博物馆等。加之大量的艺术表演团体、文化馆、公共图书馆、广播站、电视台、体育场馆等，为洛阳城市居民开展休闲活动提供了广阔的空间。

2. 休闲情况调查研究

（1）居民每日闲暇时间

调查显示，洛阳市居民的每日闲暇时间集中分布在3小时左右（28%），有21%的受访居民每日闲暇时间在2小时，20%的受访者每日闲暇时间为5小时及以上，19%的受访者每日闲暇时间为4小时左右。从以上四项数据来看，洛阳市居民每日闲暇时间的分布较为分散，等级结构明显。闲暇时间在1小时左右的居民占比为11%，所占百分比最小。

（2）休假类型

从受访情况来看，洛阳市居民的休闲时间构成与北京、上海等城市居民的休闲时间构成有所不同。周末双休日以及不定时调休是居民集中进行休闲的时间，占比分别为30%和44%；而享受3天及以上法定假日休闲时间的受访居民仅占20%，所占比例较低。此外，带薪休假及无假期的占比保持一致，均为6%。总体看来，洛阳市居民的休闲时间类型结构不合理，亟须调整。

（3）社区休闲资源供给情况

在洛阳市，供给情况良好的休闲资源排名前五位的分别是：城市公园（75%）；城市广场（69%）；公共绿地（67%）；大型商场、购物中心（64%）；公共健身器材（60%）；排名后五位的分别是：文化馆（站）（19%）；滨水休闲空间（19%）；志愿服务与公益活动机构（18%）宗教活动场所（16%）；公益性技能培训班（16%）（见表4-7）。

表4-7　洛阳市居民休闲情况调查

项目	类型	百分比（%）
每日闲暇	1小时左右	11
	2小时左右	21
	3小时左右	28
	4小时左右	19
	5小时及以上	20

续表

项目	类型	百分比（%）
休假类型	周末双休日	30
	不定时调休	44
	带薪假期	6
	3 天及以上法定假日	20
	无假期	6
社区休闲资源供给情况	城市广场	69
	城市公园	75
	公共绿地	67
	滨水休闲空间	19
	公共图书馆	29
	博物（科技、美术）馆等	26
	公共健身器材	60
	文化馆（站）	19
	青少年文化宫	21
	社区或单位活动中心	36
	市民休闲活动中心	38
	球类运动场地	34
	公益性技能培训班	16
	志愿服务与公益活动机构	18
	唱歌（跳舞等）表演场所	38
	不收费体育场馆	28
	宗教活动场所	16
	学校文化或体育设施	43
	大型商场、购物中心	64
	大型书店	26
	免门票景区	44
	花鸟、字画等集贸市场	27
	历史文化或商业特色街区	35
	陵园、纪念馆等	24

资料来源：根据调查统计所得。

（4）休闲制约因素

从制约洛阳市居民休闲的众多因素中发现，59.5%的受访居民反映没有空闲时间成为制约休闲活动的首要因素。其次，49.2%的受访居民表示地点远、交通不便使休闲活动及场所的可达性较差，严重影响了他们的休闲参与。此外，47%的受访居民表示休闲活动设施少、太拥挤等情况减少了他们的日常休闲活动。另有10%左右的受访者表示，往返路途上缺乏安全感这一因素会对自己的休闲行为产生影响。

（七）开封

开封是河南省地级市，是中原经济区的核心城市之一，首批中国历史文化名城。开封是华夏文明的重要发祥地之一，迄今已有4100余年的建城史和建都史。夏朝以老丘为都，是开封历史上成为国都的开始。之后，战国时期的魏、五代时期的梁、晋、汉、周，以及北宋和金，均以开封为都。因此，开封是名副其实的"八朝古都"。北宋时期，东京开封更是当时世界第一大城市，人口达到150万以上，是一座历史悠久、底蕴厚重的魅力之城。

1. 休闲文化资源

悠久的历史为开封留下了众多的文物古迹，包括国家级文物保护单位13处，省级38处，市级26处，县级136处。闻名遐迩的铁塔、相国寺、包公祠、延庆观、禹王台、繁塔等，具有较高的历史文化价值。作为河南三大石刻集中地之一，开封馆藏和各名胜古迹中保存着上自汉代、下至民国的各类石刻珍品1000余件，是研究历史、科学技术和书法艺术的宝贵资料。同时，开封拥有众多国家级非物质文化遗产。朱仙镇木版年画、汴京灯笼张、开封盘鼓、大相国寺梵乐、麒麟舞、二夹弦、汴绣、摞石锁等相继列入国家级非物质文化遗产名录。

开封现代文化、休闲事业的发展也呈现出异彩纷呈的局面，清明文化节、菊花花卉、上元灯会、万岁山庙会，以及开封夜市、开封御河、书店街、汴西湖等美食、休闲、娱乐场所，不仅为当地居民营造了良好的休闲环境，还吸引了众多外来游客参观体验。

2. 休闲情况调查研究

（1）居民每日闲暇时间

在对开封市居民的每日闲暇时间进行统计调查时发现，每日闲暇时间在 5 小时及以上的城市居民占比最高，达 31%。其次，每日闲暇时间在 3~4 小时城市居民的综合占比为 48%；受访者中仅有 21% 的城市居民每日闲暇时间在 2 小时以下。综合来看，开封市居民的闲暇时间较为充裕，为居民休闲活动的开展提供了足够的时间支持。

（2）休假类型

周末双休日以及三天及以上法定假日是开封市居民的主要休闲时间，这两种休假模式的占比均为 36%，说明这两种休假模式在开封发展较为成熟，普及率较高。其次，带薪休假的占比最低，仅为 8%，这与开封市的经济发展水平较低有关。特别值得注意的是，在受访者中，有 12% 的受访居民表示自己并无假期。综合上述各种情况，说明开封市的休假制度有待进一步调整与完善。

（3）社区休闲资源供给情况

在开封市，供给情况良好的休闲资源排名前五位的分别是：公共绿地（78%）；城市公园（74%）；大型商场、购物中心（72%）；公共健身器材（70%）；城市广场（67%）；排名后五位的分别是：公益性技能培训班（23%）；文化馆（站）（27%）；志愿服务与公益活动机构（28%）；青少年文化宫（29%）；陵园、纪念馆等（31%）；不收费体育场馆（31%）。从数据中可以看出，排名在后五位的社区休闲资源的供给率也均在 20% 以上，覆盖率超五分之一，说明开封市休闲场所及活动休闲资源的覆盖情况较好（见表 4-8）。

表 4-8 开封市居民休闲情况调查

项目	类型	百分比（%）
每日闲暇	1 小时左右	6
	2 小时左右	15
	3 小时左右	25
	4 小时左右	23
	5 小时及以上	31
休假类型	周末双休日	36
	不定时调休	27
	带薪假期	8
	3 天及以上法定假日	36
	无假期	12

续表

项目	类型	百分比（％）
社区休闲资源供给情况	城市广场	67
	城市公园	74
	公共绿地	78
	滨水休闲空间	34
	公共图书馆	35
	博物（科技、美术）馆等	35
	公共健身器材	70
	文化馆（站）	27
	青少年文化宫	29
	社区或单位活动中心	39
	市民休闲活动中心	61
	球类运动场地	46
	公益性技能培训班	23
	志愿服务与公益活动机构	28
	唱歌（跳舞等）表演场所	51
	不收费体育场馆	31
	宗教活动场所	35
	学校文化或体育设施	51
	大型商场、购物中心	72
	大型书店	46
	免门票景区	39
	花鸟、字画等集贸市场	46
	历史文化或商业特色街区	57
	陵园、纪念馆等	31

资料来源：根据调查统计所得。

（4）休闲制约因素

通过对开封市居民休闲制约因素的分析可以发现，超一半的居民（50.2%）反映没有空闲时间成为制约休闲活动的首要因素，这与开封市居民享有充足闲暇时间的情况相矛盾。通过与受访者交流，得知休闲时间利用率低可能是这种现象产生的关键原因。同时，41%的受访居民表示休闲活动设施少等情况减少了他们的日常休闲活动。另外，价格高、经济条件不允许成为 35.6% 受访居民的休闲制约因素。说明开封市需要通过免费开放部分休闲活动场所，扩大公共休闲供给，以提高居民的休闲参与水平。

第二节　典型城市经济社会发展水平及基本 公共休闲服务供给现状

一　典型城市经济社会发展状况

通过对省域公共休闲服务供给水平评价指标体系的构建，发现城市经济发展水平与地区公共休闲服务供给实力、地区公共休闲基础服务功能、地区公共休闲资源配置息息相关。因此，在对以上七城市的基本公共休闲服务状况进行实证研究前，需要了解调查城市常住人口、地区生产总值、人均 GDP 等基本经济发展情况（见表 4-9）。

表 4-9　2015 年调查城市的基本情况

城市	常住人口（万人）	地区生产总值（亿元）	人均 GDP（元）	人均可支配收入（元）
北京	1877.7	23014.6	106751.25	52859
上海	2415.27	25123.5	102919.55	52962
西安	635.68	5801.2	67343.15	33188
武汉	561.59	10905.6	105973.98	36436
郑州	666.9	7311.5	78003.73	31099
洛阳	355.02	3508.75	52541.93	28686
开封	228.53	1604.84	35278.96	11956

资料来源：根据各城市统计公报整理。

根据表 4-9 中显示的数据，北京、上海属于经济发达城市，人口多，经济发达，其地区生产总值、人均 GDP 及人均可支配收入都要高出其他城市；西安、武汉、郑州与洛阳属于省会或省域副中心城市，经济较发达，其地区生产总值、人均 GDP 及人均可支配收入略低于北京、上海，但也维持在较高水平；开封属于三、四线城市，是经济发展水平相对滞后城市的代表，所以，其地区生产总值、人均 GDP 及人均可支配收入等各项指标都要相对低一些。经济基础决定上层建筑，所以，不同的经济社会发展水平，对城市基本公共休闲服务供给会产生显著的影响。

二 典型城市基本公共休闲服务供给总体情况

（一）城市居民闲暇时间

1. 每日闲暇时间

对七座城市进行的调查数据显示，有近三成（29.8%）的被调查者每日闲暇时间在 3 小时左右，所占比例为各项最高；其次，每日闲暇时间在 2 小时左右者占到 21.7%，每日闲暇时间在 5 小时及以上者占到 19.0%；有近 10% 的被调查者每日闲暇时间仅为 1 小时左右，每日闲暇时间在 3 小时以下的被调查者超过三成（31.1%）（见表 4-10）。

表 4-10　七城市居民每日闲暇时间调查统计

每日闲暇时间	北京	上海	西安	武汉	郑州	洛阳	开封	人数	百分比%
1 小时左右	37	24	27	35	28	35	18	204	9.4
2 小时左右	64	82	64	66	83	69	44	472	21.7
3 小时左右	95	102	96	97	95	90	73	648	29.8
4 小时左右	52	53	49	84	69	62	68	437	21
5 小时及以上	56	47	71	35	46	65	92	412	19.0
有效样本	304	308	307	317	321	321	295	2173	100

注：表中百分数为各选项人数除以总样本数，表示该选项者占总体被调查者的比重。

2. 居民休假基本情况

从城市居民休假的基本情况来看，目前城市居民中享受比例最高的为周末双休日（单休或双休），约占 44.2%；其次，有略高于三成（34.8%）的被调查者可以享受到劳动节、中秋节、国庆节等 3 天以上假日；有近三成（29.6%）的被调查者享受的是不定时调休，而仅有 12.4% 的被调查者表示享受了 5~15 天的带薪休假。此外，还有 4.2% 的被调查者属于整日劳作而无假期。尽管大部分居民能够享受到国家设定的各种假日，但是总体情况并不令人满意。虽然国家在 2008 年通过的《职工带薪年休假条例》使得职工带薪年休假有了法律保障，但实际落实情况仍存在较大问题。调查发现，

"可以休，但不能带薪""工作忙，自己不能休"，以及"公司不让休"等原因是造成居民带薪休假得不到保障的三大原因（见表4-11）。

表4-11　七城市居民休假情况统计

休假类型	洛阳	北京	上海	西安	武汉	郑州	开封	人数	百分比%
固定周休日	92	187	186	163	100	125	107	960	44.2
不定时调休	134	55	59	78	114	122	81	643	29.6
带薪假日	18	83	49	31	22	41	25	269	12.4
3天及以上假日*	60	191	98	100	106	96	106	757	34.8
无假期	19	5	1	15	13	5	34	92	4.2
有效样本	304	308	307	317	321	321	295	2173	100

注：表中加"*"项指元旦、清明、五一、端午、中秋五个小长假以及国庆、春节两个长假期；表中百分数为各选项人数除以总样本数，表示该选项者占总体被调查者的比重。

3. 闲暇时间是否充足

表中数据显示，大部分被调查者（55.8%）感觉到自己闲暇时间较少或太少，其中，表示个人闲暇时间太少不够用的被调查者占到23.9%。目前，我国城镇居民法定假日已达115天/年，这还不包括带薪休假以及教师和学生的暑假、寒假，这一水平已经处于世界前列。然而，我国城市居民的非制度性工作时间和花在上下班路途上的时间均在增加，城市居民的"时间荒"现象比较突出。此外，有19.8%的被调查者表示闲暇时间正好够用，有18.7%的被调查者表示闲暇时间较多，能参加一些休闲活动。此外，有7.2%的被调查者表示个人闲暇时间太多，不知怎么打发，这一群体大部分属于离退休人员（见表4-12）。

表4-12　七城市居民闲暇时间充足与否统计

项目	北京	上海	西安	武汉	郑州	洛阳	开封	人数	百分比%
闲暇时间太多，不知怎么打发	18	15	31	12	17	24	40	157	7.2
闲暇时间较多，能参与一些休闲活动	47	68	52	63	41	65	70	406	18.7
闲暇时间正好够用	76	76	58	61	47	62	50	430	19.8
闲暇时间较少，有些闲暇活动不能参加	97	98	88	119	132	78	81	693	31.9
闲暇时间太少，不够用	66	70	62	62	84	92	68	520	23.9
有效样本	304	308	307	317	321	321	295	2173	100

注：表中百分数为各选项人数除以总样本数，表示该选项者占总体被调查者的比重。

4. 闲暇时间不足的原因

我们对造成被调查者闲暇时间较少或太少的原因进行调查发现，认为工作或加班时间太长者占据了最高比例（47.7%）。其次，花费在子女身上时间较多者也不在少数（16.7%），因选择"愿意多睡会儿觉"的消极休闲方式从而造成闲暇时间不足的被调查者也占到12.2%。此外，交际应酬太多和因缺乏对闲暇时间的合理规划从而造成时间利用效率低的人数比例分别占到9.1%和9.0%。值得一提的是，随着科技进步带来的家用电器的日新月异，家务劳动时间太长已不再是造成居民闲暇时间不足的主要因素（见表4-13）。

表4-13 七城市居民闲暇时间不足的原因统计

闲暇不足的原因	洛阳	北京	上海	西安	武汉	郑州	开封	人数	百分比%
工作、加班时间太长	90	76	77	71	99	104	61	578	47.7
家务劳动时间太长	11	7	9	12	6	6	15	66	5.4
花费在子女身上时间较多	23	39	43	30	17	28	22	202	16.7
愿意多睡会儿觉，恢复体力	24	13	17	20	18	27	29	148	12.2
交际应酬太多，占用了自己的闲暇时间	10	14	14	17	18	29	8	110	9.1
时间利用效率低，不知道怎么利用时间	12	14	8	16	23	22	14	109	9.0
有效人数	170	163	168	166	181	216	149	1213	100

注：表中百分数为各选项人数除以总样本数，表示该选项者占总体被调查者的比重，其他根据调查所得。

（二）城市公共休闲服务供给的社区覆盖

一般说来，城市居民的绝大部分休闲活动主要是在居住地附近完成的。[①] 我们对被访者居住社区附近（居住地1公里范围内）是否拥有如下公共休闲空间进行调查，并用"社区拥有该类公共休闲空间者人数/总体被调查人数"这一百分比表示城市某类公共休闲空间的社区覆盖率。调查发现，目前城市中社区覆盖率较高的公共休闲空间有大型商场或购物中心（76.1%）、公共绿地（74.4%）、城市公园（71.5%）、公共健身器材（68.8%）和城市广场（64.5%）。我们注意到，七城市中由政府供给的公

---

① 程遂营：《北美休闲研究——学术思想的视角》，社会科学文献出版社，2009。

共休闲空间中，社区覆盖率较高的仅有满足居民身体健康、消遣娱乐等基本休闲需求层次的城市广场、城市公园、公共绿地和公共健身器材四类。供给数量较少，社区覆盖率明显较低的公共休闲资源包括：公益性技能培训班（21.2%）、青少年文化宫（22.9%）、志愿服务与公益活动机构（22.9%）以及文化馆（站）（23.5%）等，公益性、文化性休闲场所缺失（见表4-14）。

表 4-14　城市公共休闲空间或设施社区覆盖情况

类型	北京	上海	武汉	西安	郑州	洛阳	开封	人数	百分比%
城市广场	186	179	218	192	204	223	199	1401	64.5
城市公园	226	235	197	211	225	241	218	1553	71.5
公共绿地	238	241	245	218	229	215	230	1616	74.4
滨水休闲空间	92	67	102	64	51	61	100	537	24.7
公共图书馆	111	139	153	101	133	94	103	834	38.4
博物（科技、美术）馆等	121	91	100	65	137	84	104	702	32.3
公共健身器材	228	202	227	222	218	191	206	1494	68.8
文化馆（站）	79	98	77	49	66	62	79	510	23.5
青少年文化宫	75	84	91	40	56	66	85	497	22.9
社区或单位活动中心	176	165	185	124	142	114	115	1021	47.0
市民休闲活动中心	173	156	18	171	177	123	181	999	46.0
球类运动场地	156	144	172	141	119	109	137	978	45.0
公益性技能培训班	55	92	83	46	66	50	69	461	21.2
志愿服务与公益活动机构	76	76	85	50	70	59	82	498	22.9
唱歌（跳舞等）表演场所	142	145	192	143	143	122	151	1038	47.8
不收费体育场馆	91	70	118	77	90	90	91	627	28.9
宗教活动场所	46	49	48	24	46	51	104	368	16.9
学校文化或体育设施	127	157	205	149	148	139	150	1075	49.5
大型商场、购物中心	245	226	248	243	272	206	213	1653	76.1
大型书店	100	110	147	96	105	83	135	776	35.7
免门票景区	170	124	123	115	116	140	115	903	41.6
花鸟、字画等集贸市场	113	89	82	73	75	87	136	655	31
历史文化或商业特色街区	113	73	129	83	76	112	169	755	34.7
陵园、纪念馆等	56	54	133	64	68	76	92	543	25.0

注：表中百分数为各选项人数除以总样本数，表示该选项者占总体被调查者的比重。

(三) 城市居民使用公共休闲空间的频率

表 4-15 中数据显示，在每天 1 次的高使用频率中，使用者比例排在前五位的分别是公共绿地（26.4%）、城市广场（19.0%）、城市公园（19.0%）、公共健身器材（13.2%）和市民休闲活动中心（11.2%），且使用者比例远高于其他活动项目。而在每周 1 次的使用频率中，大型商场或购物中心则占据最高比例（41.0%），大型商场或购物中心在现代城市公共休闲空间中扮演着重要角色，是市民娱乐、购物、休闲的时尚场所。分别有20% 左右的受访者表示一年去几次历史或商业特色街区（20%）、免门票景区（19%）以及大型书店（22.4%）进行休闲活动。另外，在此次所调查的 24 类城市公共休闲活动空间中，超过 50% 的被调查者表示几乎不去的活动项目达到 16 项，以宗教活动场所（82%）、青少年文化宫（86.8%）、公益性技能培训班（82.0%）、文化馆（站）（83.4%）、志愿服务与公益活动机构（78.0%）、博物（科技、美术）馆（71.5%）等表现最为显著。

表 4-15　七城市居民使用公共休闲空间的频率统计

单位：%

类型	每天 1 次	每周 1 次	每月 1~2 次	一年几次	几乎不去
城市广场	19.0	27	27	9.8	29.2
城市公园	19.0	25.4	19.3	13.2	23.1
公共绿地	26.4	24.4	18.0	8.8	22.4
公共健身器材	13.2	15.3	14.2	13.2	44.4
球类运动场地	4.7	9.2	12.5	12.5	61.0
滨水休闲空间	9.8	9.5	7.8	8.1	64.7
公共图书馆	2.7	18	11.9	15.3	59.3
博物（科技、美术）馆等	1.0	2.0	8.1	17.3	71.5
文化馆（站）	3	2.0	4.1	12	83.4
唱歌（跳舞等）表演场所	7.8	8.1	9.8	13.9	63
公益性技能培训班	1.4	2.7	4.7	8.8	82.0
志愿服务与公益活动机构	7	4.7	6.4	9.8	78.0
陵园、纪念馆等	7	2.7	1.7	17.3	77.3

续表

类型	每天1次	每周1次	每月1~2次	一年几次	几乎不去
不收费体育场馆	2.7	7.8	9.8	13.2	66.4
青少年文化宫	1.4	2.4	2.7	6.4	86.8
大型商场、购物中心	6.8	41.0	26.1	8.5	17.6
市民休闲活动中心	11.2	19.0	15.6	9.5	44.4
社区或单位活动中心	3.4	6.8	9.5	12.5	67.8
学校文化或体育设施	4.7	7.1	11.9	12	66.4
花鸟、字画等集贸市场	4.7	7.8	9.2	15.9	62.4
历史或商业特色街区	6.1	16.6	23	20	36.6
免门票景区	4.1	6.4	11.9	19.0	58.6
大型书店	1.0	8.8	18.0	22.4	49.8
宗教活动场所	1.0	2.7	3.4	15	82.0

注：表中百分数为各选项人数除以总样本数，表示该选项者占总体被调查者的比重。

这就是说，在每天1次的高使用频率中，使用者比例排在前五位的是公共绿地、城市广场、城市公园、公共健身器材和市民休闲活动中心；而社区公共休闲空间覆盖率较高的是大型商场或购物中心、公共绿地、城市公园、公共健身器材和城市广场等几类休闲空间。社区覆盖率较低的文化馆（站）、青少年文化宫、公益性技能培训班以及志愿服务与公益活动机构等公共休闲场所，城镇居民的休闲参与度也不高。

综合各种类型休闲空间的城镇居民参与度，我们发现，目前我国城市居民对公共休闲空间的使用频率比较低，即使对满足身体健康、消遣娱乐等基本休闲需求层次的公共休闲空间的使用频率也普遍不高；而城市中一些能够提高技能、丰富知识以及自我实现等较高层次的公共休闲空间则几乎不作为市民的休闲选择，由此，反映出我国城市公民的休闲意识尚未成熟。

（四）城市居民使用公共休闲空间的制约因素

在对城市居民使用公共休闲空间或设施的障碍因素进行的调查中发现，认为没有空闲时间的人数比例为58.3%，为最高；其次，选择人数较多的制约因素还有地点远、交通不便（53.0%），休闲活动设施太少（52.2%），休闲活动场所不足（42.6%）；此外，休闲场所价格高（33.1%），休闲活动场所卫生条件太差（23.4%）等也是值得关注的制约因素。对居民休闲活动参与制约程度较小的三个因素分别是：知识、体能等个人能力不足（13.5%）、往返路途上缺少安全感（17%）以及不想浪费时间，想多工作挣钱（16.6%）。这就是说，没有空闲时间仍然是目前制约城市居民经常使用市内公共休闲空间的最重要障碍因素，这和国内不少学者的相关研究结论一致，也在一定程度上说明本研究的可信度（见表4-16）。[①]

表 4-16 城市居民使用公共休闲空间的障碍因素

制约因素	北京	上海	武汉	西安	郑州	洛阳	开封	人数	百分比%
没有空闲时间	174	188	199	171	196	191	148	1267	58.3
价格高，经济条件不允许	84	77	143	101	104	118	93	720	33.1
活动场所不足	161	152	109	114	159	125	105	925	42.6
知识、体能等个人能力不足	32	33	55	49	44	47	33	293	13.5
往返路途上缺少安全感	28	24	49	30	50	33	18	232	17
地点远，交通不便	184	146	173	185	202	158	104	1152	53.0
休闲活动设施太少，太拥挤	173	166	165	169	190	151	121	1135	52.2
活动场所卫生条件太差	51	55	94	57	121	73	58	509	23.4
不想浪费时间，想多工作挣钱	42	33	65	41	62	72	46	361	16.6
其他	6	12	4	17	6	12	15	72	3.3
有效样本	321	304	308	307	317	321	295	2173	100

注：表中百分数为各选项人数除以总样本数，表示该选项者占总体被调查者的比重。

通过调查，我们发现，除了休闲空间的供给类型外，空闲时间、地点、交通等因素也在一定程度上制约着居民的休闲行为。城市居民普遍存在的"时间荒"现象致使闲暇时间匮乏，这也是目前制约七城市居民经常使用市内公共休闲空间的最重要障碍因素。受制于生产力发展阶段、制度性缺憾以及福利制度的不完善等，城市居民虽然制度性的工作时间在减少，然而实际上，"普遍有闲却又十分匆忙"似乎更符合目前的城市居民休闲实际。

大众休闲活动的开展是建立在充分有闲的基础之上的，如何让全社会成员从劳动中解放出来并平等自由地享有休闲权利仍将需要一个长期且艰

[①] 盖瑞·奇克、董二为：《中国六城市休闲制约因素研究》，《浙江大学学报》（人文社会科学版）2009年第1期，第31~42页。

难的过程。然而，超出我们研究之初设想的是地点远、交通不便成为超过休闲活动设施太少的制约因素。城市的不断扩张和居民的跨区域流动致使城市交通压力非常大，日益拥堵，因交通问题直接导致的公共休闲设施可达性差是目前比休闲场所和设施不足更重要的制约人们经常使用城市公共休闲空间的障碍因素。

（五）城市居民公共休闲服务供给诉求

从总体数据上看，我国城镇居民的公共休闲需求旺盛，各种类型的休闲服务供给诉求均占受访人数的20%以上，普遍高于休闲空间的使用频率。但对于不同的休闲服务，城市居民公共休闲服务供给诉求有一定的差异。其中，希望城市能免费开放各类公园的人数比例最多，达受访者人数的一半以上（55.4%）。其次，被调查者中希望政府能够多建设公共图书馆和阅览室的人数也较多，为51.8%。此外，对多建设体育场馆、球场、公共健身器材等公共休闲体育空间或设施以及举办公益性文艺活动等方面，城市居民的需求意愿也较为强烈。举办各种球类、棋类等比赛（21.1%）以及公益性科技文艺讲座（22.4%）等需求量相对较少。这说明，与各类赛事、讲座、培训班相比，体育建设、阅读、文艺活动等休闲方式更为城镇居民喜闻乐见（见表4-17）。

表4-17　七城市居民对公共休闲服务供给的诉求统计

项目	北京	上海	西安	武汉	郑州	洛阳	开封	人数	百分比%
多建设公共图书馆和阅览室	171	150	166	168	187	137	147	1126	51.8
多建设体育馆、球场等体育活动场所	179	158	157	148	142	153	147	1084	49.9
看到高质量的影视、戏剧等	88	100	94	119	112	104	92	709	32.6
增加公共健身器材	80	104	150	142	142	167	79	864	39.8
举办公益性音乐会、文艺晚会、舞会等	118	112	114	131	128	117	102	822	37.8
举办公益性科技、文艺讲座	77	64	72	82	61	73	57	486	22.4
开设各类公益性技能培训班	91	59	73	86	69	70	64	512	23.6
举办各种球类、棋类等比赛	73	58	65	63	63	75	62	459	21.1
举办各种有趣的展览会	117	103	102	105	95	96	74	692	31.8
免费开放各类公园	156	187	190	199	162	174	135	1203	55.4
有效样本	321	304	308	307	317	321	295	2173	100

注：表中百分数为各选项人数除以总样本数，表示该选项者占总体被调查者的比重。

城市能积极免费开放公园等休闲设施是城市居民当前最紧迫的休闲供给诉求。当前,在大部分发达国家和地区,城市公园的经营费用主要来自政府的财政补贴和税收政策倾斜,城市公园基本上对居民免费开放。[①] 2001年,全国许多公园出现了免费开放热潮,行业内称该年为"免费公园年"。但是,由于免费开放后所带来的管理经费不足、公园内卫生、治安和园容园貌难以维持等问题,一些免费开放的公园又重新开始收费。城市公园在扮演着城市居民重要休闲场所的同时,还是改善区域生态环境的公共绿色空间,如何兼顾大众诉求和自身的可持续发展,是值得深思的。

同时,被调查者中希望政府能够多建设公共图书馆和阅览室的人数也较多。目前,我国城市中大约43.72万人才拥有一个公共图书馆,人均拥有藏书为58册,远低于国际图联标准。考虑到我国经济基础仍较为薄弱的实际,政府可以鼓励学校等开放共享资源、补贴私营书店以替代直接建设公共图书馆等方式,充分利用社会休闲资源从而转移财政负担。此外,还需要注意的一点是,公益性讲座、技能培训班等休闲活动的需求量较小,但却是居民休闲活动开展的前提与保障,政府应该加大社会供给,通过增加活动的趣味性等方式鼓励群众参与。

第三节 典型城市公共休闲服务供给与均等化水平的对比分析

一 城市居民闲暇时间

在被调查的七座城市中,北京及上海两座城市受访居民的休闲类型中,享受周末双休日及带薪假日的人数较多,而洛阳、武汉、开封等城市受访居民中,享受带薪休假的居民数量明显较少,说明在短期内,由于我国所处的经济发展阶段、制度性缺失等因素,工时和假日制度的全面落实还将是一个长期过程。我们可以通过加快立法的方式以便完善对休假制度的监督管理,尽早落实相关休假制度,使城市居民真正享有应有的闲暇时间,这是全面提升城市居民休闲生活满意度的基本保障。

---

① 李敏:《关于城市公园免费开放问题的思考》,《广东园林》2002年第2期,第3~6页。

二　城市公共休闲服务供给

目前，我国各城市国民经济与社会发展统计指标和统计口径差异较大，城市间横向的全面比较非常困难，我们仅能从有限的共性指标中做局部分析。然而，我们应看到，各城市在其公共休闲服务供给方面还存在不小的差距。目前，北京和上海两城市已接近发达国家水平，客观经济水平决定两城市在公共休闲服务供给数量和类别上是其他城市无法企及的，如社区或单位活动中心、球类运动场地、花鸟字画等集贸市场等服务项目，这也为欠发达和不发达城市公共休闲服务供给水平的提升提供了借鉴。而由于受历史文化等因素的影响，西安、洛阳以及开封等城市在历史文化或商业特色街区、陵园及纪念馆等公共休闲空间的构建方面则有显著的优势。

三　城市居民的休闲参与

在对单个城市进行统计分析时发现，不同城市居民之间的制约因素存在差异。虽然空闲时间不足均是七座城市居民经常使用公共休闲空间的重要障碍，但在重要程度上，城市之间又有差别。如对上海、武汉、洛阳和开封四座城市居民而言，没有空闲时间是第一障碍因素。然而，对北京、西安和郑州三城市居民而言，交通不便则是第一障碍因素；而对上海、洛阳和开封三城市居民而言，交通不便又不是主要障碍因素。同样是经济发达的一线城市，北京市交通不便的制约则要明显高于上海市。我们又看到，虽然活动场所卫生条件太差和想多工作挣钱不是重要的制约因素，但对于武汉、郑州和洛阳三城市居民而言，这两个因素的重要性要明显高于其他城市（见表4-18）。

表4-18　不同城市居民使用公共休闲空间制约因素比较

单位：%

制约因素	北京	上海	西安	武汉	郑州	洛阳	开封
没有空闲时间	57.2	61.0	55.7	62.8	61.1	59.5	52
价格高，经济条件不允许	27.6	25.0	32.9	45.1	32.4	36.8	31.5
活动场所不足	53.0	49.4	37.1	34.4	49.5	38.9	35.6
知识、体能等个人能力不足	15	17	16.0	17.4	13.7	14.6	11.2

续表

制约因素	北京	上海	西安	武汉	郑州	洛阳	开封
往返路途上缺少安全感	9.2	7.8	9.8	15.5	15.6	13	6.1
地点远，交通不便	65	47.4	63	54.6	62.9	49.2	35.3
休闲活动设施太少，太拥挤	56.9	53.9	55.0	52.1	59.2	47.0	41.0
活动场所卫生条件太差	16.8	17.9	18.6	29.7	37.7	22.7	19.7
不想浪费时间，想多工作挣钱	13.8	17	13.4	25	19.3	22.4	15.6
其他	2.0	3.9	5.5	1.3	1.9	3.7	5.1

注：表中百分数为各选项人数除以总样本数，表示该选项者占总体被调查者的比重。

归根到底，城市居民闲暇时间、城市公共休闲服务供给以及城市居民的休闲参与所反映的问题都是公共休闲服务均等化的问题。居民休闲时间的不均等、休闲服务供给以及休闲参与的不均等现象在城市普遍存在，而与此同时，在这三个方面，城市之间的不均等现象也较为明显。

本章小结

通过对七城市的调查发现，我国城市公共休闲服务供给最主要的类型是满足居民身体健康、消遣娱乐等基本休闲需求层次的城市广场、城市公园、公共绿地和公共健身器材等；城市中的志愿、公益活动和一些能够提高技能、丰富知识以及自我实现等较高层次的公共休闲空间的社区覆盖率仍较低。由于受时间、交通等因素的制约，我国城市居民整体上对公共休闲空间的使用频率也处于较低水平。同时，我国城市公共休闲服务供给水平与地区经济发展水平呈正相关关系，区域经济发展的不平衡导致了城市间公共休闲服务供给水平的不均等现象较为显著。

从整体上看，我国城市公共休闲服务供给仍呈现出类型偏少、范围较窄及层级较低的特征，如何从居民需求出发，优化公共休闲服务供给体系，调动居民休闲参与的积极性，提高居民休闲活动的参与度，成为政府亟须解决的问题。

第五章　我国城镇公共休闲服务供给及基本公共休闲服务均等化主要问题及制约因素分析

资源环境、历史发展背景、经济发展水平，以及政策导向等多方面的原因，导致我国城镇公共休闲服务供给及基本公共休闲服务非均等化问题仍然比较突出。本章旨在分析这些问题，并试图发现引起问题的制约因素。

第一节　我国城镇公共休闲服务供给及基本公共休闲服务均等化存在的主要问题

通过调查以及对相关文献资料梳理发现，现阶段，我国城镇公共休闲服务供给及基本公共休闲服务均等化方面的问题突出表现在以下几个方面。

一　公共休闲服务政策不完善，政府供给边界模糊

改革开放后，我国推行的"社会办福利"和市场化的纵深发展削弱了政府的社会职能。[①] 政府职能片面向经济领域倾斜，致使涉及公共休闲服务方面的政策一直处于社会政策边缘，至今未能形成完善的体系。专门的休闲调查和研究机构还很匮乏，休闲教育迟迟未纳入中高等教育的体系中，造成国内对休闲含义和休闲服务的范畴认知程度较低，表现在国民经济和社会发展统计体系中，还没有专门的休闲服务相关指标，政府部门也普遍存在着休闲服务归属于旅游部门的认识偏差。在政府部门的职责和工作目

---

① 王卓祺、雅伦·获加：《西方社会政策概念转变及对中国福利制度发展的启示》，《社会学研究》1998 年第 5 期，第 44~50 页。

标描述中，也没有出现和休闲有关的内容，更没有明确政府在提高公共休闲服务和公众休闲质量方面的职责。休闲通常被认为是一个功能目标，往往只是作为城市公园建设中的设计目标之一。① 休闲服务统计指标尚未建立，专门指导休闲服务发展的政策文件、措施不完善，政府供给边界模糊不清，直接导致政府公共休闲服务供给的大面积缺失。

二　公共休闲服务供给分散在多个部门，相关职能条块分割

目前，公共休闲服务供给和管理的职能分散在文化和旅游、住建、体育、民政、国土资源、环保等多个政府部门中，这些部门在职能上既相互关联又相互制约，关系错综复杂，各自为政、行政分割问题突出。对于大部分项目，部门不能独立进行决策和实施，从而造成各机构效率低下且权、责、利界定不清。例如要解决社区体育场地缺乏的问题，体育部门并不能独立处理，它涉及国土资源部、住建部、环保部以及教育部等，甚至还关系教育部门等。而且，在实施具体项目之前的论证决策过程也十分漫长、复杂。此外，还存在一些性质相近的资源却由不同部门分开主管或同一资源分属不同部门管理范围的多头管理现象，从而造成协调统一难度大、行政效率低下的问题。

三　供给主体单一，非政府主体未充分发挥作用

为群众提供良好的公共休闲服务是城市政府的重要职能，但并不表示政府供给是提供公共休闲服务的唯一渠道。西方国家的城市公共休闲服务已形成了政府、商业、非营利与志愿组织协同发展的较成熟的供给体系，也因此基本实现了保障公民休闲权及通过休闲提升大众生活品质的供给目标。目前，我国公共休闲服务供给主体较为单一，政府仍是公共休闲服务供给的最重要主体，承担着如规划、资金筹措、人员配备等具体性事务，而充分利用市场机制，吸引非营利组织等参与公共休闲服务供给的情况很少，远没有形成多元主体联合供给的局面。政府对一些社会团体及组织的孵化和培育力度不够，导致非政府主体很难进入公共休闲服务领域。随着公共休闲服务需求的增长，为加强公共休闲服务的供给和管理，政府部门

---

① 范钰娟：《休闲服务政府供给的对策研究》，南昌大学硕士学位论文，2008，第89~94页。

必须增加财政投入和管理成本，往往导致政府负担加重，从而造成限制政府推进公共休闲服务事业发展的诸多"瓶颈"。

四　财政投入总量较低，支出结构不合理

长期以来，我国城镇的公共休闲服务主要是由政府提供的，政府的预算支出是公共休闲服务供给的主要资金来源，社会和私人资本投资较少。近年来，我国政府对文化事业的财政投入增速加快、比例增大，显示出政府对文化事业支出的重视。但将文化事业的财政投入与教育、科学技术、医疗卫生投入相比，文化事业的投入比重仍然过小。以科学技术为例，2013年，政府财政投入为5084.30亿元，占财政总支出的3.6%；2014年，为5314.45亿元，占财政总支出的3.5%；2015年，为5862.57亿元，占财政总支出的3.3%。比较同期，财政对于文化体育与传媒事业的投入占财政总支出的比重则分别为1.8%、1.8%和1.7%。[1] 而公共图书馆、博物馆、文化馆等主要的公共休闲供给项目均属文化事业，从中可以看出，政府用于公共休闲服务方面的财政投入总量仍较低。同时，财政投入中用于人员工资、日常运行等维持性开支占比较高，而发展经费占比较少。在资金使用过程中，还存在重资金分配、轻监督管理的问题，导致一些文化项目的评估监督机制不健全，财政支出没有用于满足包括公共休闲服务在内的公众基本文化需求上。[2]

五　公共休闲资源配置不合理，区域间存在不均衡

现代城市化进程中有三样公共休闲空间是必备的，其一是公共图书馆，在城镇居民区，步行2~3公里就应有一个图书馆，每五万人就拥有一所大型公共图书馆。其二是综合性的游憩空间，内含体育馆、运动场、社交中心、公园绿地、健身房等。其三是公共休闲教育体系，这是满足城镇居民休闲需求的必要前提。[3] 国际图联的标准是每5万人拥有一座公共图书馆，

①　数据来源：《中国统计年鉴》。
②　王鹤云：《我国公共文化服务政策研究》，中国艺术研究院博士学位论文，2014，第3~45页。
③　马惠娣、刘耳：《城市、宜居城市及城市的气质——休闲学视域中的城市》，《2011中国休闲研究学术报告》，旅游教育出版社，2012。

而目前在我国大约 43.79 万人才拥有一个公共图书馆（2015 年），人均拥有藏书为 0.55 册（2015 年），远低于国际图联标准（人均藏书量 1.5～2.5 册）。可见，目前我国公共休闲资源人均占有量较低，总体休闲资源配置仍十分匮乏。与此同时，受经济发展水平、自然禀赋差异和历史文化传统等多种因素的影响，加之我国政府处于对公共休闲资源垄断性占有的强势地位，在进行资源配置时往往优先考虑与政府关系密切的强势群体，导致不同区域间公民享受文化产品和服务的不均衡现象非常突出。从发展程度看，东部地区最好，西部次之，中部地区最差。

第二节　我国城镇公共休闲服务供给及基本公共休闲服务均等化的制约因素分析

在我国城镇公共休闲服务供给和基本公共休闲服务均等化方面出现以上问题，绝非偶然，这是由多方面原因造成的。

一　公共休闲服务供给不足的影响因素分析

（一）休闲理论研究基础薄弱

对于休闲的关注与研究始于西方国家，已有上百年的历史。然而，中国的休闲研究才刚刚起步，对于休闲的概念、公共休闲服务等问题的理论探索仍处于初步阶段，可能会在一定程度上对公共休闲服务的供给产生制约，主要表现在以下几个方面：①对休闲的含义理解模糊。相关政府部门的部分工作人员在接触到休闲概念时，表现出高度的不理解，甚至许多工作人员对休闲做出了十分狭窄的理解，简单将休闲等同于旅游；②对休闲服务的范畴认知程度低。一些政府相关部门虽然直接行使休闲服务供给的职能，但仅从各部门所主管事务的角度看待这一问题，不能将其与休闲服务概念相联系，甚至存在一些误解；③工作目标尚不包括休闲相关内容。在具体实施某个休闲服务项目时，休闲功能经常被当作客观的具体目标，例如在城市公园的建设中，使公园具有休闲功能仅成为设计目标之一。但在部门职责与工作目标的表述中，还没有出现休闲相关内容。政府部门的职责不包含提高市民休闲生活质量、改善公共休闲服务等内容的明确表述，同时对城镇居民公共休闲服务供给进行规范还没有成为这些部门的目标。①

（二）政府供给理念存在缺陷

长期以来受传统供给理念的影响，导致我国政府对休闲的作用认识不足，对公共休闲服务的供给不够重视，对公共休闲服务的投入远不能达到民众的需求。千百年来，吃苦耐劳、勤奋工作、勤俭节约的精神理念早已深入人心，以致形成"玩物丧志""小人闲居者为不善"等带有浓郁封建社会伦理色彩的理论说教体系，成为中国人休闲思想发展以及休闲服务供给升级的障碍。在这种传统思潮的影响下，有些公共性休闲服务在政府看来是没有必要供给的；相应地，政府对公共休闲服务的财政投入、招商引资的力度以及产业税收优惠政策等的支持不够。所以，对于地方政府而言，持续不断地发展经济、增加 GDP 和满足城镇居民不断增长的休闲需求在一定程度上是一个相互博弈的过程。随着休闲时代的到来，城镇政府管理者不能也无法一味追求经济的高速增长，而置城镇大众不断增长的休闲诉求于不顾。从长远来讲，由观念导致的公共休闲供给不足的问题是可以缓解甚至可以避免的。

（三）相关部门的权责关系不清晰

除了理念问题，很多与公共休闲服务供给相关的城镇政府部门的职责既不科学也不明确，导致有些应该管的事没有管，却管了很多不应该去管也管不好的事。在权力方面，一些政府部门并没有按照责权对等的原则来对权力进行配置。要么责大于权，导致责任的履行往往步履维艰；要么权大于责，导致公共服务供给中的权力越位现象时有发生。上述种种问题直接加剧了政府在公共休闲服务供给中的粗放式情况。这些问题的出现，一方面与我国城镇公共休闲服务供给职能分散在多个部门有直接关联，另一方面，相关部门在行使相关权力时，未能按照理性组织结构的原理开展工作，未能在责权关系上形成层层相接、环环相扣，类似金字塔形的系统化

---

① 范钰娟、魏莉：《休闲服务的政府供给研究——以南昌市为例》，《管理》2008 年 1~2 月合刊，第 210~212 页。

管理体系。这样就导致我国城镇公共休闲服务供给总体上处于无序和不可持续的状态。[1]

(四) 资源规划和利用不合理

在一些大都市，尤其是南方新型城市，财力并不是主要的问题所在，政府的观念也能跟得上，但是在公共休闲服务供给方面，供给总量不足和分配不均的问题仍很突出。究其原因，关键在于土地资源和城市空间的紧张。由于资源本身的限制，特别是城市土地的严重不足，限制了城市公共公园、休闲广场以及大型体育场馆的建设，大大削减了城市居民的日常公共休闲空间。应该认识到，在城市化进程加快、城市快速扩张的过程中，资源的约束是客观存在的，人稠地狭的矛盾会越来越突出。如果缺乏合理规划，任由商业用地过度挤占公共休闲空间，公共休闲服务供需之间的矛盾就会日益尖锐，从而影响城镇居民休闲生活质量的提升和整个城市社会的安定与和谐。

(五) 供给方和需求方信息不对称

信息是政府或个人进行决策的依据，决策者掌握的信息越多，决策的结果就越趋于合理。缺乏信息、漠视信息、信息传递不畅等问题均会导致信息不对称。信息不对称将会直接导致市场供给过剩与不足并存。一方面，由于未进行全面而深入的市场调研，政府或社会其他组织提供的公共休闲产品遭遇消费者的冷遇和市场的拒绝也是不可避免的，从而造成这部分产品生产供给过剩；另一方面，由于信息不对称，城市居民急需的公共休闲服务却因供给不足而得不到满足。因此，在没有进行休闲需求，特别是公共休闲需求的市场调查前，盲目供应是不可取的。只有进行科学合理的调查与供给，才能实现资源的合理有效利用。

二 公共休闲服务非均等化影响因素分析

影响城镇公共休闲服务均等化的因素很多。程岚 (2009) 对基本公共服务差异形成的因素进行了分析，她认为基本公共服务差异形成的因素分

---

① 王昶:《我国政府公共服务供给精细化问题研究》，湖南大学硕士学位论文，2013。

为需求方面的因素和供给方面的因素，其中需求方面包括：一、居民的公共服务需求意识。一般来说，居民公共服务意识越高，则对公共服务均等化的需求越高。二、居民的收入水平。一般来说，居民的收入水平提高，能提高居民对基本公共服务的需求，对于公共服务方面的数量和质量需求也越高；如果一个地区贫富差距较大，则在人均收入水平提高时，富人和穷人对公共服务需求的差异会增加，进而可能间接导致公共服务均等化的程度降低。三、当地的人口规模。一般来说，对于不同的公共服务，人口规模的影响程度不同，比如对于公路与教育等方面的公共服务，如果当地人口规模越小，则越有利于实现公共服务均等化。[①]

从供给方面看，影响公共服务均等化的因素可以总结为以下几点。

1. 地区间经济发展水平

一般来说，如果一个地区的经济发展水平越高，则越有能力提供公共休闲服务产品，从而提高城镇公共休闲服务水平。此外，经济发展水平较高的地区，在公共休闲基础设施以及资源配置等方面的优势也较为明显。因此，我国东部尤其是沿海经济发达地区各项指标值远高于其他地区。但是，区域经济的均衡发展也是影响公共休闲服务均等化水平的重要因素。这也在一定程度上解释我国东部地区各项指标的内部均等化水平较低。

2. 地区间人口规模和结构

各地区的人口数量及人口结构也是非均等化现象形成的重要因素。因为当人口达到一定数量后，再增加1%时，基本公共服务的增长会小于1%，容易造成拥挤性消费，使得公共服务质量降低。此外，不同人口类型也会引起基本公共服务水平的不同变动。[②] 因此，在对各省（市、区）休闲资源配置的评价中，西藏、云南等地区的指数略高于部分中东部地区。

3. 政府间财政关系

财权与事权相匹配是基本公共休闲服务均等化的前提与保障。目前，我国事权与财权不匹配，部分省市存在财政收支缺口。因此，地方政府无

---

① 程岚：《实现我国基本公共服务均等化的公共财政研究》，江西财经大学博士学位论文，2009。

② 陈家贵：《中国基本公共服务均等化报告》，经济管理出版社，2011，第28~29页。

法靠自身财力满足地方公共休闲服务的支出需要，难以保障公共休闲服务的数量与质量。[①] 此外，作为政府间调控的一种重要手段，转移支付制度受制于结构不合理、缺乏法律约束与监督等问题，在提高地区公共休闲服务均等化水平等方面的作用并不突出。

4. 地区政府的管理水平

一般来说，如果一个地区的政府的管理水平越高、执政理念越正确，政府就会越重视公共服务产品的提供，相应地会通过一系列政策措施来调节基本公共服务的供给，从而有助于公共服务均等化水平的提高。

本章小结

我国城市基本公共休闲服务供给在整体上存在如下问题：公共休闲服务政策不完善，政府供给边界模糊；公共休闲服务供给分散在多个部门，相关职能条块分割；供给主体单一，非政府主体未充分发挥作用；财政投入总量较低，支出结构不合理；公共休闲资源配置不合理，区域间存在不均衡等。针对上述问题，本研究认为需从以下五个方面着手改善：第一，通过宪法确定公民休闲权利的合法性，进而建立公共休闲服务供给的法律机制，以法制化途径对公共休闲服务供给形成强制和规范；明确划分中央、地方、基层各自承担的事权，并注重完善制度运行中的监督和约束机制，订立责权明确的规章制度，从根本上解决地方政府的休闲意识和供给意愿问题。第二，休闲管理的统一机构应尽快建立，全面负责公共休闲事务，并加强各部门之间的沟通和协调。第三，调整政府职能，在保证政府供给的基础上，逐步取消政府在文化、体育、媒体等方面对非营利机构的较多管制，放宽非政府主体的准入门槛，充分发挥私人部门和非营利组织在公共休闲服务供给中的作用，从而构建公共休闲服务的市场、志愿和混合供给的多元供给格局。第四，进一步加大公共休闲服务供给的财政预算，完善中央与地方间的财政关系体制，充分利用政府资产的同时，采取多样化的融资途径，为政府公共休闲服务供给提供充足的资金保证。尽快设计政

---

① 孙涛：《我国基本公共教育服务均等化问题研究》，东北财经大学博士学位论文，2015，第63~66页。

府间转移支付制度，缩小区域间经济实力的差距，保障政府在公共休闲服务的财政投入能力。同时，鼓励东部公共休闲服务发达省份采取对口定向支援等形式，加大公共休闲资源向中西部不发达地区的倾斜力度，逐步缩小区域间公共休闲供给的不均衡。第五，政府应该重视并加大对休闲教育以及休闲研究学术团体的支持力度，从理论研究和人才培养等方面，为公共休闲服务、休闲产业的持续发展提供智力支持。

第六章 西方发达国家城镇公共休闲
服务供给与均等化经验借鉴

西方发达国家在城镇公共休闲服务供给的理论研究和实践探索方面起步较早，已经形成了较为完善的公共休闲服务供给体系，我国休闲服务的发展可借鉴其发展经验。公共休闲服务属于公共服务的一个分支，其发展是依托于公共服务的，因此，本章在梳理西方国家城镇公共休闲服务供给方式及均等化的发展经验之前，首先对西方公共服务供给方式的发展演变加以简要说明。而后，以西方典型发达国家英国和美国为例，对其公共休闲服务供给的发展历程、供给方式和均等化状况进行探讨，以期对我国公共休闲服务供给与均等化的实践提供可资借鉴的经验。

第一节 西方发达国家公共服务供给方式的演变

在 20 世纪 70 年代之前的几十年内，西方政府一直扮演着公共服务的主要，甚至唯一供给者的角色。至 20 世纪 70 年代末，公众越来越多样化的公共服务需求无法得到有效满足，政府也面临着财政危机的困境，在这种情况下，西方政府和各理论学派开始积极探索公共服务供给的渠道，以解决现实困境。在公共选择理论（以布坎南为代表）、新公共管理理论、治理理论、委托-代理理论（詹森和麦克林）、产权理论（科斯）等理论的支持推动下①，西方国家相继掀起了公共服务供给的改革浪潮，纷纷实行公共服务供给方式的市场化改革。最终，由于西方各国国情等现实因素的差异，其供给方式又有所不同。总的来说，西方的公共服务供给理论与实践经过演变，经历了从政府唯一供给到公共供给市场化、多元主体供给的过程。在

---

① 柏良泽：《"公共服务"界说》，《中国行政管理》2008 年第 2 期，第 17~19 页。

理论与实践上大致经历了三个阶段：在理论上经历了公共服务政府单中心供给理论（"二战"后至20世纪70年代）、公共服务双主体联合供给理论（1970-1990）、公共服务多元供给理论（20世纪90年代以来）三个阶段①；在实践探索上公共服务的供给模式大致经历了传统官僚制、市场多元化以及整体合作阶段。

　　发展至今，西方国家主要形成了两种相对成熟的公共服务供给模式。一是以社会福利为主的欧洲模式，包括以法国和德国为代表的大陆欧洲模式和北欧福利国家模式。前者特色在于政府主导的有限市场化，在供给中政府仍然处于主导地位；而后者中，政府是公共服务供给的决定因素，负责授权和监督，却不是直接的提供者，政府通过代理机构，由授权的公营单位提供公共服务并引入市场机制以提高效率。二是以美、英为典型代表的盎格鲁-撒克逊模式，特色是坚持公共服务的市场导向，实行公共服务供给的多元化。这种新公共服务供给方式下，政府不再是主要的供给者，而是由政府公共部门、私营部门、第三部门（非营利组织）相互合作，依靠整体的合作网络，实行多元化供给。政府的职能定位不再是"掌舵"而是"划桨"，并充当着"直接提供者、授权者和协调员、支持者和资助人、公平的提供者、立法者和协调者"多种角色；公共服务的供给更多地依靠市场和社会力量，公众可以自主选择其服务主体；供给的具体形式也多种多样，如民营化、合同出租、合同外包、公私合作、凭单制、用者付费、志愿服务等。这种供给方式既缓解了政府的财政经济压力，又能通过不同主体的竞争有效地为公民提供多种服务，从而实现资源的优化配置。从长远来看，以英美为典型代表的公共服务供给模式是社会经济发展的必然结果。

第二节　英国城镇公共休闲服务供给方式及均等化实践

　　18世纪中叶，英国人瓦特改良了蒸汽机，工业革命带来的技术变革迅速传播到整个英国，并带来了一系列社会变革。到19世纪中期，英国政府

---

①　蔡春红：《完善财政转移支付制度的政策建议——兼论推进基本公共服务均等化和主体功能区建设的关系》，《中国行政管理》2008年第4期，第78~81页。

开始在行政上正式介入公共休闲服务，经过一百多年的漫长过程，其政策和制度几经调整变换，最终形成现今英国公共休闲服务市场化、多元化供给方式的格局。

一 发展历程

（一）19 世纪中期到 20 世纪中期

英国工业革命带来了巨大社会变革，19 世纪中期，工人阶级的现状让政府开始反思。为维持社会稳定和长远发展，英国政府被迫介入公共休闲服务，不再压制大众娱乐，反而开始关心社会福利，引导公众理性地进行休闲娱乐。政府相继颁布了《工厂法案》《博物馆法案》《图书馆法案》《游憩场地法案》等，并通过志愿者机构来引导工人阶级的休闲活动。进入20 世纪之后，英国政权更迭，劳动党当政后除相继推出更多支持休闲的有利政策，如《山地进入法案》《体育培训和游憩法案》等，还成立了林业委员会负责游憩服务。一系列举措大大改善了工人阶级的生活质量，并为下一阶段的福利社会打下了基础。

（二）20 世纪中期到 20 世纪 70 年代末

"二战"后，英国政府除推出更多有利于休闲的政策，还建立了许多管理机构如艺术理事会、国家公园委员会、体育理事会等来支持和推动英国公共休闲供给的发展。同时，政府主导了绝大多数公共休闲服务的供给，在休闲文化、休闲体育、休闲教育、休闲设施等方面取得了极大进展。与此同时，志愿性的休闲机构增加，也发挥了很大作用，英国进入福利国家的阶段。然而，到七十年代中期，英国经济衰退，政府面对极大的财政压力，开始寻找新的出路。

（三）20 世纪 70 年代末到 1997 年

20 世纪 70 年代末，在新的经济理论支持下，迎来了西方公共服务供给市场化改革的浪潮，英国的公共休闲供给也发生了转变。保守党执政以后，一方面，政府减少了对公共休闲供给的直接投资；另一方面，开始鼓励非政府部门承担更多福利责任，志愿者机构承担了许多之前政府的责任。同时，随着"强制性竞争投标"的出台，越来越多的商业部门参与公共休闲服务供给，扮演了重要角色，这段时期被称为公共休闲供给发展史上的"marketing（市场化）"时代。值得一提的是，这一时期，英国政府颁布的《教育改革法案》明确了教育机构的休闲和体育设施对公众开放，而《儿童法案》中规定地方政府在提供娱乐和游憩服务时必须考虑儿童的需求。[①]1992 年，英国成立了第一个专门负责休闲游憩事宜的中央政府部门"National Heritage Departmen"，即国家遗产部。1997 年，该部门更名为"Culture、Media and Sports Department"，即文化、媒体和体育部，其休闲职能进一步扩大。

（四）1997 年至 21 世纪初

1997 年，工党执政，英国公共休闲进入"新管理主义"时期。在 1999年的"Local Government Act（地方政府法令）"中引入"Bestvalue（最佳价值）"政策，开始采用战略规划、顾客导向、绩效评估和质量管理等商业机构的运作理念来管理公共休闲，并在颁布的两次残疾歧视法案中，明确保护残疾人应有的休闲权利。所以，进入 21 世纪后，英国公共休闲服务供给正式进入分散化、多元化阶段，政府、商业部门、志愿者机构合作，共同承担公共休闲服务供给的责任，相关法律法规更加健全。

二 特征总结

（一）高效的公共休闲服务供给机制

英国的公共休闲服务供给发展至今，已经形成政府、商业部门、志愿者机构三者共同合作，市场化、多元化供给的格局，政府机构扮演着多重角色，志愿者机构作为政府失灵和市场失灵的补充发挥着重要作用，商业部门则响应政策，受政府指引。具体来说，英国负责公共休闲的政府部门主要有两类，一是中央政府部门"Culture、Media and Sports Department"，即文化、媒体和体育部，一般不直接提供公共休闲服务，而是通过立法、

① ThomasL. Burton. A Frame work for Leisure Policy Research. Leisure Studies, 1982, 1（3）: 323-335.

授权等来指导和管理地方政府部门和其他供给主体；二是地方政府部门，是英国公共休闲服务的主要供给者。地方政府公共休闲服务供给的具体方式也多种多样，有时是政府部门包揽，有时政府部门与其他部门合作或签订合同，或通过租赁、销售实行市场化供给等。① 此外，两者之间还有一个重要的中介机构——"non-department public bodies"，即非政府部门公共机构。各供给机构及其职责见表6-1。

表6-1　英国公共休闲服务供给机构及其职责

机构名称与性质	相应职责
文化、媒体和体育部 （中央政府部门）	将原来分散在不同部门的休闲管理职能集中起来，对与休闲有关的体育、艺术、旅游、国家彩票、历史遗迹及各类文化休闲产业（包括图书馆、博物馆、电影，新闻媒体、出版等）等事务负责；该中央政府部门很大程度上属于"立法者、授权者、监管者、财政支持者"而非"直接的提供者"；一方面通过立法或颁布规定，来指导和管理地方政府、志愿者机构及商业部门的休闲供给，另一方面直接拨款给其他供给主体
非政府部门公共机构 （非政府公共机构、 中介机构）	包括5个体理理事会，4个艺术理事会，英国古迹署、博物馆、图书馆和档案理事会，16个国家博物馆和10多个环境部门等，共有50多家；单独组建并由独立的董事会管理，为政府提供有关政策咨询、协助政府制定和实施具体政策、具体分配休闲款项等
各地地方政府部门 （地方政府部门）	公共休闲服务的具体"执行者"，被中央政府部门赋予了较大的自主决定权。同时，也是"授权者和立法者"，在英国公共休闲供给中发挥着重要作用。不但负责直接提供多种多样的休闲服务和设施（包括户外体育与娱乐、市内体育与娱乐、户外非正式娱乐、乡村娱乐、文化娱乐、与教育有关的娱乐、图书馆服务等10大类47小类），还与商业部门和志愿者机构合作，通过人力、技术、场地、资金等方面的授权、支持，依靠他们来提供更多类型的公共休闲服务
志愿者机构 （非营利部门）	作为政府的补充和替代，接管了许多之前政府的职责，提供大量公共休闲服务。具有独立性，又可与政府和商业部门合作，获得相应授权及资助
商业机构 （营利部门）	按照中央政府和地方政府的政策要求，参与投标，依法提供各类公共休闲服务；与政府部门或志愿者机构合作，共同提供公共休闲服务

资料来源：Borsay, P（2002）. A History of Leisure：The British Experience since 1500［M］. Palgrave Macmillan；Bramhametal（1993）. Leisure Policies in Europe［M］. CABI Publishing 等。

---

① 宋瑞：《英国休闲发展的公共管理及其启示》，《杭州师范学院学报》（社会科学版）2006年第5期，第46~48页。

（二）建立均等化的转移支付制度

英国是单一制的中央集权国家，地方政府的权利和责任由中央政府决定，中央政府可以随时通过立法程序安排地方政府的权责，甚至取消或设立某些地方政府。与高度集权的政治体制相适应，英国实行相对集中的财政管理体制，中央政府掌握了大部分的财政收入，控制着个人所得税、公司所得税、消费税、关税以及增值税等带来较大收入的税种。而地方政府仅有有限的税收权力，其中财产税是其收入的主要来源，2/3 的地方财政支出都是通过政府的转移支付取得。英国政府对财政收支实行统一管理，从而为中央政府的集权提供保障。在这样的社会背景下，英国建立了一套完善的转移支付制度，保证公共服务均等化的实现。

第一，建立以无条件均等化转移支付为主的财政制度。英国的均等化财政制度，主要是由无条件的均等化转移支付以及专项拨款组成的。其中均等化转移支付主要用来平衡地区间提供公共服务财政能力的差异，而专项拨款则主要用于诸如城市公共设施、教育、社会福利、环境保护等公共服务的专项供给上。在英国的转移支付体系中，财政均等化转移支付约占全部转移支付的 90%，专项拨款约占 10%，无条件的均等化转移支付占据了主要地位。英国的无条件拨款（即均等化转移支付）从 1929 年就开始实行，1967 年更名为税收支持拨款，这一体制一直延续至今。在对均等化转移支付额进行核定时，中央政府主要考察各地的支出需要和收入能力。其中支出需要在均等化转移支付计算公式中，用地方政府标准支出评估值来衡量，而地方政府的财政收入能力则用标准地方税收入和商业财产税返还这两部分来衡量。每个地方政府获得的税收支持拨款数额由具体的计算公式决定。

需要注意的是，英国的均等化转移支付有下限和上限的规定。根据英国法律，中央政府对地方政府的均等化转移支付额每年至少要有一定程度的增长，增长率应不小于规定的"下限"。如果地方政府按照公式计算出的转移支付增长率小于"下限"，则一律按"下限"进行拨款。同时，中央政府也规定各地方政府的均等化拨款年增长率不得超过一定的"上限"。如果地方政府计算出的均等化拨款额增长率高于"上限"，则一律按"上限"进行拨款。根据地方政府各部门职能的不同，中央政府把地方政府分成三个类别，分别规定不同的"下限"和"上限"。教育和社会服务当局"下限"和"上限"分别为8%和31.5%，治安和消防当局则为3%和4.9%，郡县地方当局分别为3%和12.5%。拨款上下限的调整也根据拨款类别分别进行。专项转移支付主要用来解决一些基本公共服务的供给问题，这些项目包括交通道路、教育、社会福利等，这些专项转移支付通常是需要配套的。

第二，在转移支付中引入中介机构。在英国的转移支付中，通常上下级政府不需要直接就此进行讨论，而是引入专门的中介机构进行协调和分配处理。比如，中央与地区之间，该项工作由环境部来进行协调，而地区与郡、区之间，则由地方当局协会来进行协调。环境部的基本职责主要包括：测算并拟定地方年度预算指标，审编地方财政收支计划，征求并听取地方意见后上报财政部，检查监督地方预算的执行，与财政部共同拟定对地方补助支出的总方案。一般来说，英国的环境部作为中央部门，为了避免同地方政府打交道，通常只会同5个地方工作委员会发生联系。而这5个委员会都是由地方自愿组成的政治团体，主要负责收集所属地区的意见。在英国，地方当局协会是由郡和区地方当局自愿成立的，主要用来协调地区与郡、区之间的财政转移支付关系。英国在转移支付中引入中介结构的这种做法，一方面有利于上级政府掌握地方的需求，另一方面有利于促进转移支付的公正性，进而有利于公共服务均等化的实现。同时，也有利于地方需求信息向中央政府的传递，从而使资源配置更有效率，更能满足公民需求。

第三，建立了一套严格的转移支付监督管理机制。在英国，地方政府获得的转移支付资金由审计委员会进行审计，并提供相应的运行情况指标和报告。另外，审计委员会还对中央政府关于政府间关系的立法、政策进行评估，提出改进意见。除了由专门机构对转移支付资金的使用情况进行监督和评价外，英国还形成了很好的社会监督机制，主要表现在：首先，无论是中央政府还是地方政府，它们的收支情况都要按照议会的要求来进行报告，通常该报告经审计之后便可以向社会公开；其次，公众对政府收支报告有任何疑问的，由审计人员及时答复；最后，支出单位和提供公共服务的企业同样也要接受社会公众的监督，其转移支付资金的使用情况必须接受审计并向使用者公开。

第三节　美国城镇公共休闲服务供给
方式及均等化实践

19 世纪，美国也开始了自己的工业革命，并由此促进了美国社会的民主化进程。一系列社会变革改变了人们的生活方式，并深刻影响了休闲游憩，大众休闲得到普及。与英国相似，美国的游憩、公园和休闲服务从只属于政府职能、非营利机构或商业功能中一个较小领域发展成大型的综合性事业，形成较为完善的公共休闲服务系统，也经历了一百多年的时间，但其具体发展过程和供给方式与制度又因美国国情而有所不同。

一　发展历程

（一）19 世纪中期到 20 世纪早期：美国的"公共游憩运动"时期

这一时期政府和志愿者机构在成人教育（实施文化宫运动），发展国家、州立和市政公园，建立志愿者组织以及组织游乐场运动四个方面努力，为大众提供了各种文化艺术等游憩活动和体育设施。工业革命带来了一系列社会变革，8 小时工作制的确立、人口的激增、城市化进程的加快，使教堂和社会不再反对游戏和娱乐，各类文艺消遣和体育活动在 19 世纪中后期盛行开来。许多教堂建立了图书馆、体育馆和会议场所，强身派基督教和基督教青年会为体育游憩做出了巨大贡献，到 19 世纪 80 年代，基督教青年会作为体育活动的领导者已经在全国建立了 260 个体育场馆。政府也正式加入休闲供给的行列，从 1864 年开始，第一批州立公园和若干国家森林公园及历史公园逐渐建成；1880~1900 年，美国共有 80 多个城市建立了公园系统，数十座城市建立了沙地公园及游乐场，14 个城市提供了有监管的游憩。20 世纪之后，政府应该提供游憩设施、游憩项目和服务的观点被广泛接受。联邦政府通过了《垦荒法（1902）》《古迹法令（1906）》等。1905 年建立了林业局，1916 年美国国家公园管理局成立，与联邦政府和州政府一起强化推广户外游憩。随后，大众文化在 20 世纪 20 年代的爵士乐时代得到了蓬勃发展。这一时期，出现了许多重要的由青年服务的非营利组织，许多公民团体和社区服务组织都成立于 1910~1917 年。到 20 年代末，这些组织已经在美国国民生活中产生了重要影响，并试图引导美国大众进行有益的休闲和娱乐。学校也发挥了重要作用，1919 年，第一个关于游憩的大学课程在维吉尼亚联邦大学开设。①

（二）20 世纪早期到"二战"结束：特殊环境下公共游憩的积极发展时期

20 世纪 20 年代繁荣过后，30 年代的大萧条使美国陷入了困境，大规模失业促进了国家对休闲游憩的关注。为了消除消极影响，联邦政府很快启动了许多和游憩相关的紧急项目，国家青少年管理部门、公共资源养护队以及新成立的联邦紧急救济署、土木工程管理署、公共事业振兴署等，在整个国家的公园与游憩项目和设施中发挥了巨大作用。在 1925~1935 年，城市游憩建筑数量翻了两倍，众多的公园、游泳池、野餐场地、道路、游乐场、跳高滑雪场、溜冰场、体育馆和其他文娱建筑等被建成，并提供了大量工作机会，人们的休闲需求意识提高。随后的"二战"期间，在非营利组织和政府的努力下，又成立了新的协会组织，众多新的游憩和服务项目被实施。还有许多人接受了游憩领导力的相关培训，并于战后投身于游憩事业。遗憾的是，直到 20 世纪三四十年代，在美国依然存在严重的种族和民族歧视。

（三）"二战"结束到 20 世纪 70 年代中后期：公共游憩的福利化发展时期

"二战"后，美国国民财富快速积累，人口分布市郊化，并伴随人口从南向北流动和民权运动，各种游憩参与暴增，游憩机构的功能和政府角色发生了一系列变化。在以促进健康为目的、满足老年群体需求、残疾人游憩需求、贫困人口的服务、大众艺术需求以及照顾少数民族和种族群体需求方面，政府和非营利组织都做出了许多努力，包括颁布相关政策法案，成立新的机构和服务项目。尤其在 20 世纪 60 年代，体育运动、艺术、业务

---

① 王琪延：《从时间分配看北京人 20 年生活的变迁——基于 2006 年北京生活时间分配调查的统计分析》，《北京社会科学》2007 年第 5 期；程遂营：《北美休闲研究——回顾与展望》，《旅游学刊》2009 年第 10 期。

爱好、户外游憩和健身等方面的机构稳定增长，以音响、电视、DVD 播放机和其他电子设备为基础的家庭娱乐也得到了发展。在 20 世纪 60 年代晚期，反主流文化出现，而伴随其后，包括女性、老年人、残疾人、不同性取向的人以及少数民族和种族群体的小团体要求更多的社会、经济、政治和休闲权益，为平等做出努力并取得了很大效果。到 20 世纪 70 年代中期，政府游憩和公园机构还在大量增加财政预算、员工、设施与项目。

（四）20 世纪 70 年代中后期至 21 世纪：公共游憩的市场化、多元化时期

20 世纪七八十年代，经济衰退、通货膨胀、福利和司法成本增加，政府的巨额开支造成了遍及全美各个州市的税收抗议和资金削减。为了应对困境，有效履行职责，一方面，游憩和公园在方案制订与管理上市场导向、企业式模式开始普及；另一方面，私有化经营成为许多游憩组织、公园、休闲服务机构采取的对策，如转包业务给私人组织或与其制定特许经营权协议；政府功能开始私有化，游憩和公园的众多公共部门也与私人企业签订合同，要求私人企业按照协议规定必须达到的管理标准和可收费标准来经营各类场所和项目建设。公共的游憩和休闲领域呈现消极状态的同时，各类商业游憩企业兴盛起来。从 20 世纪 90 年代开始，美国出现经济分层，收入差距明显，社会阶层出现明显的贫富划分，在游憩、公园、休闲条件方面表现出强烈对比。但这时的社会政策趋于更加保守，大量的福利和内城中为经济劣势群体服务项目的扶持被撤销，就连艺术领域也未能幸免，商品化和私有化普及，美国的政府部门、非营利机构、私人组织、商业机构等不同组织类型之间的功能界限有所模糊，往往通过合伙制或联合创办协议彼此重叠。20 世纪 90 年代末，新的环保行动拉开序幕，公园管理当局和国会做出了努力，一些大型环保组织也对新公园和荒地的开发提供支持，更为积极的社会环保观念得以推广，现代生活中游憩和休闲场所比以往任何时候都要安全。21 世纪初，美国面临公共健康危机，联邦政府、游憩和休闲服务的提供者认识到了社区游憩的体育效果，联邦政府开始建设道路体系并支持课外项目，社区游憩机构也采取了各种不同应对措施。不过，随着 21 世纪美国人口、社会和种族问题出现新的变化趋势，美国的游憩和休闲也面临着新的挑战。

二 特征总结

(一) 公共休闲服务供给机制

现代美国的公共休闲服务供给系统是由政府部门、非营利组织和商业团体三个主要部门组成的,此外还有个人、学校等的参与。三大主体之间既有不同点,也有相似点:(1)政府部门主要负责保护和运营户外游憩资源(如森林、公园、游乐场、体育和水上设施等)及室内场所(如博物馆、艺术馆、体育馆等),其职责是无差别的大众服务。美国政府在公共游憩与休闲领域的部门从上而下依次有联邦政府、州政府、郡和地方政府,其中地方政府是与当地居民联系最为密切的组织,直接负责提供许多游憩与公园设施和活动。其游憩和公园机构发展迅速,数量较多,各政府机构情况详见表6-2。(2)美国的非营利机构一般是完全独立的,也可能是国家或地方邦联的一部分,其理事或指导人通常是有公德心的市民,其管理层既有受雇用的带薪的专业人员,也有志愿者,依靠公众筹款、社区福利基金、联合劝募会、会员会费、政府资助等方式募集资金。他们注重利用休闲实现社会价值,并较为关注年轻人、社区和特殊群体的发展,游憩服务是他们活动中的很大一部分。在美国漫长的公共休闲服务发展历程中,非营利组织的贡献巨大,即便是今天,它的重要作用也是不可替代的。现在的美国是世界上志愿者服务参与最多的国家,2004年,美国人有28.8%在机构或其他活动中担任志愿者,志愿者以青年人为主。表6-3是美国休闲和游憩领域非营利组织的主要情况。(3)商业团体在政府的相关授权下提供公共休闲和游憩服务。

这就是说,美国公共休闲服务的供给方式是多种多样的,且各主体之间存在着十分普遍的合作关系,尤其是各政府部门之间,政府的公园与游憩部门和非营利组织、商业机构、个人、学校等的合作,非营利志愿者机构之间的合作以及志愿者机构与政府部门、商业团体、个人、学校等的合作。如:国家公园管理局和州公园机构、地方公园与游憩部门有很长的合作历史;公共土地托管会(TPL)每年都会与地方公共机构、非营利组织以及临近团体合作开展休闲和游憩项目;童子军和女童子军经常与教堂、宗教组织以及当地学校合作;YMCA也经常与地方公共部门、学校、公共房屋理事会、医院、教养员等合作；专业社团之间组成联盟合作；此外，政府部门授权，通过转包业务、特许经营、合作等形式，与商业机构签订合同，如一些体育场、运动场等新设施的建设，公共球场的经营甚至公园的管理和经营（见表6-2）。

表6-2　美国休闲和游憩领域的政府机构

政府级别	主要权限	主要涉及机构	具体职责
联邦政府	直接管理户外游憩资源；保护和回收自然资源；对露天场所和公园发展计划的帮助；咨询和财政援助；对职业教育的帮助；对游憩经济功能的促进作用；课题研究和技术援助；制定规章和标准	国家公园管理局（NPS）	保护和有效利用未受损害的自然和文化资源、国家公园系统，鼓励各层级合作发展项目，鼓励教育和学习，开发新机构等
		林业局（USFS）	负责管理国家纪念物、游憩区域、小路、野外及风景河区，尤其是大型森林和绿地
		土地管理局	管理其土地范围内的基于各种资源的户外游憩活动：露营、骑自行车、狩猎、钓鱼、爬山等
		垦务局（BOR）	将水库区域转移到其他可能的联邦机构，提供划船、露营、远行徒步、狩猎、钓鱼等游憩功能
		渔业局和野生动物管理局（USFWS）	恢复国家渔业发展，执行法律，保护野生动物，指导研究，满足狩猎者和渔夫的需要
		美国艺术基金会（NEA）	作为独立机构并支持艺术和人文学科的发展
		总统健康与运动委员会	帮助美国年轻人提高身体素质，促进体育参与
		其他和健康、公共事业、教育、住房及城市发展相关的联邦机构如老人事务局、康复服务管理中心等	对其所辖的地区或特殊群体的游憩与休闲提供服务，开展相应的项目或建设

续表

政府级别	主要权限	主要涉及机构	具体职责
州政府	权限自由度较大，美国宪法规定其未授予也未禁止各州使用的权利均可由各州各自保留。此外，它还有制定相关标准或程序以及监管商业设施的权利	各州立游憩和公园部门	运营自己的公园网络系统（包括州立公园区域、游憩区域、自然区域、环境教育场所、科学区域及州立道路）和其他户外游憩资源，州政府还负责向它赞助的组织机构提供游憩服务指导，以及对在州的高等院校为游憩从业人员提供职业教育
		许多州政府还设有办事处或艺术资助委员	负责分配资金给创意和文化活动相关领域的非营利组织、表演团体或机构，如资助州博览会
郡（或特区公园游憩单位）	是州和地方政府机构合作的媒介，可以制定一定的法律，争取土地或通过其他方法保护露天场所	提供大量的公园和其他户外游憩资源，此外也可能资助对特殊群体的服务	
地方政府	通过州议会、特许途径或其他规则安排获得法律授权的休闲事务。根据各地方的具体情况，开展和提供游憩与公园设施和活动，满足大众最为广泛的游憩需求	地方游憩和公园部门：主要包括游憩部门和公园服务两部分，有的是独立的公园与游憩部门，有的还包括图书馆、援助机构及类似组织	组织安排活动：包括体育与竞赛、水上运动、户外亲近大自然活动、艺术和手工艺、表演艺术、特定服务、兴趣小组及其他游乐场和社区中心活动；赞助一些大规模事件如节日庆典、展览等；辅助其他社区机构的组织、宣传和计划活动；合并的社区服务部门具有公共事业职能，还负责图书馆、体育馆、海滩等公共管理；响应政府号召，有选择的实施收费制并多渠道筹资，在环境和营销方向努力
		诸如地方的警察局、福利部门、青少年理事会、公共住房部门、文化部门或理事会等政府机构	赞助一些与其使命相关的特定休闲服务，如公共住房部门负责住宅工程中的游憩中心

资料来源：Gary Cross. A Social History of leisure：Since 1600［M］. State College, Pennsy lvania：Venture Publishing, Inc, 1990；Foster Rhea Dullers. A History of Recreation—America Learns to Play（2nded.）［M］. New York：Apleton-Century-Crofts. 1965；〔美〕麦克林、赫德：《现代社会游憩与休闲》，罗杰斯、梁春媚译，中国旅游出版社，2010。

表 6-3 美国休闲和游憩领域的非营利组织

	主要类别	主要职责	组织例证
非营利组织	无宗派青年志愿者机构	以促进社会发展和培养好公民为目的，组织广泛的游憩活动项目。在全国各地拥有分支机构，在美国此类组织有成百上千个	美国童子军；美国女童子军；美国男孩女孩俱乐部；警察体育联盟；美国萤火队等
	宗派附属青少年和服务机构	一方面为自己的成员或教徒提供游憩活动以保证机构的有效运转；另一方面利用和其宗教信仰不相冲突的方式为社区或特定人群提供休闲活动，包括由地方教堂或犹太教堂支持的活动以及由教派支持的国家联邦机构提供活动，如：一些宗教指导下的游憩活动、为家庭准备的全年游憩活动、美术展和表演艺术、为不同年龄人群准备的同龄人活动、特殊兴趣和社会服务活动、体育活动等	基督教青年会（YMCA）；基督教女青年会（YWCA）；穆斯林青年团；天主教青年组织（CYO）；希伯来青年会（YM-YWHA）等
	保护与户外游憩机构	重点关注州和地方层面，在保护与户外游憩领域教育公众，并影响政府政策，有时会游说、研究和赞助会议与公共宣传，提出计划并直接行动	
	促进青少年体育和竞赛机构	包括关注职业比赛、高水平校际比赛，以及致力于纯业余体育和竞赛活动推广上的各种组织，帮助国家辅助进行青少年体育标准设定，推广高效的以价值为导向的教授方式	国家青少年体育联盟；积极教导法联盟；少年棒球联合会；美国篮球协会；美国网球协会等
	体育、户外游憩、旅行等特殊兴趣组织	因为某类特殊兴趣而建立，并积极推行和组织相关游憩活动的组织，或者教授户外领导技能	山脉俱乐部；阿巴拉契亚山脉俱乐部；美国国家户外领导学校等
	艺术委员会和文化机构	多是由团体组成的伞状机构，负责协调艺术方面的特殊兴趣小组，提供资源，赞助艺术展和演出，发行刊物，成立新的艺术团体，负责网络事件等	帕萨迪纳艺术委员会等

续表

	主要类别	主要职责	组织例证
非营利组织	同业和兄弟俱乐部	改善商业环境并对社会福利做贡献，宣传环境方面的问题，推广艺术和其他文化活动，或者针对女性、弱势儿童、青少年等群体服务	基瓦尼俱乐部；狮子联会；扶轮社；联邦妇女俱乐部等
	推广与协调机构	包括一些在旅行、旅游、娱乐和餐馆业、体育等方面的协调组织，其成员拥有同样的追求和生活重心，提供信息交换、研究、确定优先顺序，提交规划报告，技术支持，领导力培训，组织与游憩及休闲相关的服务	美国保龄球协会；户外游乐行业协会；国际游艺公园；游乐园协会等

资料来源：Gary Cross. A Social History of leisure：Since 1600 ［M］. State College，Pennsy lvania：Venture Publishing，Inc，1990；Foster Rhea Dullers．（1965）. A History of Recreation—America Learns to Play（2nded.）［M］. New York：Apleton-Century-Crofts；〔美〕麦克林、赫德：《现代社会游憩与休闲》，罗杰斯、梁春媚译，中国旅游出版社，2010。

（二）有条件转移支付制度

美国是一个典型的联邦制国家，由三级政府组成。与其政治体制相适应，美国的财政体制被称作财政联邦主义，是一种分权的财政体制。在这一体制下，三级政府依据美国宪法明确划分各自的事权。具体来说，联邦政府负责国防、外交、公共福利以及宏观经济管理等；州和地方政府则主要负责基本公共产品的提供，具体来说，州政府负责高等教育、公共工程、交通等，而地方政府则负责中小学教育、消防、警察等。由于实现分级财政体制，地方政府承担着主要的公共支出责任，不过缺乏相应的税收来源。但这一矛盾可以通过在政府间建立转移支付来进行协调解决，进而为公共服务均等化的实现提供保障。美国政府建立了一套严格的有条件转移支付制度，来保障公共服务均等化的实现，即通过建立以有条件补助为特征的财政转移支付模式，以满足包括健康、教育和福利等基本需求为基础的均等化政策意图。

这种有条件转移支付主要有两种形式，一种是专项补助，另一种是分类补助。专项补助是美国联邦政府运用时间最长的一种转移支付形式，也是联邦政府对地方和州政府补助的主要形式。据统计，20世纪90年代初，专项补助由联邦政府指定补助的用途并规定金额、期限和其他具体要求，州和地方政府不得挪作他用。美国联邦转移支付的首要目标是保证各个地区所提供的公共服务能够达到一定的水平和质量，而不仅仅是为了保证各个地区的需求。在实践中，这些专项补助主要是用于地方社区发展、住房、教育等公共服务领域，并且通过有关法律规章来保障这种专项补助的合理拨付和有效使用。专项补助中约有70%是以人口、人均收入或是财政收入作为衡量的标准，然后按照因素法来确定获得专项补助的州和地方政府。其他的专项补助大多是以计划项目为基础，需要者自行提出申请，由上级政府选择最可能成功的和最符合实际需要的项目进行资助。接受专项资助的州或地方政府需要按照指定的用途和方式使用专项资助资金，还必须向联邦主管部门提交关于各项补助计划执行情况的书面报告。

分类补助是美国实现公共服务均等化的另外一个重要实现机制。通常分类补助只规定某一类支出项目的补助总额，不规定具体用途和要求，由州和地方政府自行决定具体使用项目。分类补助还要向联邦主管部门提交有关补助款使用情况的书面报告，其资金也要根据国会提出的计算公式进行分配。分类补助其实也是一种有条件的转移支付，它弥补了专项补助支付范围狭窄、接受补助者自主性差的缺点，使得各个地区政府能够参与到分类补助的决策过程中来，并加强责任机制，使资金运用更有效率，从而促进了公共服务均等化目标的实现。虽然接受分类补助的州和地方政府可以在规定的范围内自行确定支出项目、制订计划和分配资源，但是要求项目的完成必须达到某一特定标准，否则不再进行分类补助。美国分类补助兴起于1981年，57个分类资助项目可以并入到9大类资助项目中，这9大项目分别是：健康（包括精神健康）、犯罪控制、社区发展、社会服务、就业培训、城市交通、贫困救助、妇幼照顾、基础教育。

美国十分重视对专项拨款的监督和管理，并且重视对专项拨款使用效果和资金使用效率的考察，主要表现在：一是美国设有专门的机构——拨款委员会，负责对专项拨款进行监督管理；二是美国对专项拨款的使用过程进行监督；三是美国对专项拨款项目的使用效果进行考察，由审计总署来进行绩效考核，并以此作为将来转移支付的参考依据；四是拟定《单一审计法案》，对转移支付资金进行严格审计，转移支付的审计由独立审计师或州政府和地方政府的独立审计师执行。

第四节　西方发达国家城镇公共休闲服务 供给的经验借鉴

一　政府、企业和志愿部门共同参与城镇公共休闲服务的供给

政府、企业以及志愿部门这三种机构的共性在于，都以提供有意义的休闲活动和项目、满足人们的休闲需求为主要目的，但是从组织性质、提供休闲项目的类型以及收费等方面来看，差异也十分明显。在发达国家，中央政府一般不会提供具体的休闲设施和休闲服务，而地方政府则是公共休闲设施最主要的提供者。但每个地方政府因其地理位置、规模或责任的不同，其提供的服务与设施也不尽相同，但是各地政府提供休闲设施的主要目的却相对一致，都是为了实现当地社区居民参与休闲和娱乐活动的最大化。同时政府也会制定、颁布调节性政策。在最近二十年中，企业在欧洲和美国快速发展，成为政府向大众提供公共服务的一种重要媒介，政府通过与企业建立合作关系，可以削减政府在公共服务领域的直接支出，企业在获得政府的大力支持后，能够为公众提供灵活多变，更具市场吸引力和创造性的公共休闲服务。此外，在公共休闲服务供给方面，志愿部门发挥着巨大的作用，被看作"休闲供给发展的血液"。志愿组织覆盖了休闲供给的各个领域，也吸引了众多参与者。以公共体育的发展为例，欧洲体育的一个重要特征即"草根模式"（Grass roots approach）。体育的发展起源于最基层的俱乐部，体育的传统与国家或商业无关。俱乐部为每一个人提供参与地方性的运动机会，以推动全民健身（sport for all）的理念，并借以培养出新一代的运动员。在俱乐部这个层次上，免费参与运动是特别重要的，并使欧洲体育的发展从中获益。俱乐部主要是业余性的并依靠志愿者运行。对于志愿者来说，体育是他们利用业余时间奉献社会的一种方式。在欧洲，大约有 54.5 万个这样的俱乐部。例如，在葡萄牙，约有 7 万个免费的教练和 4 万名义务的俱乐部委员。[①]

西方发达国家的公共休闲供给发展到今天，经历了很长时间的变迁、

----

① 魏来：《中国公共体育服务产品供给研究》，北京体育大学博士学位论文，2007。

改革与完善，并逐渐形成了相对成熟的公共休闲供给理念及体系。结合中国现阶段的发展特征，社会公共休闲不能主要依靠市场进行调节，而应该以政府的直接或间接投入为主，同时通过立法、制定政策等方式引导商业等私人组织以及志愿者机构积极参与到休闲服务的供给中，丰富休闲的多元提供。

二　侧重于大众休闲服务的供给

尽量让普通大众享有平等的休闲机会，是公共部门提供休闲服务的一个主要目的。从西方国家公共休闲服务供给的特点来看，西方国家非常重视利用财政杠杆促进大众享有平等的休闲参与机会，即越是面向大众的休闲服务，如城市公园和公共文化场所等向公众免费开放的休闲服务，政府的财政补贴越高，财政的支持力度也越大，以此来保证让普通人也享有最基本的休闲权力。地方政府作为公共休闲服务的主要提供者，极力通过各种方式来提供适合当地普通公民的公共休闲服务及设施，如城市公共绿地、市民公园、游憩中心、老年人或青少年休闲中心等。此外，从各国政府对体育领域的资助可以发现，越是面向公众的项目如公共公园和全民运动健身项目，政府的投入也越多，这也进一步说明平等地享有休闲机会是公共休闲供给的核心目标。

三　通过政策法规确保城镇公共休闲服务的供给

积极制定休闲发展规划与政策，强化立法保障，是各国政府公共休闲服务的基本内容之一。例如，在公共体育休闲发展领域，意大利根据国会1957年的法令，成立了专门以资助体育场馆、设施为主，进行体育投资的公共专业银行，称为"体育信贷所"；韩国的《国民体育振兴法》中规定："国家及地方自治团体应根据总统令设置运动场、体育馆、游泳场及其他总统令规定的体育设施，并经营和维修"；秘鲁《体育法》指出："在全国实施的所有居住地区和城市土地规划中，都必须留出用设公园的百分之五十的地方作为体育设施建设用地。在所有中小学、大学、军队、城市、居民区、娱乐园和其他类似设施建设中，都要考虑建筑体育设施。"[1] 此外，对

---

[1]　魏来：《中国公共体育服务产品供给研究》，北京体育大学博士学位论文，2007。

于休闲政策的制定与研究，必须把它放在一定的政治、经济和社会背景中去分析，不同经济体制、社会制度的国家所采取的休闲政策不同，同一个国家在不同历史时期也会对其休闲政策进行调整。[①] 但总体来说，休闲逐渐摆脱被长期弃置于边缘化和否定性的地位，通过立法及政策保障为休闲正名，重要性逐渐凸显。

四　整合建立全面负责城镇公共休闲的管理部门或机构

从全球范围来看，目前所有国家政府中都设有负责休闲事务的部门，尤其是西方发达国家。尽管其名称中不见得有"休闲"两个字，但随着社会休闲的不断进步与发展，休闲管理机构也在不断进行整合完善。以英国为例，在联邦政府层面，很早就设立了一些负责休闲事务管理的行政部门，并逐步增多，但是这些部门职责相对分散。随着休闲在社会经济生活中的作用不断提高，需要对原有的行政管理体系进行调整，将原来分散在不同部门的职能集中起来，建立一个能够全面负责休闲发展的管理机构。于是，1992 年，英国中央政府设立了第一个专门负责休闲的政府部门——国家遗产部，由其负责艺术、博物馆、图书馆、艺术展览馆、遗产、电影、体育、旅游、广播等与休闲有关的事务，借此将原来分散在不同部门的职能集中在一起。1997 年，将其更名为文化、媒体和体育部。

设置休闲管理的专门机构是时代发展的要求，但根据我国目前的行政管理体制，将所有与休闲有关的部门合并成一个并不太现实。因此，更为可行的办法是通过政策法规等途径加强体育、文化、旅游、城市规划等部门之间的沟通、联合与合作，建立协调机制，全面考虑整个社会的公共休闲需求。

本章小结

以英、美为首的西方发达国家，公共休闲服务供给的实践与理论先于我国，已经形成较为完善的城镇公共休闲服务供给系统。发展至今，西方

---

① 宋瑞：《英国休闲发展的公共管理及其启示》，《杭州师范学院学报》（社会科学版）2006年第 5 期，第 46~48 页。

国家主要形成了两种相对成熟的公共服务供给模式：一是以社会福利为主的欧洲模式，包括以法国和德国为代表的大陆欧洲模式和北欧福利国家模式；二是以英、美为典型代表的盎格鲁-撒克逊模式，特色是坚持公共服务的市场导向，实行公共服务供给的多元化。实践证明，以英、美为典型代表的这种公共服务供给模式将会是社会经济发展的必然趋势。他山之石可以攻玉！西方发达国家在城镇公共休闲服务发展中的成功经验值得我国借鉴，如强调政府、企业以及志愿部门共同参与公共休闲服务供给、侧重大众休闲服务的提供、通过政策立法保障公共休闲场所设施以及全面整合建立负责公共休闲的管理部门或机构等。我们坚信，通过借鉴英、美等发达国家在休闲政策制定、休闲行政管理机构设置以及公共休闲设施和服务供给等方面的经验，并结合我国休闲发展的实际情况，持续不断进行改革与实践，满足城镇公民不断增长的公共休闲服务需求也必将是一个可以企及的目标。

第七章 改善我国城镇公共休闲服务供给方式及促进城镇基本公共休闲服务均等化的基本思路

结合我国城镇公共休闲服务供给和基本公共休闲服务均等化的现实，借鉴国际经验，本研究就改善我国城镇公共休闲服务供给方式及促进城镇基本公共休闲服务均等化提出一些基本的思路。

第一节 基本原则及需要处理好的几种关系

一 基本原则

我国目前经济增长迅速，而不同阶层的收入差距却在加大，公共休闲服务供给及基本公共休闲服务均等化在平衡社会差距，体现社会公正公平方面有着重要的作用。公共休闲服务作为公共服务的重要组成部分，其均等化原则与我国公共服务均等化原则相对一致。基于前文的理论研究与实证分析，我们认为，我国公共休闲服务供给及基本公共休闲服务均等化应该主要遵循以下三个基本原则。

（一）循序渐进原则

公共休闲服务供给及基本公共休闲服务均等化是一个系统和全面的工程，不能一蹴而就，需要一个渐进而长期的过程。而且，公共休闲服务范围并不是一成不变的，它随着社会公共休闲需求和供给能力的改变呈现出动态的变化趋势。这就要求政府在提供公共休闲服务供给的过程中遵循循序渐进原则，分阶段确定均等化目标，有步骤有层次地不断提升社会成员的公共休闲服务水平。从理论上而言，一个国家或地区的发展，总会面临从非均衡到均衡这样一个过程：在早期的发展阶段，一般多少都会存在各种不同的问题，其中肯定也会包括不均衡的问题；随着经济的不断发展，当不均衡问题影响公平与效率时，政府一般都会采取各种措施，以促进经济的均衡化发展。

从国外经验来看，公共休闲服务均等化的各项制度安排，都是随着社会经济的发展与各项法律法规的完善，而逐步形成和健全的。如法国、德国等国家的均等化转移支付制度，都经历了较为漫长的时间才逐渐趋于成熟。就我国的具体情况来说，由于目前我国的经济发展水平还不高，因此公共休闲服务均等化的事业也不可能一蹴而就。究其原因，一是面临公共休闲资源的有限性（财力有限）的约束；二是考虑到居民承担公共休闲服务供给成本的能力和发达地区社会成员心理的承受能力；三是不同阶段社会公众对公共休闲服务的偏好存在差异。

根据本研究前面相关章节的分析可以看出，目前，我国的基本公共休闲服务供给与发达国家相比还存在较大的差距，财政供给相比而言是严重不足的。另外，我国城乡之间、地区之间公共休闲服务非均衡化的现象比较严重，即使在发达的东部地区，地区内各省的公共休闲服务非均等化程度也比较严重。因此，不管是从财政供给能力上讲，还是从目前中国整体的公共休闲服务均等化程度上讲，都决定了我国公共休闲服务均等化事业难以一蹴而就，而需要经过深入的科学研究，进行科学的改革与决策，遵循循序渐进的原则。

（二）重点突出原则

客观上看，对于一个国家而言，公共服务的每一个方面都不可或缺。义务教育、基础设施、医疗卫生、社会保障、休闲服务等都是非常重要的。其中，义务教育是居民进一步发展的基础，通过教育能够帮助居民获得更好的发展能力；社会保障是每个人基本生存和生活权利的保障，不可或缺；公共卫生，与居民的健康密切相关，为提高居民的身体素质提供基础的保障；基础设施，则是居民生产和生活的基础，难以缺少。因此，对于政府而言，需要提供的公共服务有很多方面，但政府的财政能力是有限的，这就需要政府的决策部门审时度势，把握发展大局，将一个地区或国家的长远发展战略与短期发展战略结合考虑，在变化复杂的宏观背景下，有选择性地重点支持实施一些公共服务均等化项目。

从现实情况来看，由于财力所限，每一项具体的公共服务项目在实施过程中，不可能做到齐头并进，因此必须按照实际的需求情况，结合地区间和城乡发展的实情，制定发展战略，做到有重点有步骤，分类分项目以逐步实现公共服务均等化。与义务教育、基础设施、医疗卫生、社会保障等公共服务相比，公共休闲服务显得越来越重要，与城镇居民日常生活的关系也越来越密切，受政府的关注程度也会越来越高。就公共休闲服务供给与基本公共休闲服务均等化的情况而言，也应该突出重点，针对不同的发展阶段和经济状况，认真规划、科学研究，结合实情，从战略高度和战术决策层面，做到尽力而为、保障重点，同时也要循序渐进，稳步推进。

（三）制度保障原则

公共休闲服务供给及基本公共休闲服务均等化目标的实现需要强有力的制度保障。公共休闲服务供给及基本公共休闲服务均等化是一项复杂的系统工程，牵涉到财权与事权的合理分配、转移支付的科学设计与实施、监督管理机制的建立、实施效果的绩效评估等众多内容。发达国家的经验表明，完善的制度体系是实现公共休闲服务均等化的重要前提条件。比如德国设立《基本法》对各级政府的公共服务责任作了原则性的划分，为包括公共休闲服务在内的公共服务均等化的实现提供了基础性的保障。同时，设立《财政平衡法》来保证横向转移支付与纵向转移支付的实施。

英国设立了一套完善的转移支付制度，包括无条件的均等化转移支付制度、对转移支付设有下限和上限的规定、在转移支付中引入中介机构等，以保证包括公共休闲服务在内的公共服务均等化的实现。美国对专项拨款的监督与管理建立了一套完善的制度，包括设立专门的机构——拨款委员会来负责对专项拨款的监督管理、对专项拨款的使用过程进行监督、对专项拨款项目的使用效果进行绩效考核、设立《单一审计法案》来对转移支付资金进行严格审计。

完善而科学的制度不仅能够为公共休闲服务均等化的实践提供指导，更为重要的是，为公共休闲服务均等化的具体实施提供法律支持和制度保障，使得各级政府在实施公共休闲服务均等化的政策时，如资金拨付、资金使用、预算公开等方面有了法律依据，减少各自为政、擅作主张、查无依据等现象发生。目前，我国虽然也设立有一系列的法制法规为公共休闲服务的供给提供保障，但在促进公共休闲服务均等化方面，还缺少完善科学的实施制度。所以，城镇政府在未来公共休闲服务均等化的实践工作中，应该坚持制度保障的原则，把建立制度、完善制度、使制度科学化、制度规范化作为一项长期的工作常抓不懈。

二　需要处理好的几种关系

在改善我国城镇公共休闲服务供给方式及促进城镇基本公共休闲服务均等化方面，还需要处理好几种关系。

（一）公共休闲服务供给及均等化水平与服务型政府职能的关系

服务型政府的服务体系与公共休闲服务均等化是"内容和形式""整体和部分""共性和个性"的关系，厘清公共休闲服务均等化与服务型政府的服务体系建设的关系，有助于研究公共休闲服务均等化视角下建设服务型政府服务体系的路径问题。

"内容和形式"的关系，即服务型政府的包括公共休闲服务在内的公共服务体系是服务型政府的核心"内容"，而公共休闲服务均等化是服务型政府的表现"形式"。公共服务体系建设，既是服务型政府的核心职能，也是服务型政府的公共责任。建设服务型政府的服务体系，本身就要求政府要在教育、医疗卫生以及休闲等各领域实现公共服务均等化。建设服务型政府，其表现形式之一，就是实现公共服务均等化，即城乡公共服务供给"均等化"和行业公共服务供给"均等化"。因此，公共服务均等化成为建设服务型政府的表现形式，而均等化的公共服务体系则成为服务型政府的核心内容。两者有机统一于服务型政府的建设规划上，是"形式和内容"的辩证关系。

服务型政府的服务体系与公共休闲服务均等化，两者之间的关系表现之二就是"整体和部分"的关系。马克思主义哲学认为，事物由整体和部分组成，整体决定部分，部分反作用于整体。所谓"一着不慎，满盘皆输"，讲的就是"部分"和"整体"之间的相互影响关系。公共休闲服务均等化是服务型政府的"部分"建设指标。没有公共休闲服务均等化的"部分"作用，服务型政府也很难实现"整体"上建构。公共休闲服务均等化成为建设服务型政府的"部分"价值诉求，而服务体系则成为服务型政府的"整体"价值目标，两者有机统一于服务型政府的建设目标定位上，是"部分和整体"的辩证关系。

辩证唯物主义认为，矛盾具有共性和个性，共性是指矛盾的普遍性，个性是指矛盾的特殊性，共性寓于个性之中，个性又受共性的制约。服务型政府的服务体系是服务型政府对于提升政府公共休闲服务质量的"共性要求"，而公共休闲服务均等化是服务型政府对于提升政府公共服务质量在区域差异、阶层差异方面的"个性要求"。公共休闲服务均等化的"个性"，是服务型政府从解决区域、行业公共休闲服务供给非均等化问题入手，所提出来的一个建构服务型政府的路径选择。解剖公共休闲服务均等化的服务型政府建设路径的"个性"或"特殊性"，可以提炼出服务型政府建设路径的"共性"或"普遍性"，即服务型政府的服务体系。两者有机统一于服务型政府建设路径选择上，是"个性和共性"的辩证关系。

（二）公共休闲服务供给及均等化水平与公平效率的关系

现阶段公共休闲服务水平在区域间、阶层间呈扩大趋势，不仅影响了社会公平正义，也在一定程度上制约了落后地区社会休闲的发展。因此，推进公共休闲服务均等化既可以使城乡之间、发达地区和落后地区之间共享成果从而彰显社会公平，同时可以为落后地区实现快速发展、缩小地区差距提供支持进而体现发展效率。

公共休闲服务自身便包含了公平的理念。公共休闲服务均等化是以基本公共休闲服务非均等化为现实基础的，现阶段无论是城乡之间，还是发达地区和落后地区之间，由于经济发展水平、休闲发展理念等不同，致使公共休闲服务供给水平差距明显，而这与公共服务本身所包含的公平理念相悖。公共休闲服务均等化就是指通过设计安排合理的基本公共休闲服务供给制度，逐步缩小区域间的差距，最终保障每个居民都能享受到差别不大的基本公共休闲服务，能够惠及所有社会成员。因此，公共休闲服务均等化就是践行公平理念的过程。

公共休闲服务均等化的效率体现在两个方面。一是公共休闲资源配置的帕累托改进。帕累托改进是福利经济学的一个重要概念，指在某种经济状况下如果可以通过适当的制度安排或交换，至少能够提高一部分人的福利或满足程度而不会降低所有其他人的福利或满足程度。通过帕累托改进达到均衡的帕累托最优状态被认为是有效率的。公共休闲服务供给的均等化本质上以保护个人最基本的休闲权利为目标，将全社会公共休闲资源在各区域之间、城乡之间进行科学合理配置的过程。在这个过程中，欠发达地区的基本公共休闲服务水平会得到提高，同时发达地区的公共休闲供给水平也并不会因此而有所降低，公共休闲服务均等化是一个正和博弈。二是通过均等化进程，可以缩小区域间公共休闲服务水平的差距。从推动区域休闲发展的动力来看，资本、市场、政府投入等要素的支持与投入决定了一个地区公共休闲的水平与质量。对于休闲发展稍落后的城镇而言，要想加快公共休闲服务的发展水平，必须加大政府的支持力度以及社会公众等的参与度。因此，推进区域间的基本公共休闲服务的均等化水平，逐步缩小与发达地区间在服务供给水平上存在的差距，有利于打造良好的社会环境，对于欠发达城镇而言具有积极意义。

（三）公共休闲服务供给及均等化水平与社会发展的关系

孔子曰："有国有家者，不患寡而患不均，不患贫而患不安。"除了休闲之外，教育、科技、文化、医疗、社会保障等各类公共产品和服务，是一种公共资源，也是一种社会财富，与人民群众的日常生活、与社会的稳定与发展息息相关。"社会发展的基础是实现人的基本权利，公共服务的目标就是实现每一个公民的基本权利，因而，公共服务是社会发展的基础。"公共资源分配得不均衡，必然导致社会不公平，加剧人民不满与不安心理，为社会带来不和谐因素。[①] 当前，我国经济发展与社会发展不协调，区域、城乡发展不平衡，基本公共休闲服务供给不足，并且供给呈现非均等状态，这些已经成为全面建成小康社会，促进社会协调发展的重要制约因素。公共休闲服务的差距问题若不及时妥善解决，难免会像孔子所警示的由不均导致不安，影响我国构建和谐社会与全面建成小康社会的进程。

和谐社会是人类社会发展的美好追求，因此构建社会主义和谐社会，

---

① 李军鹏：《公共服务学——政府公共服务的理论与实践》，国家行政学院出版社，2007。

离不开公共事业的完善与发展。在构建社会主义和谐社会的时代背景下，公共休闲事业的发展，理应调整自己的目标定位，向着更加和谐的方向发展。

第二节　改善我国城镇公共休闲服务供给方式及促进城镇基本公共休闲服务均等化的基本思路

基于以上原则和几种基本关系，结合我国城镇公共休闲服务供给的现实，为进一步改善我国城镇公共休闲服务供给方式及促进城镇基本公共休闲服务均等化本研究提出以下思路。

一　构建休闲服务供给法律机制，通过宪法确立公民休闲权的合法性

发达国家休闲的发展是以其雄厚的经济基础、完善的社会福利、特有的消费观念和消费方式为前提。而在人口、就业、环境等问题比较复杂的中国，公共休闲的兴起除了经济发展的内在动力以外，服务型政府宏观政策的推动起到了关键性的作用。如社会保障制度的完善、带薪休假制度的实施、公共休闲和体育设施的建设以及对非营利组织的扶持和培育等相关政策的制订和完善。[①]

在我国，城镇化进程逐步加快，而在影响城镇公共休闲服务供给不足的主要原因中，观念和发展理念的滞后远胜于财力的不足。我们认为，能否真正解决城镇公共休闲服务供给问题在很大程度上取决于政府的供给意愿，即政府能否真正认识到休闲对于社会发展的积极意义和深远影响。1948年《世界人权宣言》规定"所有人都拥有休闲的权利"，"休闲权"成为人权中的一项基本生活权利。休闲权利的享有本质上是要求国家或相关政府部门提供与社会发展相适应的休闲资源，并通过相应的政策保障广大国民能够平等地享受到这些休闲资源。但是，目前休闲权利还只是道德和理论

---

① 朱寒笑、苗大培：《公共服务型政府的打造与体育休闲政策的导向》，《北京体育大学学报》2008 年第 10 期，第 1309~1311 页。

上的应有权利，并未纳入我国法律体系中，这也是我国政府和民众休闲观念落后、休闲意识薄弱的关键所在。通过宪法确立公民休闲权利的合法性，进而完善围绕公共休闲服务供给的相应法律法规，以法制化途径对公共休闲服务供给形成强制和规范，明确划分中央、地方、基层各自承担的事权，并注重完善制度运行中的监督和约束机制，订立责权明确的规章制度，才能从根本上解决地方政府的休闲意识和供给意愿问题。

二　尽快设立统一的管理机构，全面负责公共休闲事务

从全球范围来看，在国家政府中设立负责休闲事务的部门已成为一个普遍的现象，如美国的娱乐和公园管理部、英国的国家遗产部等。中央层面的休闲事务部门成立了，相应地，城镇休闲事务部门也就"上行下效"了。中央和城镇的这些管理部门的功能主要有：规划、采购、开发和维护公园用地以及建设娱乐场所和设施；为团体和个人的特殊休闲需求提供服务；提供具体的休闲技能教育；举办特殊的社区休闲活动和庆典；持续举办社会、文化和田径赛事等。作为负责休闲的专门部门（尽管其名称中不一定有"休闲"二字），在国家和城镇休闲发展方向、政策措施、法规制定等方面发挥着重要作用。目前，我国中央和城镇地方还都没有建立起专门的政府机构对休闲服务进行统一管理、规划，相关的行政职能零星分散于各个政府部门。随着人们休闲需求的快速增长、休闲产业的蓬勃发展以及各种休闲组织的相继建立，建立统一的休闲管理机构已迫在眉睫。考虑到我国现行的行政管理体制，在短时间内单独成立休闲管理机构困难较大，可以在中央和城镇地方先成立一个专门负责休闲事务的中间政府机构过渡，主要职责是加强体育、文化、广播电视、城市建设等其他部门之间的沟通、团结和合作，建立一种协调机制，全面负责公共休闲服务。

三　调整政府职能，鼓励和支持非营利休闲服务机构的发展

选择多样化、混合式的公共服务供给方式是人类社会运行的理性选择，是我国社会发展的必然要求。[①] 在我国城镇公共休闲服务供给方面，市场可以依照人们的休闲需要，开发出大量的休闲产品和服务；政府肩负

---

① 吴美香：《公共服务供给方式研究》，厦门大学硕士学位论文，2008。

向民众提供具有公共属性的休闲资源和产品的职能，以保障低收入人群和弱势群体享受到商业机构不愿意提供的基本休闲产品和服务。志愿组织或慈善机构等非营利机构作为对市场和政府力量的补充，为社会捐建公园、图书馆、博物馆等，还可以兴建运动俱乐部或协会为其成员服务。相比英、美等西方国家，我国城镇商业供给的休闲业态已接近发达国家水平，而在休闲供给方面欠缺的主要是非营利组织在休闲供给和管理上的作用。[①] 目前，我国城镇公共休闲服务需求增长迅速和政府财力有限的矛盾十分突出。为解决这一矛盾，今后应在保证政府供给的基础上，逐步取消政府在文化、体育、媒体等方面对非营利机构的较多管制，放宽非政府主体的准入门槛，充分发挥私人部门和非营利组织在公共休闲服务供给中的作用，从而构建城镇公共休闲服务的市场、志愿和混合供给的多元供给格局。

四 坚持政府主导，合理引入市场机制

经济学的经典理论认为，由于公共产品和服务所具有的非排斥性、非竞争性、外溢性、显著的规模经济效应等属性，市场机制不能实现充分有效的供给，因此，应由政府通过征收税收实现公共服务的强制性供给。然而，公共选择理论和经济自由主义则指出：由于有限信息、官僚主义、软预算约束、垄断、多数人暴政等问题的存在，也可能导致政府失灵现象的发生。由于公共服务自身的复杂多样性，到目前为止，关于如何实现政府和市场在公共服务供给中的有效结合，并没有形成一个放之四海而皆准的成熟模式。西方发达国家在公共休闲服务均等化的实施过程中，考虑到市场因素，进行了有步骤的市场化改革，在公共休闲服务的供给模式上，在坚持以"政府主导"和"政府主体"的基本原则的基础上，适度的引入竞争机制，放宽市场准入，打破垄断，收到了良好的效果。

显然，在城镇公共休闲服务供给中合理引入市场机制，有助于拓宽公共休闲服务供给的渠道、增加公共休闲服务供给的能力，提高供给效率。然而，不管是从发达国家的实践经验来看，还是从我国城镇目前的

---

① 徐菊凤：《英国休闲及休闲政策发展历程：经验与启迪》，《中国休闲研究学术报告》，旅游教育出版社，2009。

现状来看，由于公共休闲服务在消费需求上存在非竞争性和非排他性，且公共休闲服务均等化对于社会发展和个人发展存在着正的外部性，事关国民福利的提高和社会的和谐稳定，因此，在相当长一段时期内，我国城镇公共休闲服务供给仍需要坚持政府主导、政府负责的原则。同时，逐步建立基本公共休闲服务的多元参与机制，从而鼓励和引导社会力量以多种方式参与或提供基本公共休闲服务，以提高基本公共休闲服务的供给效率。

五　优化财政制度，保障政府公共休闲服务供给的资金投入

目前，我国政府在公共休闲服务相关领域的财政支出的比重仍较低，资金不足是造成城镇公共休闲服务供给不足的最大障碍之一。财政支持是提升城镇公共休闲服务供给水平的有效保障，不断优化财政制度，改进和完善财政分配体系，扩大政府在公共休闲服务方面的资金来源，保证政府对公共休闲服务的资金投入，才能从根本上解决城镇公共休闲服务供给不足的现状。因此，应进一步加大城镇公共休闲服务供给的财政预算，完善中央与地方间的财政关系体制，充分利用政府资产的同时，采取多样化的融资途径，为城镇公共休闲服务供给提供充足的资金保障。在公共休闲服务水平较差的城镇地区，应在具体政策措施上给以倾斜，尽快设计政府间转移支付制度，缩小区域间经济实力的差距，保障政府在公共休闲服务的财政投入能力。同时，鼓励东部公共休闲服务发达省份的城镇采取对口定向支援等形式，加大公共休闲资源向中西部不发达地区城镇的倾斜力度，逐步缩小区域间公共休闲供给的不均衡，促进我国及各区域城镇基本公共休闲服务供给水平的不断提高。

六　加大对休闲教育和研究的资助，确保对政府休闲发展决策的智力支持

国外休闲服务、休闲管理、休闲教育和休闲研究的蓬勃发展与众多高校的休闲专业、休闲研究机构的重要贡献直接相关。20世纪三四十年代，美国和西方的许多国家的高等学校就已经开设了与休闲相关的专业，不仅大量培养从事休闲工作的本科生，而且能够培养硕士生、博士生，在休闲

理论研究方面也做出了重要贡献。① 与此同时，大量国家或城镇地方的休闲研究机构开始出现，这些机构有的主要从事休闲研究、教育和培训，有的则是以服务业界、促进行业内交流为目的。如美国休闲和娱乐协会（American Association for Leisure and Recreation）、加拿大休闲研究协会（Canadian Association for Leisure Studies）、澳大利亚和新西兰休闲研究协会（Australian and New Zealand Association for Leisure Studies）等。此外，还出版了众多以休闲为研究内容的学术刊物，如英国出版的《休闲研究》（Leisure Studies）、美国出版的《休闲研究期刊》（Journal of Leisure Research）、澳大利亚出版的《休闲研究年刊》（Annals of Leisure Research）等。而目前，我国国内还没有在高等院校中设立专门的休闲专业，没有设立国家级的休闲研究机构，也没有专业休闲研究杂志；政府在宏观休闲政策、社会休闲趋势、城市非营利性休闲空间建设、大众休闲诉求等方面均缺乏有力的理论支撑。所以，要提高休闲服务供给的能力，高校休闲专业的设立、专业的研究机构和学术成果十分必要。政府应该重视并加大对休闲教育、休闲研究学术团体的支持和资助力度，鼓励高校设立休闲相关学科和专业，鼓励中央和地方政府成立专业的休闲研究机构，确保教育和研究成果能较大程度地为政府供给休闲服务、发展休闲产业、制定休闲政策提供智力支持。

七　坚持制度改革，科学分配财权与事权

发达国家的经验表明，科学分配财权与事权，并通过建立一套与之相应的制度加以保障，包括城镇在内的公共服务均等化才能够较为顺利地得以实施。在发达国家，中央和地方之间，一般事权多在地方政府，而财权有的是集中在中央政府，通过转移支付的形式转移给地方政府使之与相应的财权相匹配；也有的直接将与事权相匹配的财权划分给地方政府，通过严格的监管来保障地方政府按照中央政府的蓝图规划来使用财权，实现事权。

新中国建立以来，我国的政府职能已经历了两次大的转变：第一次是从改革前以政治职能为核心的"全能型政府"转变为以经济建设为重心

---

① 程遂营：《北美休闲研究——学术思想的视角》，社会科学文献出版社，2009。

"经济建设型政府"。20世纪80年代中期以后，在教育、医疗等公共服务领域推行的市场化取向的改革，淡化了政府在公共服务供给中的责任，导致私人物品丰富了，但公共物品短缺了的现象。由此，也积累了一定的社会风险和矛盾，出现了社会公共事业发展落后于经济发展，包括城镇的公共休闲服务在内的公共服务水平的地区失衡和城乡失衡等现象。这些社会风险和矛盾要求政府职能实现从重经济建设到重公共服务的再次转变。

第二次政府职能的转变，是从当前以经济建设为重心的"经济建设型政府"转变为以社会职能为核心的"公共服务型政府"。第二次政府职能转变始自20世纪90年代末期"建设服务型政府"目标的提出，到目前为止尚远未转变到位。这次从"经济建设型政府"到"公共服务型政府"的转变将面临更多的障碍：一方面，新公共管理运动的兴起和西方福利国家的大转型使我国理论界对公共服务供给中政府角色定位一直广有争议；另一方面，这次转型将面临更多的历史使命，不仅要实现经济和社会的协调发展，实现国家和国民的共富，还要实现政府的良治，而政府的良治是关键中的关键。"经济建设型政府"不仅推动了经济发展，也使政府（尤其是地方政府及官员）拥有了大量的资源配置权，并由此催生了与政府有关的各种利益集团以及政治精英与经济精英的利益结盟，要彻底改变这种状态必将面临利益集团的阻碍，这将直接增加政府职能转变的难度。

我国现行中央与地方关系的框架基本上是在1994年分税制体制基础上形成的，中央和省级之间的职责虽然作了一定划分，但事权划分并不合理且过于原则，基础教育、医疗、基本生活保障、休闲服务等大部分基本公共服务都作为地方社会事业发展而划归为地方政府的职责，而地方各级政府之间更缺乏明确、规范的事权划分。对此，应通过立法进一步划清各级政府的事权，将政府公共服务方面的职责在各级政府之间合理划分，并以法律形式固定下来。在职责分工方面，应适当提高中央财政对文化、体育、艺术等公共休闲服务的负担比重。在事权划分的基础之上，按照财力和事权相匹配的原则适当调整和规范中央和地方的收入划分，以保证各级政府（尤其是层级较低的政府）有行使职责的财力。

八　强化支出监管，完善监督评估机制

相对于资金的科学分配，转移支付资金的使用可能是更为关键的一环，

城镇公共休闲服务均等化目标是否实现最终取决于资金的实际使用效果。我国政府间转移支付存在的一个普遍问题是重视资金的分配，而忽视资金使用的监督与管理。这导致的直接后果是转移支付资金的使用偏离原来的设计目标，使用效率不高，尤其是专项转移支付，时常发生资金被挪用、挤占的现象。对此，关键是要加强对资金使用的监督与管理以及对资金使用绩效的评价。

对转移支付资金的监督可以从三个方面着手：一是强化各级地方人大及其常委对预算的实质监督，以监督地方政府是否将转移支付资金纳入预算并按规定用途使用；二是通过财政、审计部门或在财政部设立类似转移支付局的机构，负责转移支付资金的日常监管，尤其是要加强对相对分散且存在多头管理的专项转移支付项目的协调、整合；三是加强公众和社会监督。加强公众和社会监督需要以转移支付透明度的提高为前提，为此，中央政府应通过公开发行的出版物、相关网站等途径，公开各类转移支付的政策目标、分配方法、分配标准、分配结果等相关数据和信息，以便公众和各类相关组织对资金的使用进行监督，形成较为有效的社会监督。

在加强对转移支付资金监管的同时，还需建立转移支付资金的绩效评估制度。转移支付的绩效评价是公共支出绩效评价的重要组成部分，在我国公共绩效评价存在制度缺失的背景下，转移支付绩效评价也没有制度化的规定，因此，有必要建立转移支付的绩效评价制度。通过设计一些量化指标，结合转移支付的政策目标、各地资金使用的基础数据以及国家机关和社会监督的结果对转移支付资金绩效进行综合评价，并以评价结果为基础建立奖惩机制，以促进地方政府及相关主体按规定用途使用转移支付资金，落实中央政策意图，提高资金使用效率。最后，应该加强转移支付的科学规划，引入定量分析，选择科学、规范的分配方法，保证转移支付制度客观、公正。

本章小结

城镇公共休闲服务的供给及均等化均存在较多问题，为改善我国城镇的休闲供给现状，提高社会休闲化水平，更好地迎接休闲时代的到来，我们亟须厘清提升我国城镇公共休闲服务供给水平、改善非均等化现状的发展思路。首先，在宏观上，政府应该秉承循序渐进、重点突出以及制度保障的服务原则，明确公共休闲服务的供给主体及供给模式。其次，要处理好公共休闲服务供给及均等化水平与服务型政府职能之间的关系、与公平和效率之间的关系以及与社会发展之间的关系，为社会整体公共休闲服务水平的提高奠定思想及理论基础。最后，在具体操作层面，政府应以职能的调整升级为契机，在引入市场机制的同时，鼓励和支持非营利休闲服务机构的充分发展，并加强监督职能的建设。此外，我国中央和城镇地方政府应设置专门的公共休闲服务管理机构，在政策、资源、资金、设施和活动等方面协调、解决跨部门的公共休闲服务供给以及基本公共休闲服务均等化问题。唯其如此，才能不断满足城镇居民持续增长的公共休闲服务需求。

第八章 建立有中国特色城镇公共休闲服务供给体系及促进城镇基本公共休闲服务均等化的对策

从国际经验和国内城镇休闲发展的实践来看，建立完善的城镇公共休闲服务供给体系并促进城镇基本公共休闲服务均等化需要经历一个复杂、长期的过程。而随着我国经济的持续发展、城镇化进程的加快，以及城镇居民休闲和健康意识的不断增强，城镇居民对公共休闲服务供给和基本公共休闲服务均等化的诉求将越来越强烈。因此，城镇政府、休闲企业和非政府休闲组织共同努力，多措并举，建立有中国特色的城镇公共休闲服务供给体系，不断促进城镇基本公共休闲服务均等化，促进城镇社会和谐健康发展，不仅是城镇居民的美好愿望，也是城镇发展的必由之路。基于此，本研究尝试从城市公园、公共文化、公共体育、社区公共休闲、休闲商业街区、滨水区休闲等涉及城镇公共休闲服务供给和基本公共休闲服务均等化的核心要素方面展开探讨，发现问题、提出对策，试图为建立具有中国特色的城镇公共休闲服务供给体系、促进城镇基本公共休闲服务均等化发展提供必要的理论支持。

第一节 城市公园休闲服务体系的构建

城市公园是城市公共休闲服务供给的核心资源，也是居民休闲活动的核心空间。随着我国经济快速发展和城市化进程的加快，城市公园在城市居民休闲生活中扮演着越来越重要的角色，发挥着越来越多样化的作用。美国"风景园林之父"——奥姆斯特德曾经说过："在这里，人们能够融合在一起，无论是穷人还是富人，老人还是孩子，每个人的存在都增加了其他所有人的快乐。"城市公园不仅是人们与绿色自然接触最直接的城市绿地，同时也是城市居民进行休闲游憩活动的主要场所，是人与人沟通交往的平台。同时，也承担着城市文化建设以及精神文明传播等重要责任。

一　城市公园的利用及其主要问题

在本研究的第三章和第四章中，已经就不同省域和七座典型城市包括城市公园在内的休闲空间进行了对比分析。与此同时，本研究还专门对河南省内城市公园及其利用情况作了调查分析，并发展了存在的一些问题。

（一）城市公园公共休闲服务供给现状调查——以河南省为例

城市公园的数量及其分布只是问题的一个方面，在城市居民的实际生活中，城市公园到底扮演了怎样的角色？在具体使用城市公园中究竟还存在哪些突出问题？则是问题的关键所在。为此，2016 年 5 月至 9 月，本研究课题组分 18 批次，对河南省 18 个地级市（郑州、开封、洛阳、平顶山、安阳、鹤壁、新乡、焦作、濮阳、许昌、漯河、三门峡、周口、商丘、驻马店、信阳、济源、南阳）城市公园使用情况进行了问卷调查，每个地市发放 100 份问卷，前后共发放 1800 份问卷，收回 1600 份，问卷有效率达到 85%以上。通过对问卷进行分析，发现以下几个方面的特征（见表 8-1）。

表 8-1　河南省城市公园使用情况调查分析

指标		频率	百分比（%）	有效百分比（%）
性别	男	377	43.3	43.4
	女	491	56.4	56.6
年龄	18 岁以下	140	16.1	16.1
	18~34 岁	368	42.3	42.4
	35~44 岁	187	21.5	21.6
	45~59 岁	110	12.6	12.7
	60 岁及以上	62	7.1	7.2

续表

指标		频率	百分比（%）	有效百分比（%）
学历	初中及以下	208	23.9	24.3
	高中/中专/技校	316	36.3	36.9
	大学本/专科	309	35.5	36.1
	硕士及以上	23	2.6	2.7
职业	企事业单位	103	11.8	12.0
	专业技术人员	83	9.5	9.7
	商业/服务业人员	121	13.9	14.1
	农业等生产人员	64	7.4	7.4
	军人	10	1.1	1.2
	学生	294	33.8	34.2
	其他从业人员	185	21.3	21.5
地区	市区内	481	55.3	55.9
	周边县市	158	18.2	18.4
	周边村镇	161	18.5	18.7
	省内其他地区	38	4.4	4.4
	省外	22	2.5	2.6
游憩时间	小于1小时	83	9.5	9.6
	1~2小时	418	48.0	48.2
	2~4小时	301	34.6	34.7
	4~6小时	56	6.4	6.5
	大于6小时	8	0.9	0.9
交通工具	公交地铁	217	24.9	25.1
	私家汽车	97	11.1	11.2
	摩托	86	9.9	9.9
	电动车、自行车	239	27.5	27.6
	步行	206	23.7	23.8
	其他	21	2.4	2.4

资料来源：根据调查数据整理。

从性别上看，河南城市公园使用者整体上女性多于男性，但 60 岁及以上人群中的男性要多于女性；女性使用公园的频次要高于男性，并且倾向于长时间的使用；男性更多选择独自出游，女性更愿意与他人同游；男性比女性更喜欢体育健身，女性比男性更愿意选择观赏风景和体验游乐设施。

从年龄上看，河南城市公园使用者的年龄分布不均衡：18～34 岁人群的使用频次较低，45 岁以上人群使用频次较高；18 岁以下人群多在周末使用，18～34 岁人群多在长假期使用，45 岁以上人群多选择清晨使用；34 岁以下人群更多选择与朋友和家人使用，35～44 岁人群更多选择与同事和家人同游，45 岁以上人群更愿意选择独自使用；60 岁及以上人群更愿意选择散步和体育健身，44 岁以下人群更多选择观赏风景，34 岁以下人群更愿意选择体验游乐设施，18 岁以下人群更愿意选择野餐活动。

从学历上看，在河南城市公园的使用者中，高中及以上的学历所占比例较大；高学历人群出游频次偏低；初中及以下学历人群选择晨练时间较多，高学历人群选择黄金假期出游者较多。

从职业上看，各类职业的使用者均有分布。学生群体使用时间的选择朝向长时与短时两个极端；不同职业者对游憩活动的选择差异性较小。

从地域上看，市区内的使用者较多，省外的旅游者较少。市区内的使用者多选择步行，市区外的使用者多选择私家车。市区内的使用者游园频次较高，多为每天或每周一次，而市区外的旅游者多为每半月甚或更长时间游园一次。

从时间上看，河南城市公园的使用者的休闲时间比较集中，主要选择周末和长假期，整体的出游频次较低。使用花费时间一般不长，多数人花费时间为 1～2 个小时，高于 4 小时者较少。

从出游方式上看，河南城市公园的使用者多选择与朋友或家人同游，交通方式呈现多样化的特点，但大多数人倾向于选择公交或地铁。

从活动上看，使用者的休闲活动比较丰富，最受青睐的是散步和观赏风景，其次是体育健身和体验游乐设施，再次是静坐和唱歌跳舞。

从空间与设施上看，河南城市公园的休闲空间与配套设施建设存在一定不足，游憩者对茶馆（咖啡厅）、健身馆（养生馆）、图书馆（书吧）、餐厅、文化宫、旅游信息服务中心等多有期待。公园中大多建有并不完善的康体娱乐设施，使用者期待增建体操器械、羽毛球馆、健身步道、网球场等。

从整体评价上看，使用者对河南城市公园的整体评价较好，对"开放度""管理服务水平""安全度"和"知名度"的评分皆在8分以上，而对公园"美丽度"的评价最低（见表8-2）。

表8-2　河南省城市公园评价指标统计值

	知名度	开放度	安全度	美丽度	管理服务水平
均值	7.67	8.40	7.60	7.61	7.19
N	861	864	860	866	858
标准差	2.282	1.921	2.056	2.013	2.250

资料来源：根据调查数据整理。

（二）城市公园在公共休闲服务供给中存在的问题

通过调查，我们可以看出在现阶段，河南城市公园普遍存在的突出问题有：卫生环境、文化氛围和治安环境亟须改善；游憩空间的功能分区不明显，休息空间与娱乐设施不足；停车场和租借自行车的便利性不够；道路、景观的标识（提示）牌需改善；无线网络设施、无障碍设施、餐饮服务设施需改进；民俗景观、动物景观、建筑景观和山石景观需进一步美化；休闲娱乐活动的可参与性需要提高等。具体来说，主要涉及以下几个方面。

1. 部分城市公园设计脱离群众实际需求

在新兴城市公园的设计与建造过程中，部分城市对公园的选址、尺度、设施和服务，公园同公共服务设施的衔接、同市民公共休闲需求匹配等多个方面缺乏全面考量，设计的过程并没有实现真正意义上的公众参与，设计师往往以自我为中心，致使公园设计在一定程度上脱离群众的需求，难免产生与设计意图相悖的使用行为。美国学者阿尔伯特·J.拉特利奇在《大众行为与公园设计》一书中曾说到一个最典型的例子：在某公园的入口处，设计者设计了一组照明灯具，其外形与垃圾箱相似，从而导致大多数使用者仅凭第一印象，就将废弃物往其半圆形开口里扔，这与设计师的设计初衷是直接背离的。

在我国城市公园中也有不少类似的设计，最终导致与设计初衷相悖的效应。比如，我国许多城市公园在设计中没有充分考虑人们休息、对话空间的设置，导致人们在外部环境中找不到合适的场所坐下休息或对话。许多城市中心公园的规划设计，大都充斥着简单化的功能空间，过于追求形式的"美"，主要向游人展示精心设计的园林景观，使免费公园更像一个城市绿化带，而忽视了儿童、青少年以及老年人等不同群体使用者的差异化需求，忽视了游人听觉、触觉、味觉、嗅觉的全面感受，导致"千园一面"的规划格局。

2. 地产开发严重挤压城市公园空间

城市公园的建设与发展会带动周边地价的大幅攀升，溢出效应明显。但同时，负面消极效应也很突出，主要体现在周边地产开发忽略对城市公园生态环境的保护，严重挤压城市公共休闲空间，导致城市公园基本功能的失衡。

一般情况下，城市公园在城市中往往有着明显的区位优势和环境资源优势。在地产开发商看来，则有着非常高的潜在价值。在经济利益的驱动下，城市公园周边地产开发过分活跃，高楼林立，严重破坏城市公园开放性的景观特征，同时也影响公园绿地的采光、通风以及水体循环。如南京著名的莫愁湖公园，素有"金陵第一名胜"的美称，是城市居民共享的城市绿地和濒水休闲空间。但是，近年来，这样的胜地却被周边的众多房地产项目"围攻"，豪宅锁住了湖景，造成地区景观和生态的退化，挤压了城市居民的休闲空间。在北京，紧挨着公园扎堆建小区也是随处可见的"风景"，朝阳公园、紫竹院公园、奥林匹克公园等周边均有数个在建或已建成的物业项目。此类情况，往往满足了少数人的需求，却牺牲了广大城市居民开敞式的公园休闲空间。2017年3月11日，全国绿化委员会办公室发布的《中国国土绿化状况公报》显示，2016年，中国人均公园绿地面积达13.5平方米，而联合国确定的最佳人居环境标准为人均60平方米。早在2013年，欧美人均绿地面积已达到了70平方米以上。城市房地产项目的无序发展和过度开发，严重挤压了城市公园的休闲空间，破坏了城市公园的生态环境，使人口与城市公园绿地供给的关系更加紧张。如何在有限的土地资源供给情况下协调各方的利益，缓解这一矛盾，成为亟须解决的问题。

3. 城市公园管理与服务资金短缺问题亟待解决

城市公园的经营模式单一，投资和管理资金不足是公园实现可持续发展的一大难题。目前，我们城市公园的建设一般都归属于城市市政设施建设，其投资来源主要由城市的各级财政负责，依靠公共财政支出。据不完全统计，城市公园绿地每增加 1 平方米，城市公共财政将支付 550 元，北京地区、长三角、珠三角地区甚至超过 1000 元。① 在城市公园免费开放以前，部门公园实行收费制度，门票收入占公园总收入的 40%~60%。近年来，城市公园大多已实行免费开放。这样，一方面，公园缺少了占总收入一半左右的门票收入，对公共财政的依赖程度加大；另一方面，免费开放造成各类管理费用增加，公园的管理经费经常处于亏损状态。在这种背景下，部分公园引入市场机制，针对公园内餐饮游玩等项目进行招标，靠收取摊位租赁费用补贴管理费用，虽能维持公园的正常运转，但是距离城市公园实现正常赢利和可持续发展仍有较大的差距。

另外，随着城市公园的免费开放，环境问题以及安全问题也困扰着城市公园的发展。免费开放后的城市公园成为城市居民接近自然、享受生活的重要场所，市民进入的随意性加强，公园游人数量剧增，节假日人满为患，对周边的交通环境也造成很大的压力。与此同时，出现了游客素质降低和不文明游园行为比例增高的现象，公园内垃圾大量产生、花草植被遭到破坏、设施设备大面积损坏，导致公园环境质量开始下降。更严重的是，公园的安全问题也引起社会的关注，偷窃、抢劫、儿童溺水等现象屡发。如何做好免费开放时代城市公园的管理和服务是城市管理者不得不面临的重大挑战和重要课题，也是从我国实际情况出发，借鉴发达国家城市公园建设与管理的经验，构建有中国特色城市公园体系迫在眉睫的事情。

二　城市公园的发展趋势与发展特征

进入 21 世纪以来，我国的城市公园出现了一些与时代发展相适应的新变化，主要呈现出以下四个方面的特征。②

---

① 沈哲芬：《城市公园建设与管理市场化研究——以厦门市 ZL 公园为例》，华侨大学硕士学位论文，2013，第 14~15 页。

② 马聪玲：《从世界主要城市公园看城市公共空间的形成与演变》，《城市》2015 年第 3 期，第 53~56 页。

（一）与城市建设同步发展

近年来，随着"以人为本"的人性化意识和尊重环境、维护自然的生态意识日益提高，在美化和改善城市生态环境的过程中，城市公园在城市环境建设中的作用也越来越突出。因此，城市公园的规划建设也日渐成为城市总体规划的重要组成部分。但城市公园建设不仅是建几个公园的问题，而是要全盘考虑整个城市的发展规划，要求城市公园的选址、布局、功能结构、主题风格等均与城市整体规划建设相协调，使公园分布合理，形成"点、线、片、面"相结合的整体格局，提高整个城市绿化覆盖率及人均公共绿地面积，彰显出城市的生态宜居魅力，更好地服务于城市的生态文明和精神文明建设。

（二）城市公园主题化倾向不断加强

早期城市公园的规划建设，对各种类型的景观资源往往是不分重点平等对待，公园的设计往往求大求全，形成主题分散、毫无特色、杂乱无章的景观组合。但现在的设计更注重对城市公园资源特色和客源特点的分析，以此确定公园主题目标和个性特色。在设计中全面围绕主题，从风景建设、道路、植被、基础设施等各个方面和公园保护、管理、服务等各个环节紧扣主题展开，强化城市公园主题文化的传播与教育功能。例如，广东省江门市的白水带法治文化主题公园以及 119 消防主题公园，均是依托现有的建筑设施，增建富有欣赏性及教育性的法治文化元素及消防知识的宣传栏、标语、石雕等，让市民和游客在休憩、游玩的同时，也能学习法律及消防知识，让市民寓学于玩中，起到文化传播和教育功能。

（三）城市公园发展逐步实现公益化

公园，公共之园，似乎从名字上就已经表明了它的首要属性——公共属性，它从设立之初，就应该是属于全体市民的公共活动场所。事实上，公园的建设和维护均是出自纳税人的投资，所以市民有权利享受公园带来的社会和生态效益。2013 年《中华人民共和国旅游法》规定，公益性的城市公园、博物馆、纪念馆，除重点文物保护单位和珍贵文物单位外，应当逐步免费开放。在此之后，我国山东、北京等地纷纷响应。福建省政府出台《关于进一步加强城市规划建设管理工作的实施意见》，要求各地城市建设要健全公共服务设施，所有的城市公园一律免费，占用公园的空间须限期腾退；《陕西省旅游条例》规定政府投资的博物馆、纪念馆、美术馆、文化馆、图书馆、爱国主义教育基地、科普教育基地、城市公园、体育场（馆）等，实行免费开放。在中央及地方政府的大力配合下，城市公园免费开放取得了显著成效，城市公园免费开放已成必然趋势。

（四）城市公园的溢出效应明显

首先，"公园地产"一词便是城市公园溢出效应的产物。公园地产，一般是指与公园相关联的地产项目，即为了营造稀缺的景观和生态环境，依托公园或将房地产开发与公园建设结合起来的房地产项目。在中国城市化高速发展的今天，人们被淹没在钢筋水泥的高楼丛林里，生存环境的退化使人们对自然和绿色山水的追忆更为强烈。城市公园作为"城市之肺"，既在景观上点缀了周围环境，也通过大面积的植被净化了周边空气，营造出优越的自然环境，并提供完善的公共服务配套设施。因此，许多地产开发商迎合现代城市居民健康养生观念提升的心理诉求，投资城市公园周围的地产，推动公园周边地产大幅升值。

其次，城市公园的溢出效应还表现为越来越多的城市公园作为一个城市的地标性建筑，吸引众多旅游者前来观光游览。随着人们旅游消费观念的转变，人们选择一个城市作为旅游目的地，关注的已不仅仅是该城市的景区、景点，城市公园、博物馆等场所承载着这个城市发展的历史，演绎着城市的风土人情，对游客有着独特的魅力。因此，随着旅游业的发展和城市建设的加快，城市公园已经不仅仅是本地居民的休闲活动场所，还为外来游客服务，成为现代旅游资源的重要组成部分，在展示城市形象和魅力的同时，也促进了旅游业的发展。

三 构建具有中国特色城市公园体系的思路

城市公园体系是指由各个城市公园组成的有机整体，主要包含了城市公园的等级结构、空间布局、建设管理等内容。构建有中国特色的城市公园体系，主要是依托我国现有的发展环境，针对目前我国城市公园体系建设中存在的不足，分别对城市公园的等级结构系统、空间布局系统以及建设管理系统进行优化，将我国城市公园的体系优势发挥到最大（见图 8-1）。

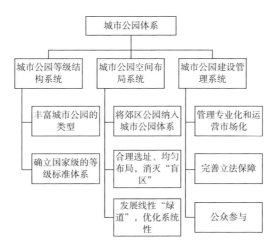

图 8-1　城市公园公共休闲服务体系构建思路

（一）城市公园等级结构系统

1. 丰富城市公园的类型

考虑到不同层次、不同年龄市民的休闲需求，丰富城市公园的数量和类型很重要。随着社会的不断发展，人们对生活质量的要求也逐步上升，休闲需求日趋多样化，人们越来越多选择进入公园进行活动，城市公园在景观风格、娱乐内容以及参与方式等方面都应随着居民的需求呈现出多样化的趋势，因此应丰富不同类型的城市公园，增加各类型公园的数量，并改善以休闲游览为主的单一性公园现状，多增加一些儿童公园、老年公园、运动公园等其他类型的公园。其次，在充分挖掘当地文化、合理开发当地自然及人文环境的基础上，促进遗址公园、环城墙公园、沿湖公园、滨水公园等不同景观类型的城市公园共同发展。

在城市公园体系中，我国近两年的发展主要集中在大型公园，而对街头小型公园、居住区公园、邻里公园、袖珍公园等的发展还不够重视。但是，总结国外城市公园的发展经验，便利化和小尺度化能有效提升公共休闲空间的利用效率，美国面积最大的纽约中央公园面积仅相当于北京奥林匹克公园的一半，而最小的卢森堡公园与北京日坛公园面积相当。居民对城市公园类型的选择以社区公园、街头游园居多，因此考虑人们生活的需要，今后的目标应该是确立发展开放的居住社区公园模式，增加社区公园、街头游园等小型公园的建设。

2. 确立国家级的城市公园等级标准体系

长期以来，我国政府把城市公园作为公共绿地的一个组成部分看待。根据《城市绿地分类标准》（CJJ/T85—2002），将城市绿地分五大类，包括公园绿地、生产绿地、防护绿地、附属绿地和其他绿地。其中公园绿地又可分为五类，包括综合公园、社区公园、专类公园、带状公园和街旁绿地。综合公园中分市级、区级、社区级；专类公园包含的有动物园、植物园、山体公园、儿童公园、文化公园、体育公园、交通公园、陵园等。2015年1月1日开始实施的《城市公共休闲空间分类与要求》在其"综合型公共休闲空间"中，包含了中央休闲区、公园、城市广场、滨水休闲区等。城市公园等级似乎初现端倪。

与此同时，近年来，我国不少地方政府开始关注城市公园分级标准，根据不同的省域情况，各省也积极出台相应的管理条例和办法，推动地方性标准的建立，规范地方城市公园的管理。例如，由西安市城市管理局编制的陕西省工程建设标准《城市公园分级标准》，已经通过有关部门和专家审定通过，成为陕西省工程建设地方标准，自2016年5月20日起实施；《昆明市公园分级分类登记管理办法》也根据公园的价值水平、景观效果、管理水平等原则将城市公园分为四类；重庆市也出台《城市公园规范化管理达标分级标准》等。

标准化是规范化建设与管理的前提和基础。以日本为例，日本相继出台《自然公园法》《城市公园法》《城市公园新建改建紧急措施法》等，构建日本城市公园标准体系。其主要分为四个类型：一是服务居住区的公园；二是服务城市的公园；三是广域公园；四是特殊公园。前三个等级的公园都根据其不同的使命，对其面积、规模以及服务半径、人数等作出详细规划；第四类主要是为了满足游览观光和文化需求而建设的有一定特殊内涵的功能性公园（见表8-3）。美国的城市公园也分为迷你公园、近郊公园、社区公园、远郊公园、州立公园以及国家公园等不同层次类型，建设和划分标准也各有不同（见表8-4）。

表 8-3　日本城市公园的类型

公园类型	标准规范	
居住区基干公园	儿童公园	面积 2.5 公顷，服务半径 250 米
	近邻公园	面积 2 公顷，服务半径 500 米
	地区公园	面积 4 公顷，服务半径 1000 米
城市基干公园	综合公园	面积 10 公顷以上，分布均匀
	运动公园	面积 15 公顷以上，分布均匀
广域公园	综合性公园	具有休息、观赏、散步、游戏、运动等综合功能，面积在 50 公顷以上，服务半径跨越一个市、镇的区域，分布均匀
特殊公园	风景公园	以欣赏风景为主要目的的城市公园

资料来源：周元：《中日城市公园运营管理之比较研究》，北京林业大学硕士学位论文，2009，第 22 页。

表 8-4　美国公园的类型

公园类型	界定	目的	设施与服务
迷你公园	满足附近 2000 名以下居民的需求	服务于步行 10 分钟以内即可到达的附近居民	1. 有绿树、座椅； 2. 具备儿童游乐的设施； 3. 位于居住区或商业区附近； 4. 面积不超过 1 英亩
小区近邻公园	满足附近 2000 ~ 5000 名居民的需求	服务于单个的居民区	1. 有绿地、绿树、座椅； 2. 具备儿童游乐的设施； 3. 有游泳池、体育场、运动场、野餐桌椅、野餐亭； 4. 位于每个居民区中心地带； 5. 面积 1 ~ 50 英亩
城市（社区）公园	可满足 5000 ~ 10000 名游憩者的需求	服务于多个城市（社区）居民区	1. 有绿地、绿树、座椅、花园； 2. 具备儿童游乐的设施； 3. 有游泳池、体育场、运动场、野餐桌椅、野餐亭、高尔夫场地、自行车骑行道、专用的游步道； 4. 有自然湖泊或水面，有供出租的游船、能垂钓、观赏动物； 5. 位于 10 ~ 20 个居民区中心地带； 6. 面积 50 ~ 300 英亩

公园类型	界定	目的	设施与服务
远郊（地区）公园	由城市政府管理，可满足城市内外众多游憩者的需求	服务于更大范围的城市居民区	1. 具备城市（社区）公园要求和基本设施； 2. 具备滑雪、滑冰坡道、野营条件，有小游艇停靠区，具有自然保护功能； 3. 位于城市边缘地带或远郊； 4. 面积大约 2000 英亩
州立公园	由州政府管理，具有历史或自然纪念价值，可满足州内外众多游憩者的需求	远离城市居民区	1. 州立公园的面积更大，其目的是吸引更多远距离的旅游参观者； 2. 在这里不仅提供野外自然环境下的各种服务，而且还能满足许多不同目的的休闲需求。比如：佛罗里达的一些州立公园可提供水下探险活动，印第安纳的一些州立公园可提供环境教育，特拉华州的一些州立公园可提供全地形越野车服务，在肯塔基、西佛杰尼亚的一些州立公园提供住宿、餐馆和休闲度假服务
国家公园	由联邦政府管理，具有特殊的景观、历史或科学重要性的特殊地区	设立国家公园的目的是保护自然资源，同时为游客提供快乐空间	1. 国家遗产的最好范例； 2. 它们拥有最好的景观和自然现象，是保护具有重大历史、史前和科学价值的特殊区域，同时，也为特别稀有的自然宝藏提供一个保护所； 3. 它们拥有保护自然资源和为参观者提供娱乐的双重角色，一般应具备出租屋、餐馆、野营地、路径系统、游客中心等服务设施；同时，也可为濒危野生动物放归自然项目、重大历史事件活动和考古挖掘提供场所

续表

公园类型	界定	目的	设施与服务
线型公园	专门为步行、骑车、滑冰、骑马、驾驶汽车设计的区域	为那些与旅行相关的、自我推进的娱乐休闲者提供的空间	1. 为那些旅行的人们提供休闲体验的一个特殊区域； 2. 其形式比如，一个沿着海滩、河流、湖岸，或者穿过城市的某个区域而开辟的能够使人们长距离的步行道（散步场所）；线形公园的另一种形式是公园路，可以使人们缓慢地、放松地驾驶车辆观赏路两边的风景；一些公园路则被开发成为延伸性的城市公园，分布着临时停车点、野餐区、风景观赏点；长途徒步、自行车骑行、骑马也是线形公园规划的一部分； 3. 这些路径往往是专门为休闲旅行者设计的狭长的路段，往往建在废弃的铁路上、古老运河的河岸边； 4. 一般情况下，带有发动机的交通工具不能进入这些路径

资料来源：Ruth V. Russell. Pastimes：the Context of Contemporary Leisure（Third Edition）［M］. Sagamore Publishing L. L. C. Champaign，Illinois，2005：193~195.

因此，从完善城市公园体系的角度出发，我国也亟须出台国家层面的城市公园等级标准体系，对不同等级的城市公园从建设标准、管理机构、服务范围及服务半径、建设面积、功能区设置等方面进行详细规范。

（二）城市公园的空间布局系统

1. 将郊区公园纳入城市公园体系

以往政府在考虑进行城市公园绿地的规划建设时，总是将城市绿地与郊区绿地割裂开来。涉及对城市公园的规划与布局，便仅仅限于建成区范围内，而忽略了郊区现存的以及可开发的公园，使其未能与建成区内绿地实现对接。不过，随着城镇化进程的加快，中心城区的人口密度不断扩大，城市用地紧张，土地等各种资源要素的紧缺限制了城市公园规模的进一步扩大。而相较于城区而言，郊区的土地资源相对比较充足且人口密度相对较小，公园绿地有进一步扩大的空间。

加强郊野公园的建设与发展，提高郊区游憩地的吸引力，可以大力缓解市区公园的使用压力，同时也能够更大限度保障居民对休闲活动空间的需求。因此，城市公园体系应跳出城区范围，将郊区新型绿地纳入体系中，实现城区公园与郊区公园相融合的城市公园空间布局体系。这些郊区绿地可以包括郊野公园、森林公园、湿地公园、自然保护区、风景区等，也可以包括受人为干扰较小的农林、荒地、山水等自然资源。

2. 合理选址，均匀布局，消除公园"盲区"

城市公园作为城市公共休闲空间的主要组成部分，其规划选址不仅同城市功能转型、产业发展密切相关，还应和城市人口地理分布相匹配，和城市公共交通及其他服务设施相衔接。因此，城市公园在选址时，要综合考虑周边的交通环境，充分考虑公园服务半径内的可达程度，方便居民进入。

我国城市公园存在的主要问题之一仍然是区域之间分布的均等化问题。受经济发展水平高低、区位和开放程度等因素的影响，我国东部沿海地区的城市公园数量及城市绿地面积占较大的比重；而我国中、西部等内陆省份的城市公园发展情况不容乐观。同时，即使是东部发达地区，城市公园的数量虽然达到一定规模，但是其空间分布不尽合理，并且人均城市公园绿地面积与发达国家相比，仍有较大差距。因此，在进行合理选址的前提条件下，秉承着均匀布局的原则，应不断扩大我国中、西部地区城市公园的数量和规模，促进东、中、西部地区协调发展。同时，在城市范围内，应通过建设小公园、街边公园以及线性公园等小尺度的空间利用方式消除城市公园的"盲区"。

3. 发展线形"绿道"，优化空间布局的系统性

国外城市公园体系的重要组成部分之一就是"绿道"，线形绿道发达，系统性强。以美国城市公园为例，其城市公园的系统性比较强，关键在于在整个绿地系统构造的形成中，绿道对提升系统整体性发挥了重要的作用。绿道是在公园路的基础上发展而来的，具有休闲、水土保持、生态廊道、交通替代等功能，其独特的线形连接了城市公园、郊外绿地、国家公园等，使得城市内部公园系统、市域公园系统、区域公园系统、国家公园系统等不同等级的公园系统连接成为整体。

在我国，城市绿地系统规划和实践大都专注于绿化隔离带和单个公园

的建设，由于城市的无序蔓延，人工绿化隔离带很难发挥应有的作用。不过，通过绿道可以将城市不同区域的城市公园相互连接，并依托一些线性要素等纳入城市绿道系统，使各个公园的生态效益、游憩效益和历史文化效益得以更好的发挥。因此，我国在城市范围内亟待关注城市"绿道"的建设，大量相互交织的绿道发挥的连接性功能是公园形成系统整体的基础。

（三）城市公园的建设管理系统

1. 管理专业化和运营市场化

城市公园的公共属性决定各级城镇政府是公园建设与管理的主要责任人。但目前我国城市公园的管理存在着多个主管部门并存的情况，如建设局、文化局、林业局、城管局等都有下属公园管理工作。这种混乱的管理机构和模式必将会使管理责任不清、执法存在"灰色地带"，不利于城市规划标准化建设。我国亟须组建专门的管理机构，从更宏观的层面负责我国及各地区城市公园的长远发展规划、公园发展目标定位的确定、公园建设、养护计划、年度实施计划的组织实施及公园建设规范和管理规范的修订等，改变"一个公园建一个管理处"的公园机构管理模式，实现专业化管理。

同时，国内外的休闲实践证明，在城市公园免费开放时代，单纯依赖政府的财政投入远远不能满足公园的可持续发展。市场化运营是时代发展的需求，将公益、收益、管理业务紧密结合，促进公园的进一步和谐发展是城市公园的必然趋势。具体的做法是，要区别对待公园的公益性项目和营利性项目，公益性项目主要采取政府财政拨款建设的模式，营利性项目实施招商引资、竞投的模式。营利性项目的经营权归属开发商所有，营利性项目所得资金，主要用于公园管理机构对公园环境、经营秩序等方面的管理工作，以及组织开展公园内公益性文化活动等。这样既发挥了社会资金的优势，又满足了政府、开发商、游园群众种类不同的需求。

2. 强化立法保障

随着城市公园的免费开放，公园与社会的联系更加紧密，园内各种不良行为屡见不鲜，严重影响了城市公园的形象与可持续发展。为提高园内的执法能力，有效规避各种不良现象的产生，必须出台城市公园管理的相关政策法规，完善公园管理法规体系，实现依法管理，这是破解公园管理难题的必然选择。

首先，我国针对城市公园的管理已经出台了一些政策法规，但相对于发达国家完整的管理法律框架，尚缺少一部国家层面的城市公园的主法，现有的《城市绿化条例》不能完全替代国家性的公园法规。所以，亟待制定一套自上而下的城市公园法规体系，在保证全国性公园主法权威性、连续性的前提下，针对不同省市的公园发展现状和城市特点，制定不同的管理条例和法律。

其次，要提高法规政策的可操作性。目前，我国现有的绿地、休闲空间以及公园管理法规中缺乏明确的执行标准和步骤，建设标准模糊，责任不清等问题很多，严重影响了政策的执行力度。而发达国家对公园管理法律的名词定义、应用范围、禁止或须限制/许可的各种行为以及相关处罚制定了详细的条款，比如，哪类公园允许遛狗、哪种公园允许烧烤等做了明确规定。同时，对管理机构的权责、管理资金来源比例等也做了详细规定，具有极强的可操作性。中国的公园管理法规应尽快针对条款执行中的具体问题做出补充规定和必要衔接，提高法律的可操作性。[①]

3. 公众参与

公众参与是指让群众参与到城市公园的规划、设计以及管理的过程中来。公众是城市公园的主要服务对象，公众积极参与到城市公园建设的各个环节，能使城市公园的建设与管理更贴近每个居民的生活，使群众真正成为公园的主人。

具体说来，首先，政府层面应转变发展观念，在管理和决策领域充分听取群众的意见。如在规划设计环节，政府应针对城市公园的规划建设征集群众意见，通过了解城市居民的生活现状和休闲需求，构建满足居民需求的城市休闲空间。当然，在公园的后续管理与开发活动中，仅仅依赖于政府部门也不能解决好所有问题。所以，公园的后期运营与管理仍应采取措施积极吸引公众参与，通过各种手段调动群众参与的积极性，发挥社区居民作为主人翁的积极作用，与政府管理相辅相成，形成官民共建的良好局面，提高维护管理效率。

其次，从公众的角度而言，不仅要意识到城市公园的建设的必要性和

---

① 刘静怡、许东新、杨学军：《城市公园管理法规刍议》，《中国园林》2011 年第 6 期，第 52~55 页。

重要性，而且要提高参与意识，主动了解学习与城市公园的设计、规划等相关知识，积极参与规划建设活动。另外，城镇居民还要认识到，自己是城市公园的主人，应增强主人翁意识，不断提高环境和生态意识，积极保护城市公园的生态环境，积极参与组织相关宣传活动，参与公园的监督、建设与管理，促进城市公园的可持续发展。

案例分享：

中央公园：城市公园管理的典范

中央公园是美国第一座现代化的城市公园，号称纽约"后花园"，被第59大街（59thSt.）、第110大街（110thSt.）、5路（5thAve.）、中央公园西部路（CentralParkWest）围绕着，坐落在纽约曼哈顿岛的中央。周围坐落着大都会博物馆、美国民间艺术博物馆、国家歌剧院、现代艺术博物馆、卡内基大厅、林肯表演艺术中心等世界闻名的建筑。

中央公园作为城市居民的休闲活动场所，丰富着大众的体育、文化等休闲活动。比如，公园的体育活动场相当之多，为了方便市民，公园的汽车道在早上傍晚以及周末一律禁驶。每年在纽约举行的国际马拉松长跑，终点也设在中央公园。除此之外，中央公园的文化娱乐活动也丰富多彩。节假日除了自发的演出和休闲活动，公园也有组织地开展活动，提高人们的文化素质和修养。主要有露天音乐台的艺术表演、"边游边聊"的小型游园以及学习手工艺等多种形式。这些活动时常举行，每年按四季印制活动表，可免费索取、参加，充满了科学艺术性。

纽约中央公园作为全美客流量最大的公园，其管理模式被视为全球城市公园管理的典范。1980年，纽约中央公园成立了保护管理委员会，该委员会由公益和慈善机构创立。自此之后，中央公园归纽约市政府所有，由私人的非营利性质的中央公园管理委员会与纽约市政府签约负责管理。中央公园不收门票，筹款和与各种项目合作所得收入占公园日常支出的85%和雇员工资的80%以上。

公园是一件完整的风景艺术作品，保护它的最好办法就是制定一系列规则来防止人们在使用中对公园内草木及设施的破坏。随着中央公园部分建成并面向公众开放，奥姆施特德（公园创始人之一）敦促公园委员会制定了有关公园管理和利用的一系列规则。由奥姆施特德制定的游园规则，内容广泛，几乎涵盖了公园管理和利用的各个方面。根据这些规则，诸如"快跑"、"马车野蛮行驶"、赌博、叫卖以及"粗俗语言"等不良行为，都在禁止之列。

为了确保中央公园相关规定的落实，奥姆施特德还组建了一支以监督为主的中央公园警察队伍，并向公园警察发布了详细的"工作条例"。此外，奥姆施特德还对公园警察进行了岗前培训。在奥姆施特德的有效组织下，警察们有效地遏制了违规事件在中央公园内发生的数量。

第二节 城镇公共文化休闲服务体系的构建

图书馆、艺术馆及艺术表演活动等城镇公共文化活动及场所是城镇居民及游客享受文化休闲生活的重要支撑。伴随着城镇化进程的加快、人们工作与生活方式的转变、国家节假日政策的调整以及人口老龄化时代的到来，居民对休闲活动与休闲场所的需求快速提升。然而，由于城市地价的不断攀升、商业营运模式的改变以及缺乏前瞻性规划等因素普遍存在，严重挤压着当前城镇居民赖以依存的城市公共休闲空间，尤其是城镇公共文化空间。城镇居民对休闲活动和场所的迫切需求与城镇公共文化空间供给的结构性矛盾突出，极大地制约城镇居民休闲活动的价值感知体验。因此，明确城镇公共文化供给与城镇居民休闲活动的发展现状、存在问题及演化趋势，对于优化城镇公共文化空间布局，改善城镇居民休闲感知体验，保障人们的生活质量意义重大。

一 城镇公共文化休闲服务供给的发展现状

（一）城镇公共文化休闲服务场所建设滞后于发达国家

2015 年 12 月 8 日，由教育部人文社会科学重点研究基地上海师范大学都市文化研究中心和上海华夏社会发展研究院联合编写的《全球城市公共文化服务发展报告》正式发布。该报告通过选取 19 项能够综合反映公共文化空间发展方面的指标，对上海、北京、香港、伦敦、纽约、巴黎和东京等 13 座大都市的公共文化服务水平进行对比研究，发现我国城市的公共文化服务水平虽然整体上得到了不同程度的提高，但在 13 座大都市中依旧处于中下水平。尤其在城市博物馆拥有量方面，洛杉矶为 221 个，伦敦为 173 个，柏林为 158 个，纽约、巴黎、阿姆斯特丹等城市也都超过 130 个，而上海为 90 个，北京为 41 个，香港仅为 32 个。博物馆是城镇公共文化服务供给的重要组成部分，连北京、上海这样的一线城市博物馆数量都相对不足，可见其他城镇的情况也不乐观。这表明，从整体上说，我国城镇公共文化休闲服务空间建设方面是滞后于国外城市的发展水平的。

（二）城镇公共文化休闲服务场所地区分布不均且差异显著

博物馆和公共图书馆是衡量城镇公共文化休闲服务的两个重要指标。根据国家统计局《2014—2018 年国民经济和社会发展统计公报》的数据（见表 8-5），从 2014 年到 2018 年五年间，我国博物馆和公共图书馆增长的幅度并不大，个别年份公共图书馆的数量还比上年有所下降。

表 8-5　2014—2018 年我国博物馆、公共图书馆发展情况

年份	博物馆（个）	比上年增长（%）	公共图书馆（个）	比上年增长（%）
2014	2760	—	3110	—
2015	2956	7.1	3136	0.8
2016	3060	3.5	3172	1.1
2017	3217	5.1	3162	-0.3
2018	3331	3.5	3173	0.3

资料来源：国家统计局《2014—2018 年国民经济和社会发展统计公报》。

而国家统计局《2014—2018 年中国统计年鉴》的相关数据表明，中国大陆各省（区、市）拥有的博物馆与公共图书馆数量也极不均衡，且地区差异明显。总体而言，江苏、上海、北京、山东、河南、陕西、四川等地博物馆与公共图书馆数量要多些，而青海、西藏等地博物馆与公共图书馆数量要少很多。大家知道，绝大多数博物馆、公共图书馆都位于城镇地区，所以，各省（区、市）博物馆、公共图书馆的分布情况大致反映了各省域城镇公共文化休闲空间和场所的情况。说明了我国城镇公共文化休闲服务场所地区分布不均衡且差异显著的现实。

（三） 城镇公共文化休闲空间遭受挤压且同质化发展现象严重

随着新型城镇化的推进，各地城镇建设蓬勃发展，城镇规划在城镇经济社会发展中的地位与作用得以强化。但与迅猛的社会变革相比，现行城镇规划与建设中存在着诸多亟待解决的问题。首先，城镇规划的宏观性、系统性和可实施性不强，相当数量的城镇总体规划、分区规划和详细规划对营造城镇公共文化休闲空间的关注度不够，屡屡导致城镇公共文化休闲空间的缺失及对城市公共文化休闲空间无序挤占等现象。其次，城镇规划中一方面土地资源浪费现象严重，各地盲目扩大建成区面积，致使"鬼城"现象频现；另一方面，城镇建设为追求效益，大量的土地资源被转化为商业用地，致使为城镇居民提供休闲服务功能的公共文化休闲空间的建设严重滞后，从而加大了对城镇公共文化休闲空间的挤压程度。再次，城镇规划中，对旧城改建缺乏严谨审慎的科学态度，在旧城改造过程中，一味地大拆大建，对城区古建筑和传统民居等文化空间造成不同程度的损害，取而代之的公共文化空间则普遍缺乏新意，导致城镇公共文化休闲空间在建设发展过程中同质化现象严重，造就了"千城一面"的状况。此外，城镇公共文化休闲空间在建设过程中对控制目标和建设规模缺乏科学论证，许多城镇出现了目标和规模盲目偏大的问题，在城镇中央纷纷兴建巨型广场、标志性建筑、大型公共文化场馆等，导致城镇公共文化空间规划的实用性不强。最后，城镇规划法规执行体系和技术规范尚不健全，对挤占公共文化休闲空间行为的惩治力度不够，给城镇公共文化休闲空间的建设埋下了隐患。

二 城镇公共文化休闲服务体系存在的问题

（一） 城镇公共文化供给与城镇居民休闲需求错配现象严重

长期以来，城镇公共文化供给与城镇居民休闲需求的错位主要表现在时间和空间两个方面：时间维度上，大部分城镇的公共文化休闲空间如博物馆、文化馆、科技馆及市内部分景点的开放时段大多从早上八、九点钟开始，至下午五、六点钟结束，无论是工作日还是休息日大都如此。然而，在工作日，我国大多城镇居民的工作时段主要集中在早上九点钟到下午五点钟之间，时间错位造就的直接结果是：一方面，在工作日期间，工作时段内城镇公共文化空间无人问津，利用效率低下，造成资源闲置现象的出现和下班后城镇居民对休闲活动的选择方式单一。另一方面，休息日期间，城镇公共文化空间并未随着城镇居民休闲意愿的增强而适当有所延长；相反，有些公共文化空间还选择在此时段闭馆或闭园等，造成城镇公共文化空间供给与城市居民休闲需求的错配现象严重。此外，随着国家假期政策的调整，尤其是五一小长假的缩短，城镇居民的休闲需求迅速转移到十一黄金周期间，大多城镇公共文化空间在此期间出现超负荷运转，造成城镇公共文化空间供给与居民休闲需求的时间错配现象十分严重。空间维度上，城镇公共文化空间大多集中分布在城镇中心区、政府办公区以及商业中心区等，与城镇居民生活联系紧密的居住区周边公共文化空间配套设施相对较少，居民到城镇公共文化空间的便捷度不高，因而造成了城镇公共文化空间供给与居民休闲需求在空间维度上错配现象严重。

（二）城镇公共文化供给的同质化发展与居民休闲的多元化需求不匹配

伴随着新型城镇化的快速推进，大量的乡村人口涌入城市，引发了城镇建成区规模的急剧扩张。在此背景下，我国大多数城镇建设一味追求发展速度，无视城镇整体质量的提升和城镇公共文化空间的建设。大多城镇公共文化空间建设的初衷并非服务城镇居民，彰显城镇特色，而是盲目地追求规模与数量。城镇空间中一个个巨型的广场与公园拔地而起，而公共厕所、垃圾箱、锻炼设施、绿化配套设施等建设严重滞后，致使城镇公共文化空间在建设发展过程中失去了极具典型的地域性特色，导致城镇公共文化空间呈现出明显的同质化发展态势。此外，城镇化过程也是城镇人口不断集聚的过程，随着人口集聚水平的不断提高、城镇公共休闲空间的明显不足以及人口老龄化社会的到来，我国城镇居民对休闲活动的需求比以往任何时代都要强烈。2012 年，网易旅游联合中国旅游经济研究中心以网络调查问卷的形式对我国城镇居民的休闲状况进行调查，结果发现游逛购物和逛公园/城市广场是城镇居民市内休闲活动的两大主要活动，分别占比达到 26.6%、22.3%，亲朋聚会、娱乐活动、体育锻炼、参观博物馆次之，参加宗教活动的最少，仅为 5%。此外，在民众感知现居住地的城镇休闲活动丰富程度一项中，调查结果认为比较丰富的仅为 17.7%，基本满足需要的为 46.2%，而有 36.1% 的表示不能满足需要。调查表明，现今我国城镇公共文化休闲空间的供给还不够丰富，还不能充分满足城镇居民休闲活动的多元化需求，城镇公共文化休闲空间的同质化发展与城镇居民多元化休闲需求不相匹配成为我国城镇居民休闲活动中的一个主要矛盾。

（三）无序挤占城镇公共文化空间严重影响居民休闲的感知体验

城镇公共文化空间是城镇居民陶冶情操，放松身心的好去处。然而，由于我国城镇居民人均公共文化空间拥有量较少、城镇公共文化空间选址不合理以及一些商业活动对城镇公共文化空间侵占等不和谐因素的存在，严重影响着城镇居民的休闲感知体验。城镇公共文化空间中乱贴小广告、乱发传单，占用城镇公共文化空间乞讨、推销、商演、摆摊、停车等不良现象普遍存在，不仅不利于城镇公共文化空间的整洁有序，而且往往还会给在此进行休闲活动的城镇居民心中留下阴影，从而影响城镇居民在公共文化空间休闲活动中的感知体验价值。众所周知，广场舞现象在全国风靡一时，但是由广场舞所引发的矛盾与冲突并不鲜见。造成这一现象的原因很大程度上在于城镇规划建设过程中忽视了居民对广场舞这一休闲方式的需求，未能建立可供居民进行广场舞休闲活动的公共文化空间，引发广场舞爱好者对其他城镇公共文化空间的挤占，进而导致了诸多矛盾的爆发。再如城镇公共文化空间中举办的商业演出活动，这些活动往往会产生极大的噪声，并伴有大量的宣传推销人员，在城镇公共文化空间进行休闲活动的居民往往成为这类活动所宣传和推销的对象。持续地高分贝噪声、批量地宣传与推销不仅不能使城镇居民达到愉悦身心，陶冶情操的休闲目的，反而使他们疲惫不堪，穷于应付，造成不小的身心压力。除此之外，城镇公共文化空间中的摆摊设点现象屡禁不绝，在此推销、售卖的商品往往存在着质量得不到保证、商品价格虚高等问题。城镇公共文化空间的商业化发展态势不仅严重损害了城镇居民的休闲感知体验，还会影响城市居民的身心健康。

（四）不同尺度城镇公共文化空间的差异加剧了两者之间的剥离程度

城镇公共文化空间在地域尺度上存在着明显的空间差异。对于一个城镇的公共文化空间而言，其公共文化空间往往由市级尺度的城镇公共文化空间、区级尺度的公共文化空间、街道尺度的公共文化空间、社区尺度的公共文化空间和小区尺度的公共文化空间构成。不同等级尺度的城镇公共文化空间服务功能类似，不同之处在于各类城镇公共文化空间辐射范围的大小和其囊括的服务对象数量的多寡。其中，市级尺度的城镇公共文化空间往往由市级及以上的政府建设而成，起着服务全体城镇居民、彰显地域文化特色的作用，这类城镇公共文化空间大多分布在城镇中心区及新城区，建设规模宏大，配套设施较好，发展相对成熟，受到政府的关注度最高。区级尺度的城镇公共文化空间往往由区级政府或市级政府建设而成，服务对象主要针对城镇某一区域范围内的居民，这类城镇公共文化空间的建设以政府财政拨款为主，相对于市级尺度的城镇公共文化空间，这类尺度的公共文化空间相对较小，发展也较为成熟，受到政府的关注度也相对较高。街道尺度的城镇公共文化空间往往由镇级政府和区级政府建设，这类尺度的城镇公共文化空间数量相对较多，但配套服务设施、建设规模及发展水平均不如市、区级尺度的城镇公共文化空间完善，基本能够满足街道居民的晨练、散步、慢跑等常见的休闲功能。社区尺度的城镇公共文化空间多由村委会和地方政府共同建设而成，这类尺度的公共文化空间数量庞大，但规模相对较小，受到的关注度还亟待进一步提升。小区尺度的城镇公共文化空间往往由开发商负责建设，但由于城镇公共文化空间不能直接产生价值，因而社区尺度城镇公共文化空间的建设往往得不到重视，再加上政府监管力度不够，由此产生了一系列问题。然而，此类尺度的城镇公共文化空间数量最多，与城镇居民休闲的关系最密切。值得注意的是，大尺度城镇公共文化空间的建设往往受到的重视程度较高，而与居民休闲活动密切的小尺度城镇公共文化空间的建设往往关注度不够，因此不同尺度城镇公共文化空间体系的建设与城镇居民的实际休闲需求之间产生了明显的矛盾，城镇公共文化空间的尺度差异加剧了城镇公共文化空间与城镇居民休闲活动之间的剥离程度。

三 城镇公共文化休闲服务的路径选择与成效

(一) 城镇公共文化空间与居民休闲空间的错配现象得到缓解

2016 年中国旅游研究院发布的《中国休闲发展年度报告 2015-2016》分析了新型城镇化背景下城镇居民的休闲特征、休闲产业的发展态势以及政策环境的变化，指出新型城镇化有利于营造良好的城镇居民休闲环境、培育多元化的休闲产业体系、优化国民休闲产业发展格局、完善城乡休闲公共设施，能够促进国民休闲的快速发展。此外，《报告》还认为，在"十二五"期间，我国城镇公共文化空间建设与居民休闲活动均获得了长足的发展，但是我国居民的休闲时间与发达国家相比呈现出下降的趋势，2015 年中国有 71.4% 的城镇居民认为，"工作时间过长、工作过程过累"是制约城镇居民休闲活动的重要因素。从某种意义上讲，随着国家对城镇公共文化空间建设投入力度的加大，城镇公共文化空间与城镇居民休闲在空间维度上的矛盾得到了不同程度的缓解，城镇公共文化空间与城镇居民休闲在时间维度上的矛盾逐渐上升为城镇公共文化空间与城镇居民休闲两者之间的主要矛盾。

(二) 城镇公共文化空间逐步彰显特色以适应居民多样化的休闲需求

近年来，随着城镇建设理念的不断更新，城镇公共文化空间开始注重彰显地域文化特色，突出自身的功能定位，以便更好地适应城镇居民对公共文化空间的多元化休闲需要，城镇公共文化空间建设也开始逐步恢复往昔的生机与活力。以 2013 年在青岛发布的全国首个智慧城市开放平台"爱城市"为例，该平台是我国国内第一个基于政府开放数据而搭建的公共服务平台，市民在该平台上除了能够实现准确查询学区房、药品购买等各种便民信息外，还可以享受智慧城市带来的城市公共文化空间共享。该平台主要由五大板块构成，分别为政府服务、生活服务、城市声音、应用中心以及专题服务，可为市民提供一站式的综合服务，涉及与市民生活息息相关、社会关注度高的便民信息、教育培训、公共事业、交通出行、社区服务、文化教育、医疗卫生、休闲娱乐、社会保障等多个领域。

（三）城镇公共文化空间挤占现象的遏制极大改善了居民的感知体验

随着城镇公共文化空间硬件设施的不断完善，国内许多城镇也纷纷加强了公共文化空间软件设施方面的建设。一些城镇通过设置公益广告牌、加强人员巡查、招募志愿者等手段，加大对在公共文化空间乱贴小广告、乞讨、商演、摆摊设点等行为的处罚力度，净化了城镇公共文化空间的休闲环境，极大改善了城镇居民休闲活动的感知体验。此外，还有部分城镇从政策层面入手，制定了城镇公共空间管理细则，通过坚持依法行政、规范执法行为、建立执法约束机制、自觉接受社会监督、加强队伍作风建设、提高文明执法水平、加强教育培训、严格处分不文明执法行为等措施有效保障城镇公共文化空间最大限度地发挥其为城镇居民提供休闲的功能，切实保障城镇公共文化空间达到娱乐身心、陶冶情操的目的。同时，还有部分城镇通过采用在公园和广场的入口处设置栏杆，阻挡机动车辆进入等完善硬件设施的手段，以此来避免城镇其他活动对公共文化空间的无序侵占。

（四）多层级、多形式、多特色、多要素的城镇公共文化空间体系正在形成

改革开放以来，我国经济获得了迅速的发展，国家财政实力明显增强，城镇居民的休闲方式日益向着多元化和个性化方向发展，国家对城镇居民休闲活动也愈加重视，出台了一系列政策来保证城镇居民休闲活动的实现。首先，多层级的城镇公共文化空间体系基本形成。对于我国大多城市而言，目前已基本建成了以政府投入为主、公众广泛参与且涵盖市级、区级、街道级、社区级和居住区级五个层次的城镇公共文化空间体系。其次，城镇公共文化空间提供的休闲方式日益多元化。虽然我国许多城镇公共文化空间在布局上存在着诸多问题，但城镇公共文化空间提供的休闲功能既包括锻炼功能，也包括娱乐功能，还包括学习功能等，城镇公共文化空间体系所提供的休闲形式与休闲功能基本覆盖了人们日常生活的方方面面。再次，不同城镇的公共文化空间带有明显不同的地域特色，例如广州的城市公共文化空间带有明显的岭南文化色彩，邯郸的城市公共文化空间则带有显著的燕赵文化色彩，淄博的城市公共文化空间则带有齐鲁文化色彩等。此外，

省域范围内不同城镇的公共文化空间也不尽相同，例如河南省内开封的城市公共文化空间带有鲜明的北宋文化气息，洛阳的城市公共文化空间则带有鲜明的隋唐文化气息，南阳的城市公共文化空间带有鲜明的楚汉文化气息。最后，现有城镇的公共文化空间体系既包括公园、绿地、景点、广场等要素，也包括公共图书馆、文化馆、科技馆、老年活动中心及体育馆等要素，覆盖相对较为全面的城镇公共文化空间体系初见雏形。

案例分享：

功能强大的公共文化空间
——美国波士顿剑桥公共图书馆①

美国波士顿剑桥公共图书馆是美国首批成立的公共图书馆之一。是美国最早的由市民资助修建的地方性公共图书馆之一，也是美国最早为大众提供借书服务的图书馆之一，还是美国最早开设少儿活动室的公共图书馆之一。美国波士顿剑桥公共图书馆的前身是剑桥雅典娜馆，1849年开办之初就充分体现出其为大众提供综合性文化空间的特点，既有图书馆，还有演讲报告厅以及阅览室。1874年取消收费，开始对公众免费开放。为表明其为大众服务的宗旨，将图书馆正式更名为剑桥公共图书馆，明确了公共图书馆作为公共文化活动空间的办馆理念和原则。至1967年，剑桥公共图书馆拥有6个分馆，分布在剑桥的各个社区，大多数居民步行15分钟就可以到达最近的分馆。

（一）便利的借阅服务

剑桥公共图书馆藏书量大，种类多，分布在不同社区内的6个分馆的藏书类别视周边居民构成特点而各有侧重。有的社区少年儿童居多，该社区分馆就预备较多的适合少年儿童阅读的书籍和音像资料；有的社区大学教授居多，该社区分馆就可能有相当数量的学术著作与研究资料，为附近居民提供方便。虽然各个分馆之间的藏书各有特色，但由于分馆之间以及整个大波士顿地区乃至整个马萨诸塞州各个图书馆之间的馆际交流，共享图书资源，因此对于读者来说，只需在电脑上预定所要借阅的书目，然后就

① 张帆：《我国城市公共文化服务建设研究》，上海交通大学硕士学位论文，2008，第36~38页。

近选择一家图书馆去取书即可。通过馆际交流与网上服务，当地居民可以方便地借阅到整个波士顿甚至整个马萨诸塞州所有图书馆的书籍和音像资料。

（二）丰富多彩的读书活动

林林总总的读书会是剑桥图书馆举办的最有成效的公共文化活动。剑桥图书馆总馆及各个分馆都开办读书会，培养市民良好的读书习惯和生活品位。为了加强交流，保证读书会的效能，读书会的规模通常不大，一般每一组 6~12 人不等。各个分馆都组织了适合不同群体的读书小组。以主馆为例，有"名著读书会"，阅读的书籍多是古典及现代的经典书籍。还有一个较有特色的读书会是"当代作品读书会"，由于剑桥的新移民较多，居民来自世界各地，文化背景和文化需求的多样性较强，这个读书会就选择一些非白人作家的作品作为读物，因此很受欢迎。另外，还开设了"亲子读书会""少女文学读书会"等，鼓励和培养不同的人养成阅读习惯并喜爱阅读。

（三）功能强大的社区文化空间

根据国际图联/联合国教科文组织 1994 年 10 月 29 日颁布的《公共图书馆宣言》中对公共图书馆的定位，"公共图书馆应该是地区的信息中心，向用户即时提供各种知识和信息"。剑桥公共图书馆为社区居民提供免费的语言培训、计算机培训、移民知识等，在一定程度上发挥着社会大学的功能；社区居民通过读书会等各种形式的聚会相互交流沟通，增进了解和友谊；图书馆为社区居民提供房产、就业、交通、缴税以及文体娱乐等各种服务信息，为读者提供免费参观波士顿地区各类博物馆的信息和参观券，提供一定时间的免费上网服务和免费打印服务。另外，剑桥公共图书馆专门设立为残障人和老人服务的项目，送书上门，并根据残障读者的阅读兴趣，推荐相应书目。少儿、老人以及残障人员都能在公共图书馆里得到帮助和细致周到的服务。

稳定而充足的资金来源是公共图书馆坚持公益性服务的根本保障。剑桥图书馆的资金来源主要有四部分：剑桥市地方政府财政拨款，马萨诸塞州政府财政拨款，联邦政府财政资助以及各种渠道的捐赠，包括个人捐赠、机构捐赠及民间基金。其中，市政府拨款是其主要资金来源。

第三节　城镇公共体育服务体系的构建

体育休闲对个体的价值可以理解为"人要在生命各阶段里将思想、身体和精神凝结到体育活动中，并使其成为日常生活和休闲追求的一个内在组成部分"。休闲体育活动满足的不仅仅是城市居民生理机能的需要，它追求的是人的身心的满足与情感的释放，它注重的是活动过程的快乐体验。人们可以通过自由、自主地选择休闲体育活动，获得精神上的自由感和解放感；通过活动体验，获得积极的情感体验，宣泄心中的郁闷和块垒，展示在工作和生活中不能展示的风采和魅力，实现人性的回归。在我国城镇，随着全民健身意识的崛起，越来越多的居民参与到休闲体育中来，休闲体育的形式不断丰富。同时，休闲体育弱化了传统体育的专业性和竞技性的要求，以更加自由、休闲的形式展开，让每个人都能找到适合自己的锻炼方式，提高了城镇居民健身的积极性，吸引着更多的人参与到全民健身的运动中来，有利于城镇居民健身观念的养成和城镇社会的健康发展。

一　城镇公共体育建设中存在的问题

（一）全民健身的发展需求与城镇公共休闲体育资源供给的矛盾突出

依据本研究对以北京、上海、西安等为代表的七城市的调查情况，针对"被访者居住社区附近（居住地1公里范围内）是否拥有如下公共休闲空间"这一问题的分析结果发现，目前"球类运动场地"在城市中社区覆盖率仅为45%；而城市社区中"不收费体育馆"这一体育休闲场所的覆盖率仅为28.9%，与社区覆盖率最高的"大型商场、购物中心（76.1%）"有着很大的差距。与此问题相对应的是，在"城市居民公共休闲服务供给诉求"的问题统计中，有49.9%的受访者表示需要"多建设体育馆、球场等体育活动场所"，这个比例仅次于"免费开放各类公园（55.4%）"以及"多建设图书馆和阅览室（51.8%）"，位居第三。说明虽然公共体育设施有一定规模的增长，但是总量仍然不足。第六次全国体育场地普查结果显示，截至 2014 年 12 月 31 日，全国共有体育场地 169.5 万个，平均每万人拥有体育场地 12.45 个，人均体育场地面积仅 1.46m^2，不足美国的 1/10，不足日本的 1/12，远低于欧美等体育发达国家的平均水平，社会供给总量与社区覆盖率远远不能满足人民日益增长的休闲健身需求。

城镇公共体育休闲供给的结构性失衡进一步深化了供求矛盾。以各种球类休闲场所的设立为例，第六次全国体育场地普查结果显示，与第五次普查数据相比，全国三大球类公共体育场馆数量篮球类场地新增近 48 万个，新增排球场地超过 3 万个，但新增足球场地只有 7100 个左右，明显落后于篮球场和排球场，也可以从侧面说明我国足球运动严重落后的原因所在。此外，因性别结构、年龄结构以及收入结构等人口构成的内容比较丰富，不同人口群体休闲体育活动的参与时间、参与类型等多元化决定了公共体育资源供给的多元化。国家体育总局 2013 年对我国居民的体育健身情况进行调查，从健身项目的调查结果来看，健步走、跑步、乒羽球等小球类项目以及足篮球等大球类项目排在前四位。但是，在经常锻炼的人群中，近半数（47.3%）的人表示，自己正在参加的健身项目与所期望的项目不一致。而该群体所期望的体育项目中，前三位分别为游泳、乒羽球等小球类项目和健身走。这些项目大多对场地设施要求高，这就更凸显了中国体育场地设施结构性建设与居民健身需求之间的矛盾，说明目前我国公共体育资源的供给与居民的需求之间结构性错位，矛盾突出。

公共体育设施供给偏重竞技化，全民健身场所建设少也是公共休闲体育供给存在的突出问题。数据显示，2012 年，我国新建体育场地中体育馆、体育场、游泳馆、有固定看台灯光球场等专用场馆居多，不少地方政府热衷于兴建"两馆一场（一座主体育场、一座主体育馆及一座游泳馆）"等大型体育场馆，主要用途还是专业训练和举办赛事，场馆虽气派，但场馆内部的看台占据不少空间，并不适用于全民健身，难以起到为全民健身服务的作用。数据显示，每年国家体育总局本级彩票公益金中的 70%~80% 都用于为地方修建全民健身设施。仅在 2014 年，便有 12.56 亿元彩票公益金通过财政渠道转移至地方，这些资金本计划用于修建全民健身中心、公共体育场、社区多功能体育场等全民健身场馆，但由于监管不到位等原因，不少地方还是用来修建群众不需要的大型场馆。

（二）城镇公共休闲体育资源供给不均等的现象突出

我国国土面积辽阔，不同地区因经济发展水平、国家政策环境等内外部因素的综合影响，公共体育资源的供给在地区间也呈现出不均等现象。首先，供给不均体现在城乡差距上，目前我国体育场馆中有 69.4% 设在城市市区，有 14% 设在郊区，22% 设在农村，我国城乡公共体育资源的配置不均衡。而就城镇而言，公共体育休闲服务的供给总量和地区差异也较明显，东部地区较中西部地区，占绝对优势地位。由于早期国家政策的倾斜以及优越的地理位置，我国东部地区公共体育服务供给始终保持着又好又快的发展态势。数据显示，2012 年，东部地区政府命名的群众体育场地达 19459个，是中西部之和的 4.9 倍；东部地区体育公园达到 522 个，是中西部之和的 4.8 倍；东部地区其他群众体育场地达到 4114 个，是中西部之和的 11.1倍；东部地区其社区健康俱乐部达到 10844 个，是中西部之和的 4 倍。① 截至 2015 年，东部地区的群众体育场地、体育公园、其他群众体育场地、社区健康俱乐部等公共服务方面的数量分别占到总数的 80% 以上；公益性社会体育指导员、其他俱乐部、国民体质监测站点等数量分别占总体水平的60% 以上。此外，第五次全国体育场地普查数据也表明，上海市共有各类体育场地 14425 个，全市体育场地面积 2926 万平方米，人均体育场地面积达1.82 平方米；而贵州省体育场地总数为 21531 个，人均体育场地面积只有0.41 平方米，远低于全国人均 1.03 平方米的水平。区域供给不均衡的现象突出，东部长期占据主导地位（见图 8-2）。

同一个国家的所有公民都应该享有同样的体育权利，不能在权利分配中重视一部分人的利益而忽视另外一部分人的利益，无论是残疾人还是青少年。在城镇体育公共服务的供给中，都必须要把每个公民群体的体育权利转化为具体的体育利益，使每一个公民都能享有体育健身的权利，把体育公共服务覆盖到每一个公民。关心城镇残疾人，是社会文明进步的重要标志，关心城镇残疾人的体育权利，是残疾人事业和群众体育事业的重要组成部分，也是构建城镇和谐社会的重要课题。残疾人作为一个特殊的社

---

① 姜同仁：《我国公共体育服务供给现状与结构优化对策》，《上海体育学院学报》2015 年第39 期，第 1~7 页。

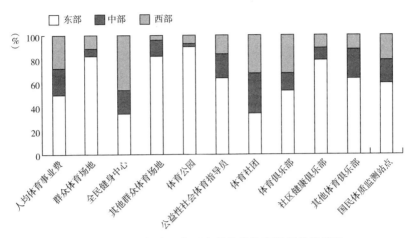

图 8-2　2012 年我国东西中部公共体育服务供给情况

会群体，对于休闲体育建设活动有着特殊的社会要求。与国外发达国家相比，我国残疾人体育公共服务在服务能力与服务保障方面仍存在较大差距，不能满足公共需求现状。残疾人多因身体、心理、交通及生活条件等因素的限制，对城镇体育场馆等人群密集场所的使用率不高；同时，城镇以赢利为目的的大型体育场馆在为残疾人提供服务供给时，所花费的成本基本得不到补偿，因此对此类服务的提供缺乏积极性。另外，大部分城镇公共体育健身器材的配置多以健全人使用为标准，无法满足残疾人的锻炼需求。

（三）城镇公共体育资源管理与保护的法制建设不够完善

总体而言，随着全民健身计划的不断推进，我国城镇公共体育设施和场所的建设数量逐年增长，但是因相关制度的缺失，致使现有城镇公共体育资源的管理与维护处于无序状态，成为亟须解决的关键问题。

虽然我国部分国家性法律法规及地方性规章制度为城镇公共体育健身设施的保护提供了法律依据，但是，《体育法》《公共文化体育设施条例》等只是从宏观方面对体育健身设施提供方向性指导，缺乏实际性举措。国家体育总局曾提出"工程器材的建设资金由体育部门负责，运转资金由受赠单位承担"的原则，也就是说，体育部门只负责捐赠，受赠单位负责健身器材的使用、维护和管理。然而，受人员、经费等因素的制约，受赠单位的维修管理职能大多没有落实到位，这就造成城镇设置在公共场所的健身器材陷入"有人建、无人管"的尴尬境地，甚至有时成为一些人蓄意破坏的对象。相关部门管理职责不清，相互推诿，致使专业维修队伍和管理人员缺乏，毁坏的设施设备得不到及时的修缮，给群众的休闲健身造成了巨大的障碍，这已经成为一个全国性的难题。这也进一步证实，我国尚缺乏统一性、权威性、规范性、宏观性的公共体育健身设施管理与保护规章，致使城镇、乡村公共体育设施在面临使用性磨损、老化及人为性破坏行为时无法可依，体育管理部门失职、渎职及不作为时无法可究，直接造成了公共体育健身设施保护不力。

我国城镇公共体育健身设施及场所人为毁坏现象较为严重的现象，一方面，反映了我国城镇管理部门对公民进行体育设施保护的法制宣传不够，未能进行广泛的普法教育，造成居民对公共资源的保护意识淡薄，人为蓄意破坏等行为时有发生。另一方面，也说明我国城镇在处理蓄意损坏健身器材等公共设施行为上，虽有相关法律法规的出台，但是因执法力度不够，因而造成相关政策"形同虚设"，对市民无法起到有效的监管作用。

二 城镇公共体育建设的发展趋势

（一）体育休闲服务供给从"非必需"向"必需"转变

在我国城镇规划建设的早期阶段，政府对于公共体育建设的投入是不同于医疗、教育等这些与人们日常生活密不可分的公共服务的。公共体育建设的投入主要用于休闲体育设施的建设，其公共服务能力主要体现在满足赛事的举办上，与城镇居民日常休闲活动的联系并不紧密。因此，公共休闲体育服务可以说是"非必需"的。但是，随着经济的发展、居民休闲观念的提升，体育运动已经融入人们的日常生活中。人们对体育功能的认识不仅仅停留在观赏比赛上，而更多的是将休闲体育运动更广泛地融入日常生活中去，参与体育运动的城镇居民逐渐增多，"体育即生活""体育即民生"已经成为全社会的共识。2014 年 10 月，国务院发布《关于加快发展体育产业促进体育消费的若干意见》中提出，到 2025 年，群众经常参加体育锻炼的人数将达到 5 亿，体育公共服务基本覆盖全民。在数量需求扩大的同时，伴随而来的还有质量的提升。随着体育价值观的转变，标准低、设施配套不足和周边环境差的体育健身场所已经不能满足群众的健身需求，居民更倾向于选择设施条件好、类型丰富和服务配套完善的优质体育场地，享受体育运动带来的乐趣。因此，无论是数量还是质量，公共体育服务功能逐渐由"非必需"转向"必需"。

（二）管理主体从单一主体推动向多主体共同发展转变

从新中国成立到 20 世纪 80 年代末，我国一直采用计划经济的手段，对社会各项公共事业进行管理和建设，以公共体育设施为主的休闲体育服务一般都是由国家和地方政府提供资金支持，并交由体育行政部门进行统一管理与运营的。在这种单一体制的管束之下，一方面，造成我国城镇休闲体育设施供给不足；另一方面，因各地经济发展水平并不均衡，也导致公共体育服务供给的不均等化等问题较为突出。随着经济的发展以及城镇居民休闲体育的多元化需求，政府也开始尝试转变公共体育设施的建设模式，逐步引入社会资金，鼓励更多的建设主体参与其中。据统计，在 2012 年我国新建体育场地中，通过非政府渠道投资建设的比例已经上升为 39.54%。[①]政府开始试图构建由政府进行宏观调控，社会企业具体负责投资管理的运营模式，进而形成政府和社会共推的良好局面。此外，就政府参与管理的部门而言，我国大多城镇休闲体育的发展已经跳出了单一部门推动的格局，相关部门之间的合作日益加强，中央和地方相互配合，逐渐使体育休闲走上了健康发展的轨道。

（三）公共体育设施从大型向中小型设施建设转变

长期以来，国内大量的休闲体育场馆多是为满足高水平竞赛而建，不少场馆在举办完赛事后出现不同程度的闲置。结果，既没有足够多的后续体育赛事使用这些场馆，同时也因为选址、功能设计、运行成本等问题难以服务于全民健身活动。据国家体育总局在 2012 年进行的粗略调查统计，

---

① 由世梁：《我国城市体育设施建设布局研究文献分析》，《西安体育学院学报》2015 年第 2 期，第 158~165 页。

全国约有 6000 多个大型体育场馆处于闲置或半闲置状态。因此，从国内外城镇公共体育设施建设经验看，大型体育设施普遍存在建设成本高、赛后利用率低和运营管理不善等问题，而定位于大众健身服务的中小型体育设施具有建设管理与运营成本低的特点，便于引导大众进行体育消费，举办中小型赛事及开展全民健身活动，已成为城镇体育设施建设的重要选择与趋势。① 目前，我国政府开始慎重对待大型体育设施的建设问题，出台政策明确鼓励建设中小型体育场馆，这对推动城镇公共体育设施的合理发展将起到非常明显的作用。《关于加快发展体育产业促进体育消费的若干意见》中提出："各级政府要结合城镇化发展统筹规划体育设施建设，合理布点布局，重点建设一批便民利民的中小型体育场馆、公众健身活动中心、户外多功能球场、健身步道等场地设施。"明确了以中小型体育场馆为中心的城镇体育休闲设施发展方向。

（四）公共体育发展从无序化到标准化、品牌化建设转变

随着全面健身运动的逐渐开展，休闲体育逐渐成为城镇居民关注的热点问题，成为众多专家学者关注的对象。体育场馆的主要功能是为本地居民的体育休闲和健身服务的，但是在早期，这个主要功能却被忽略了，有些地方乱占体育场或随意挪作他用等问题突出。目前，随着城镇各界的重视，标准化与品牌化已经逐渐成为推动城镇休闲体育发展的双引擎。据统计，截至 2015 年，已有 21 个体育场所开放条件与技术要求标准已经报国家标准委审批，相关项目从业人员职业资格考试的准备工作进展顺利。② 同时，大小节事亦成为推进休闲体育发展品牌化的一种方式。中国成功举办了第 30 届中国国际体育品牌博览会和第六届中国体育旅游博览会，各地也深入开展全民健身活动。根据地方、行业特色和群众需求开展"一城镇一品牌"和"一行业一品牌"活动，很多城镇结合地方历史文化元素，举办了各具特色的全民健身运动会。

---

① 黄兆生：《城市社区体育设施规划与设计策略研究——以重庆为例》，重庆大学硕士学位论文，2011。
② 宋瑞：《休闲绿皮书：中国休闲发展报告（2013—2015 年）》，社会科学文献出版社，2015。

三　城镇公共体育健身体系的构建思路

（一）开放学校健身场所，扩大社会有效供给

学校体育设施是我国城镇公共体育资源的重要组成部分。2013 年第六次全国体育场地普查报告显示，我国教育系统内的体育设施数量占我国体育设施总量的 38.98％。[①] 但目前学校体育场地对外开放率较低，同时开放的体育场地中利用率也不高。在城镇居民体育休闲需求不断增加的条件下，如何有效利用学校体育设施将成为未来我国城镇公共体育设施规划的重点工作。

学校良好的体育设施资源优势是扩大城镇公共体育资源供给的有效保障。首先，学校体育设施建设是学校教学设施建设的重要一环，以高等院校为例，近几年国家不断加大对教育的投入，"985""211"工程以及"双一流"建设的实施大大改善了高校的公共设施和基础建设。为满足高校教学以及学校师生的需求，高校体育设施类型丰富，具有锻炼性、休闲性和娱乐性等功能，能满足居民不同层次的需求。其次，目前专业体育健身指导队伍的建设也很不成熟，高校体育专业的专职教师以及研究生等高级知识分子可以逐渐成长为这个队伍的中坚力量。如加以合理引导，他们中的大部分都可以在完成日常教学和科研任务外，充分利用自己的专业知识，参与体育锻炼指导并为城镇居民提供咨询服务，使更多的城镇居民获得正确的健身指导，有效参加健身活动。最后，因学校有其特殊的规定，除去正常的教学时间，有约为 180 天的课余、双休日和大小长假等节假日休息时间。这就意味着，一年中，有将近一半的时间高校体育资源处于闲置状态，这也为高校体育资源服务城镇居民的休闲活动提供了充足的时间保障。

1999 年，教育部办公厅下发了《关于假期公休日学校体育场馆向社会开放的通知》，鼓励学校体育设施对社会开放。但学校也有自己的担心，原因在于外来人员的进入，使学校的管理成本增加，安全管理上风险增大。在这一系列问题的困扰下，许多学校选择紧闭大门。为解决对外开放健身场所所带来的一系列问题，2015 年，国务院发布《关于推进中小学校体育

---

① 数据来源：国家体育总局公布的 2013 年《第六次全国体育场地普查数据公报》。

场地设施向社会开放工作的通知》，就学校体育场地设施向社会开放的责任主体、风险管理及相关的经费补助作了说明，为学校向社会开放体育场地与设施提供了更加明确的思路。2017 年 1 月，《北京市全民健身条例（草案）》（以下简称《条例草案》）提请市人代会审议，《条例草案》中对开放中的安全责任主体如何区分等问题加以明确。以上的案例都说明，政府需要有所作为，为学校提供政策和法律支持和保障，才能使学校向社会居民打开大门，回馈社会。

（二）以社区为突破口，开创发展新模式

在我国，城镇社区体育是指以社区为单位开展的区域性群众体育活动，活动的开展以社区内的体育场所及设施为物质基础，以社区内部的全体居民为主体，以满足社区居民的体育健身需求、丰富居民闲暇时间的活动内容、增强社区成员的身心健康、巩固和发展社区感情为主要目的。① 以社区为单位大力发展公共体育健身，构建社区公共体育服务体系，是全面实现"全民健身计划"的关键步骤，更是衡量一个城镇发展水平和文明进步的重要标志之一。城镇社区体育以其灵活性、多样性的特点丰富了社会公共体育发展的模式。早在 1996 年底的首届全国社区体育工作会议上，政府就提出要将社区体育作为社会发展和体育改革的重要组成部分，从目标、体制、组织、设施、经费等各方面加以规定，全面推动我国社区体育研究的发展。但是，遗憾的是，目前我国城镇社区体育公共服务体系仍然处于构建初期，存在许多亟待解决的问题。比如，社区体育经费以个人缴纳和自筹资金为主，政府给予的拨款较少，并不能满足社区体育的发展需求，因此资金短缺成为制约社区公共体育发展的首要因素；公共体育健身设施是社区体育活动开展的重要物质载体，但是大多数的体育设施重复购置严重，且健身器材缺少管理，利用率不高。同时，许多社区体育的组织和管理主要是由街委会下设的体育协会负责，大多没有设立体育指导中心，市、区人民政府以及街道办事处往往没有从事社区体育的专门编制，对社区体育的组织与建设力度不够，缺乏有力的组织管理等，在一定程度上制约着社区体育的健康、持续发展。在这种背景下，采取有效的措施，大力构建城镇社区

---

① 樊炳有：《社区体育论》，北京体育大学出版社，2003，第 7~8 页。

公共体育服务体系成为公共体育事业建设的重点任务。

1. 政府加强资金、政策方面的支持

继续推行体育彩票、体育博彩政策，逐步增加对城镇社区体育事业建设的经费投入，建设多样化的体育设施；鼓励、倡导企事业单位、社会团体和个人捐赠资助社区体育活动和体育设施建设，鼓励辖区的单位举办或承办社区大型体育活动。同时，制定和规划社区体育发展的计划和各种政策，完善社区体育法制，对非营利性的俱乐部和协会实行减税、出台相关规范确保新建居民小区必须按照一定比例配建公共体育场地和设施等。

2. 强化对社区体育的组织管理

社区体育组织管理是社区全民健身活动有效开展的保障。应充分调动社区内各个主体的积极性，健全体育组织，完善运行机制；同时，着重建立健全以政府为导向，以社区体育协会为核心，以企业、事业单位的体育协会为基础，以社区体育指导员和体育志愿者为骨干人员，以社区广大成员为参与主体，社区内各种体育健身设施和场所为依托的社区体育组织网络。

3. 大力开发社区公共体育服务的人力资源

社区公共体育服务的人力资源主要包含：管理人员、服务人员以及活动指导人员、志愿者队伍等。首先，确立从事社区体育人员的公务员编制，借助于体制去培养众多的社区体育人才；鼓励相关院校开设与社区体育相关的专业以及研修班，培养专业的社区体育指导人才；加强对社区内部的宣传教育，壮大志愿者服务队伍等。

（三）搭建信息化平台，创新发展新方式

21世纪是一个高度信息化的时代，以物联网、互联网等为基础搭建的各类网络信息平台日渐普及，惠及城镇居民生活的方方面面，如电子政务服务、医疗网络服务、人事信息管理和高校自动化办公等。与此同时，城镇居民对体育需求日益增强，依托蓬勃发展的信息化等现代技术，加强城镇体育公共服务信息化建设，向城镇居民提供多样化、层次化、高效化、相对均等化及基本顺畅的体育公共服务成为必然。公共体育信息化服务主要是以高效快速的网络信息技术作为技术支撑，将公共体育服务的所有环节采用信息手段进行整合，搭建城镇公共体育信息服务平台，依托手机、

电脑等电子设备作为移动终端，使城镇居民共享体育信息资源，为居民提供切实可行的体育信息服务方式，如信息检索、信息发布、信息咨询、健身指导等全方位管理信息系统；提供准确高效的公共体育信息，切实满足人民群众对体育健身的需求。另外，信息化服务平台的搭建还可以提高城镇体育公共服务质量监督的透明度和公开化程度，促使政府、企业、社区等公共服务提供者加快服务观念转型和服务理念更新，大大提升城镇居民对体育服务供给的满意度。

现阶段，随着"智慧城市"的建设以及"互联网+"的普及，我国城镇公共服务信息化建设已开始初具规模。但是城镇体育公共服务信息化建设却鲜有涉及，包括北京、上海及广州等在内的一些一线城市也是如此。公共体育活动的宣传多依靠张贴海报、悬挂横幅、竖立告示牌、制作宣传栏、活动现场宣传等传统方式来进行；公共体育服务信息化建设相对滞后，使公众通过信息化平台来获取运动与健康知识讲座、体质健康测试、健身活动的组织与开展、体育活动展演与交流以及公众健身档案建立等日常信息非常困难；公众与国家及城镇政府、体育行政部门、社会体育组织、市场体育组织、民间草根体育组织和企事业单位组织等社会各组织互动的外部阻力增大，这在一定程度上制约了我国城镇体育公共服务品质的提升。

基于此，在城镇公共体育信息化服务体系的构建中，政府、企业等城镇体育公共服务提供者应从便民、利民角度出发，加强自身信息化服务水平和能力的提升，通过引进信息化专业高素质人才，开发信息化管理平台，逐渐建立信息化服务网络；运用信息化平台简化和优化城镇体育公共服务的办事流程，拓宽群众获取体育健身运动信息的渠道，引导公众理性监督并及时反馈城镇社区体育公共服务中的问题，如在信息平台上及时发布体育健身知识专题讲座的主题、内容、时间、地点等信息，日常推送运动与健康类的文章，为居民提供反映器材损坏、场馆建设等问题的渠道。通过一系列具体措施，促进城镇公共体育服务信息化水平的提高，提升公众对城镇体育公共服务的满意度。

（四）多主体参与，激发公共体育发展的活力

我国城镇的公共体育事业一直都是政府投资、管理，政府既是城镇公共服务的组织者、管理者，还是投资者，集三种角色于一身的政府在资金

投入上不堪重负，在场馆运营中又无暇顾及，因而造成体育公共服务的质量和效率低下，大批场馆闲置，群众参与的积极性普遍不高等现状。为突破这一瓶颈，在城镇体育服务体系的构建中，在公共体育设施的前期建设、后期运营以及群众监督评价等各个环节的实践中，都需要积极引导政府、企业、非营利组织以及群众的积极参与，相互配合，取长补短，激发公共参与体育服务的活力，实现公共体育服务的可持续发展。

为此，在城镇公共体育设施前期建设方面，除了充分利用政府的财政支持，还需要调动社会企业投资的积极性。政府的财政支持主要来源于中央预算内投资、地方财政性资金以及体育彩票公益金等，政府通过增加财政投入，直接用于扩大城镇公共体育服务设施建设，用于支持建设中小型全民健身中心，并加强监督管理。同时，政府也应通过各种手段鼓励社会力量建设体育设施，鼓励企业、个人和境外资本投资建设、运营各类体育场地，支持社会力量捐资建设公共体育服务设施，各地还可以采取公建民营、民办公助、委托管理、PPP 和政府购买服务等方式予以支持。

在公共体育场所的建设运营方面，政府坚持以公益性为导向，城市公园、郊野公园及城市空置场所等由政府投资兴建的公共体育设施应免费或低收费向社会开放。同时，政府还可以通过在"受益广泛、群众急需、保障基本"的原则指导下购买服务等方式引导营利性场地设施为群众体育健身服务，鼓励社会健身、职业俱乐部以适当形式开放场地，提供公益性群众体育健身服务。另外，也可以鼓励社会化运营，对中央补助投资建设的公共体育服务设施，鼓励采取"委托管理"等方式，运用竞争择优机制选定各类专业化的社会组织或企业运营。地方有关部门在招标之前，应合理确定公共体育服务设施的服务范围、开放时间和主要服务收费价格等，保证公共体育服务设施的公益性质，并将有关内容向社会公示。对由企业负责运行管理的项目，应签订公益性条款，对项目产权性质、设施用途和投资收益使用进行规范，在调动企业参与积极性的同时，确保设施公益性质，使其真正服务于民，预防健身场所因收费过高等问题而产生闲置等状况。

在服务体系的监督评价这一环节，政府需要加强组织领导、落实政策支持、强化监督检查，加大信息公开力度。城镇居民是公共体育服务的主要体验者与参与者，因此，也需要拓宽群众反映问题的方式与途径，鼓励城镇居民利用信息平台，对服务水平和质量及时进行监督与评价，广泛参与。同时，还可采取一定的奖惩措施，鼓励群众积极为城镇公共体育服务体系的构建建言献策。

案例分享

奥运场馆的"平凡之路"

庞大唯美的奥运场馆，是每一届奥运会独有的标志。为了让光临奥运之城的几十万运动员和观众宾至如归，更为了彰显主办国的实力，组织者往往不顾自身的实际消化能力，将奥运场馆建造得既多且大。但在奥运体育盛宴之后，由于巨大的体量、巨额的维护成本、功能开发的难度、使用率的缺失等原因，使得奥运场馆的赛后运营成为一道公认的世界性难题。

1976年，蒙特利尔奥运会为奥运史册留下了一个不堪回首的名词——"蒙特利尔陷阱"。由于组织者的一再失误，原本1.24亿美元的预算最终被刷新至15亿美元，其中70%用于场馆建设。巨额的赤字加上不断累积的场馆维护费用，令蒙特利尔用了足足20年才恢复了元气。

1998年，长野冬奥会，日本政府斥资190亿美元建造高速火车和雪道等设施，奥运会后场馆设施的高额维护费严重抑制了长野的经济发展，200多家企业因此破产。

2004年，雅典奥运会远远超出预算的130亿欧元办赛支出，加上奥运场馆每年1亿欧元的维护费，让希腊政府陷入了严重的预算赤字。"富丽堂皇的奥运场馆的确可以充当新时代希腊的形象大使，但眼下这位大使不仅无所事事而且卧病在床，既需要花钱治病，还需要家人照料。"一位希腊记者如此戏言。

刚刚过去的2016年里约奥运会主场馆马拉卡纳体育场，现状更是苦不堪言，有10%的座椅丢失，同时还有大量基础设备由于疏于维护而损坏。在游泳场地上，池水已经发黄，水面漂浮着无人清理的泥巴。据了解，马拉卡纳体育场还欠着电力公司一笔巨额电费，总计达94万美元。怎样还清这笔账单，马拉卡纳公司和里约奥委会至今还在协商。

为了摆脱"奥运后遗症"，许多国家在奥运场馆的设计之初就已经考虑到"后奥运时代"体育场馆的利用问题。但是，最关键的仍然是在赛后这些曾经"美轮美奂"的场馆能否服务于城市居民，能否踏上为城市公共体育服务的"平凡之路"。

美国玫瑰碗球场（TheRoseBowlStadium）

玫瑰碗球场是奥林匹克运动会赛场成功转型的范例。玫瑰碗球场位于美国洛杉矶郊区的帕萨迪纳（Pasadena）市，得名于其形状，1932 年洛杉矶奥运会曾有赛事及 1984 年洛杉矶奥运会开幕式在此举行。

在奥运会结束以后，玫瑰碗球场由帕萨迪纳（Pasadena）市当局委托玫瑰碗运营公司运营管理，该公司是从市议会成员中选举组成的非营利性组织。玫瑰碗运营公司（RBoc）将代表帕萨迪纳（Pasadena）市发行 2250 万美元债券，投资近五百三十万美元用于城市基金，每年有 3%～3.5% 的收益。

玫瑰碗球场主要以新年足球赛闻名，每一个元旦，世界各地球迷的眼光都集中在玫瑰碗球场。当然，它也举办其他活动，如音乐会、宗教仪式、公司会议、产品发布等。并且，它还是世界上最大的跳蚤市场，每个月的第二个星期日展开的加利福尼亚最隆重的跳蚤市场，两千名以上的商人在这里进行古董、珍藏品、美术作品、工艺品等的展示和销售。

玫瑰碗球场是全美体育场馆的典范，因为它一直强调顾客满意、合理的赛事安排和社区参与。自 1992 年起，玫瑰碗球场开始建造世界顶级体育场标准的豪华包厢。每个包厢 14～18 个座位，每个包厢有电视显示器、VIP 停车许可、为聚会成员提供的特别节目、包厢就餐服务、包厢服务私人电梯、独立洗手间等。

中国国家体育场（鸟巢）

国家体育场（鸟巢）是 2008 年北京奥运会的主体育会场。在 2008 年奥运会后，鸟巢在"后奥运时代"的表现也获得大众的认可。

在近几年，国家体育场（鸟巢）相继开展足球、田径、马术、滑雪等大型国际体育赛事，大力引进演唱会、音乐会、表演秀等各类文化演出活动，支持青少年赛事和公益活动，培育"鸟巢欢乐冰雪季"、《鸟巢·吸引》等自主品牌项目。同时，意大利超级杯、世界车王 ROC 争霸赛、南美超级德比杯足球赛等也已登陆鸟巢，共同形成鸟巢兼具影响力的品牌项目。

国家体育场（鸟巢）积极践行落实社会责任，立足服务社会、服务大众，履行其公益职责，打造公益品牌，坚持实行低票价政策向社会公众开放，并为特殊群体提供半价票、免费政策。2016 年，国家体育场举办了全国助残日健身跑、无烟宣传、大型国际义卖活动；太极拳公益健身、鸟巢系列跑，积极营造全民健身氛围，倡导健康生活方式；"北京冬奥知识进社区"系列活动为冬奥知识的普及打基础。此外，还开展了专门为青少年打造的"青少年鸟巢田径大课堂"、第七届"鸟巢杯"少年棒球邀请赛和已经连续举办了 8 届的鸟巢欢乐冰雪季，助推青少年冰雪运动。

在奥运会场馆的后续开发利用方面，悉尼人也是公认的楷模。2000年奥运会后，他们迅速成立了奥林匹克公园管理局，在该部门的运作下，悉尼奥林匹克公园承接了包括世界杯橄榄球赛在内的多项体育比赛，公园内的大部分场馆还成为全民健身场所，早在 2009 年就已经实现了自负盈亏。

第四节　城镇社区公共休闲服务体系的构建

一　社区与社区休闲

"社区（Community）"一词最初是由德国的社会学家滕尼斯应用到社会学的研究中的，20 世纪 30 年代，费孝通先生将英文单词"Community"翻译为"社区"一词，后随着许多学者的引用与研究，"社区"一词逐渐在我国流传开来。一般而言，"社区"的组成要素有四个方面：人口、地域、相联系的有组织的社会经济活动及与之相适应的管理机构、维持集体生活所必需的共同行为规范及其制度。随着城镇居民休闲需求的不断增长，社区的休闲功能不断完善，社区逐渐成为居民开展日常休闲活动时最直接、最频繁，也是最重要的场所。社区公共休闲空间的构建、休闲活动的开展等越来越多地受到社区居民的关注。《中国中小城市户外休闲地发展研究》一书中通过对我国 6 城市户外休闲行为空间进行分析，显示城市社区休闲空间作为居民最基本的休闲空间，户外休闲行为频度最高，是户外休闲成熟度的重要标准尺度，直接体现着一个城市的人文关怀，因而也是城市最为重要的户外休闲空间。①

　　社区休闲是指社区居民在闲暇时间内所从事的所有活动的总称，这些活动发生在社区内部，运用社区的景观及环境设施，采取自己喜欢的方式，去追求身心上的放松、精神上的愉悦与充实。通常这类活动是居民自发组织开展的，不具有竞争性和营利性等目的。② 从居民角度而言，以社区为平台搭建的休闲模式有利于拓宽居民休闲渠道，降低休闲成本，从而扩大社区居民对休闲活动的参与度。同时，对休闲活动的参与能直接影响人能否全面、完整、健康地发展自己。从社区角度而言，作为城镇居民的惯常居住场所，社区能否为居民提供充足的休闲空间，能否提供多种形式的休闲活动是评判社区全面发展与进步的重要标志。社区休闲文化建设不仅美化了社区环境，也为社区居民提供了日常交流与互动的场所，对于深化社区融合，提高社区居民归属感具有重要意义。从整个城镇社会而言，社区作为城镇最小的构成单位，其发展状况在一定程度上体现了城镇社会的发展状况和文明程度。所以，社区休闲文化是社会精神文明建设的重要组成部分，它能够为人们提供消遣娱乐、释放压力的途径和方式，对社会情绪的化解与治疗具有一定作用，对城镇社会秩序的稳定与社会和谐发展具有重大意义。

二　城镇社区公共休闲服务存在的问题

（一）社区公共休闲空间不足，结构不合理

　　数量充足、布局合理的社区公共休闲空间是城镇居民开展休闲活动的前提条件。但就目前我国城镇社区发展的普遍现状而言，社区公共空间被一再压缩，社区公共休闲空间供给不足。城镇社区多依托商品型住宅小区形成，在市场机制下，小区开发商过度追求经济利益，楼层不断加高，楼间距却在不断缩减，土地被过度商业化，许多公益性设施用地被挤占。居民生活在现代城市钢筋混凝土的环境中，与人交往、娱乐的休闲空间逐渐萎缩。

① 宋军继：《中国中小城市户外休闲地发展研究》，中国社会出版社，2006，第282~283页。
② 李九全、张中华：《社区旅游与社区休闲相互作用机制研究》，《世界地理研究》2007年第6期，第73~77页。

同时，现有休闲空间利用不合理，开发模式单一，进一步抑制了居民的休闲活动。目前，城镇社区公共休闲空间一般包括社区公园、社区绿地以及配套的健身器材等设施设备。从休闲空间的开放程度而言，多为室外开放式的休闲场所，而老年活动中心、文艺中心等室内休闲活动场所数量较少。由于室外活动场所受天气等环境因素的影响较大，在雨雪等各种极端天气条件下，社区户外休闲活动场所基本闲置。同时，户外设施设备易出现损毁的情况，使用周期较短。这种状况不仅不能满足城镇社区居民的休闲需求，也造成了休闲空间及设施等资源的浪费。从休闲空间的利用群体而言，社区普遍将"一老一少"——离退休人员和中小学生作为主要的休闲活动群体，在许多社区居委会中我们能看到老年活动室、儿童娱乐中心等场所，休闲空间使用的方向大致都倾向一老一少，而很少为中青年人提供社区活动场所，社区休闲空间的设计并不能满足多层次社区居民的休闲需求。从休闲空间的布局结构而言，分布散乱，社区居民的休闲满意度不高。目前，社区休闲场所多以社区公园等综合开放形式出现，老人、小孩以及年轻人等各种群体均聚集在此处，造成休闲空间在使用过程中相互干扰，使居民的休闲体验不能得到有效满足。

（二）社区居民闲暇时间利用不合理，缺乏精神层面的休闲追求

按照目前我国五天工作日制度及法定假日计算，一年中的法定假日已达 115 天，占一年时间的30%以上，居民休闲时间充足。但在北京市社会科学院所作的一次问卷调查中显示，我国城镇社区居民在具备闲暇时间和出行必备条件下，对休闲时间的安排却很随意，空耗和浪费闲暇时间的情况相当严重。在回答"假如有半天的闲暇，你会怎么安排"时，有 52.1%的人都选择了"没有安排，很随意"；谈及对休闲活动的选择时，大都回答"看电视""看报纸"和"上街购物"，其他答案分散而零星，说明目前大部分居民闲暇时间的活动安排多为无指向性和随意性。

就城镇居民的休闲目的而言，多为追求身心放松，缺乏对精神层面的追求。另一项对城镇社区居民日常进行的娱乐休闲活动的调查发现，排在前三位的活动依次是看电视、看报纸、逛街购物；在体育休闲活动的选择题中，排在第一位的是散步健身，第二位则是"不进行锻炼"，占到

21.4%；87.9%的被访者在去年一年中，从未参加过业余学习活动，只有3.6%的人曾听过一些讲座。94.5%的居民认为自己的休闲目的是"促进身心恢复"，很少顾及精神层面的需求。[①] 这些数据说明，目前我国城镇社区居民缺乏合理利用休闲的观念，居民从事休闲活动的首要目的是让自己从繁忙的生活和工作中解放出来，放松身心，但对于那些可以陶冶情操和提高个人文化修养的休闲活动参与甚少。

（三）社区休闲活动有待进一步丰富，居民参与度有待提高

1995年，我国建立社区服务国家标准。其中，建设社区中心设施的详细指南中提出，每个服务中心须为老年人、残疾人、儿童和青年提供至少八项福利和慈善服务，如社区服务中心可提供社区大学、老年大学、图书馆、健身设施、文化和艺术中心、俱乐部等设施和服务。[②] 但是，从休闲活动的个案调查发现，大家比较认可、参与度较高的休闲活动只集中在"非竞争性运动和游戏"，而对其他类型的活动参与非常有限，甚至对将社会公益活动、教育活动归属于休闲范畴感到惊讶。以公益活动为例，调查中，有50%以上的人在过去的一年中没有参加任何公益活动。在参加过公益活动的人群中，基本是通过单位或街道组织的如清扫道路积雪、募捐、植树等活动，很少有人主动去从事过志愿服务活动，直接原因还是社会和社区组织的公益活动供给非常有限。

城镇社区居民的广泛参与是社区休闲活动及组织发展的持久动力，但是一系列贫瘠的数字说明我国城镇社区居民对社区休闲活动的参与度有待进一步提高，社区休闲的发展现状不容乐观。以沈阳市的一次调查为例，在受访的社区居民中，有46%的居民表示没有参与社区内的文化休闲活动；38%的受访者表示偶尔一两次参加到活动中去，仅有8%的居民表示会经常参加，且大多集中于中老年人群，青年以及儿童等群体的参与度更低。

---

① 赖勤：《解读社区休闲》，《社区》2006年第22期，第35~36页。
② 宋瑞：《寻找中国的休闲——跨越太平洋的对话》，社会科学文献出版社，2015，第65~68页。

（四）社区休闲管理主体不明确，资金、人力、教育等资源投入不足

城镇社区休闲的发展涉及很多方面，需要政府文化、教育、体育以及街道、居委会等各部门组织的支持与配合。但目前我国的城镇社区缺乏明确的组织管理主体，部分相关部门虽然参与了社区休闲发展，但彼此职责不清、管理交叉，有时会陷入无人管理的困境。设立有专人管理的社区也较少，大多数社区采用兼职管理的办法。由于真正经常性参与社区休闲管理的人员不多，社区休闲活动绝大多数是由各项休闲活动的发起人来组织协调，没有一个科学的管理体系，各方面工作的协调比较困难，导致城镇社区休闲活动的组织管理过于松散。

因缺乏明确的管理主体，城镇社区休闲活动多为自发组织与开展，资金、人力、教育等资源投入方面的问题随之而来。首先，在资金投入方面，政府部门依旧是社区休闲建设投资的主体部门，但较经济建设投入而言，休闲文化建设的资金投入相对较少，且多集中于社区公园、健身器材等基础性的场所设施，远远不能满足社区居民多元化的休闲需求。其次，在专业服务队伍的建设上，通过调查我们发现，目前社区的文化工作者往往并不具备进行社区文化工作的专业知识和素养，其中大部分是社会兼职人员或志愿者，文化水平相对不高，对社区工作缺乏积极性。最后，管理组织忽视休闲教育在社区发展中的重要作用，社区居民的休闲意识薄弱、活动参与的积极性不高等均是社区缺乏休闲教育而产生的直接后果。

三　城镇社区公共休闲体系的构建思路

（一）扩大社区休闲供给

居民零散的休闲时间以及距离衰减规律决定了社区是城镇居民最主要的休闲空间之一，社区休闲仅次于居民在家里发生的休闲游憩活动。显然，目前我国城镇社区中休闲场所的设置、休闲设施的数量以及休闲活动的开展均不能满足社区居民日益增长的休闲需求。因而，扩大公共休闲供给是社区休闲体系构建的首要任务。

1. 扩建社区休闲场所

社区休闲场所是社区居民基本的休闲活动空间。按照开放程度而言，社区休闲场所可划分为两类，一类是开放式休闲场所，如社区公园、步道等；另一类是封闭式休闲场所，如图书阅览室、社区文艺中心等。目前，我国大部分城镇社区休闲场所以开放式为主，部分社区虽然设有封闭式休闲场所，但由于内部设施不齐全、缺乏管理与维护人员等原因，开发利用程度低，形同虚设。在这种情况下，应适当增加室内活动场所，进一步扩大社区整体休闲空间；同时，也可以保障社区各项休闲活动的举办不受季节、天气等环境因素的影响，提高场所的整体利用率。

以开展休闲活动的类型为标准进行划分，则可将社区休闲场所划分为：社区体育休闲活动场所、社区休闲文娱活动场所以及社区休闲教育活动场所。社区休闲体育活动因其贴近生活，最易作为居民日常的生活方式而被接受。发达国家社区体育中心是开展社区休闲体育活动的场所，以英国为例，其社区体育中心一般能够开展17个体育项目，许多国家的城镇社区还会与时俱进，不断推出新式休闲体育活动。社区文娱活动场所的缺乏是目前我国城镇社区休闲发展中较为突出的问题，其导致的直接结果就是社区居民休闲活动单一，且缺乏对精神文化层面的追求。社区休闲娱乐场所的设立是国外社区建设时普遍注重的问题，人们通过文化娱乐活动的开展获得精神上的享受和艺术熏陶，增进文化交流，增强社区的凝聚力，构建和谐的社区文化。社区休闲教育场所的设置立足于社区居民的利益及个人素养的提升，能够保障社区绘画、舞蹈、烹饪等各种技能培训与教育活动的有序开展，是社区休闲活动场所的重要组成部分。

2. 丰富社区休闲活动

对于城镇社区休闲而言，仅仅为居民提供休闲场所和设施等硬件是远远不够的，还需要针对不同年龄群体对各种社区休闲活动进行必要的组织。社区群体按照年龄标准主要划分为：老年人、中青年人、青少年及儿童等几个群体，由于年龄和社会角色的区别，在社区休闲需求方面，这几类人员存在着较为明显的差异。区分这几类群体休闲需求的差异，有助于我们丰富社区休闲活动，促进社区休闲文化的全面发展。

按照联合国指标，我国已经进入老年型社会，老年休闲活动问题已成为当今普遍存在的重大社会问题。据调查，84.5%的老人每天都要外出活动

1~2 次，另有 1%的老人每天外出 3 次以上。但一般外出时间都不长，23.7%在 1 小时之内，62%能达到 1~3 小时。远距离外出度假或游玩频率很低。另对上海市 60 岁以上老年人的问卷调查发现，6.7%的老年人全年足不出市，42.2%的仅在家门口附近活动。可见，老年人的休闲行为主要还在居住的社区内，老年人也成了社区内几乎每天固定的休闲群体。老年人这一休闲群体，空闲时间较多且比较稳定，生活重心逐渐由工作转向颐养天年，社区休闲活动以静态为主，辅以部分运动强度较小，强身健体的休闲活动。

此外，青少年及儿童等也是主要的社区休闲服务对象。青少年及儿童时期是孩子心智养成、主动学习的关键时期。因此，为促进孩子的健康成长，必须从小对他们进行丰富的教育，其中更多是思维和行动能力的培养。以青少年为对象的社区休闲活动须强调知识传播及教育功能，在休闲中玩耍和成长是活动的最终目的。同时，我们也不能忽视中青年人的休闲活动，中青年是居民的主要群体，但多因为工作及家庭等原因，相较于青少年和老人，他们真正拥有的闲暇时间很少，生活压力大。因此，中青年群体的休闲活动以放松身心为主，同时辅以各种技能的锻炼及学习，以促进个人身心的可持续发展。

（二）优化社区休闲管理

城镇社区公共休闲体系的构建离不开政府、社区居委会、非营利组织等各个主体的共同参与和努力，但不同的主体在社区休闲体系的构建中承担的角色各有不同。

1. 政府应加强宏观调控

各级政府在社区公共休闲管理中起着宏观调控的重要作用，通过制定相关政策、直接或间接投入资金等手段，为城镇社区休闲活动的开展提供政策、资金方面的支持和保障。

目前，我国关于休闲的社会政策数量较少，且较多涉及旅游休闲和体育休闲方面，在社区休闲领域近乎出现了政策缺位的现象。同时，对于城镇社区休闲的基础设施建设的政策规定各地不一，而且政策规定不详，导致各地方政府搞形象工程和面子工程，惠及居民切身利益的基础设施建设很少到位，这些都影响了城镇社区休闲体系的建立。因此，出台旨在鼓励和促进城镇社区休闲文化的政策与具体实施方案、建立健全规章制度、规划社区休闲发展的目标、规范社区休闲的发展方式，从法律角度给予社区休闲发展的合理性和合法性支持等都势在必行。

充足的资金能够保证社区休闲设施设备的有效供给，能够保障各种休闲活动的有序开展。但显然，目前我国城镇政府对社区休闲的资金投入远远不能满足社区居民普遍增长的休闲需求。在这种情况下，政府部门应适当增加资金投入，用于社区内健身器材、棋牌室、文化娱乐中心等休闲活动场所的兴建；也可以搭建融资平台，以项目招标、冠名等各种形式吸引社会企业进行投资建设；同时也可以通过政策优惠、表彰、署名等手段鼓励企业或个人捐款，筹集社会各界资金共同推动社区休闲体系的构建。

2. 突出社区居委会服务职能

在我国城镇，社区居委会是受国家法律保障的社区内组织的最高代表机构，是社区内代表民意的权威性群众自治组织。社区服务是社区居委会最根本的职能，促进社区休闲服务的民本化、规范化和专业化建设，是社区居民委员会在社区公共休闲体系建设中的指导原则。

国内外城镇休闲发展的经验证明，社区服务必须本着民本化的理念，吸引居民参与。社区居委会休闲文化的建设需要体现社区居民的广泛要求，根据社区居民的休闲时间安排休闲活动，根据居民不同层次的休闲需求设置社区休闲活动场所，以人为本，满足居民多元化、个性化的休闲需求。

建立健全社区休闲管理规范，包括社区休闲设施的建设标准、休闲设备的日常管理与维护、休闲活动的申报流程以及休闲组织的常规化管理等具体规范细则。为使社区休闲活动有序开展，还应设立相应的监督管理机制，以促进各项规范标准的落实。

社区休闲的专业化建设还需要建立一支以专职人员为骨干、以兼职人员为主体、以志愿者为基础的一定规模的社区休闲服务队伍。加强社区休闲专业技术人员队伍建设，从休闲观念、休闲技能以及活动安排等各方面为社区居民的休闲生活提供专业化、精细化的指导，发挥其在社区休闲中的带动作用，提高社区居民休闲的规范性和科学性。

3. 积极发挥非营利组织的作用

非营利性组织主要致力于社会服务管理，是城镇社区休闲活动的具体承担者。非营利性组织遍布各个社区，其基本宗旨就是满足社区居民的日常生活需要。此类非营利组织来源于社区居民，能够更好了解居民的真正需求，所以，在美国等发达国家，非营利组织在社区公共休闲领域甚至起主导作用。另外，非营利组织的公益性和自愿性，能大幅度降低居民的休闲成本。据统计，在美国目前有100多万个非营利性组织；巴黎有社区体育组织618个，俱乐部3559个，各种文化组织2400多个。仅巴黎一个普通的区，如巴黎第3区，各种文学、艺术、音乐、体育等协会达40余个；新加坡的城市社区往往有合唱团、舞蹈团、军乐队、风笛队、华乐队、演剧社等各种组织等。[1] 国外社区休闲活动的开展往往依靠这些非营利组织及机构。

比较而言，我国城镇社区居民普遍缺乏自行组织的能力和动力。因此，需要依靠社区根据居民特点有计划地成立一些特色民间组织，并定期组织活动，扩大活动的影响力。这些非营利性组织的成立要向政府提交书面申请，写明机构的性质、服务宗旨、运作计划以及项目开发的方式等，政府通过严格的审核认定后，予以批准成立。政府对非营利性组织需从财税政策上给予必要的支持，如免税政策等，鼓励组织的盈利和利润在促进社区休闲发展方面的再投入。这些非政府组织如能有效运作，不仅能够提供多样化的休闲服务及活动，丰富居民参加社区休闲活动的内容与方式，同时也能够承担原属于政府所需要提供的活动管理与服务职能，减轻地方政府的负担，推动社区公共休闲管理体系的有序建立。

（三）开展社区休闲教育

休闲教育是现代社会教育的一大主题。休闲教育不仅要在大中小城市中广泛开展，还需要进入社区，融入社区居民的日常生活。大力推进社区休闲教育，有利于培养社区居民的休闲观念，提升休闲技巧及鉴赏能力，保障社区居民休闲时间及空间的充分利用。

1. 培育健康的休闲观念

良好的休闲观直接关系居民休闲体验的满意度，开展休闲教育是居民树立科学的、健康的休闲观念的重要途径。改变传统的"工作中心""金钱中心"的错误思想，重新审视休闲的价值及意义、合理选择积极健康的休

---

[1] 白志刚：《国外社区发展的经验》，《首都经济》2001年第4期，第41~43页。

闲活动，明确休闲活动在精神层面的重要意义是培养社区居民休闲意识的重要方面。

目前，许多城镇社区休闲设施利用率低下，居民的休闲活动参与度不高的原因之一是城镇居民的休闲意识淡薄。只有努力工作才能让生活更美好。"我们最好的休闲方式就是不断地工作，将来老了才可能安度晚年"，这是一次访谈调查中的一位中年女性对于休闲的态度。这也反映出我国社区居民普遍存在的休闲观念，即把休闲狭隘地看成老了可以不工作、安度晚年，换言之在工作年限内就必须"玩儿命地工作"，无所事事地休闲似乎在浪费生命。在这种情况下，依托社区的休闲场所及休闲活动，大力开展社区休闲教育，帮助社区居民重新认识休闲的价值，学会如何从休闲的角度来体验人生的快乐迫在眉睫。同时，社区休闲教育的另一大目的是帮助人们建立起评判休闲行为的标准体系，引导社区居民开展积极健康的休闲活动。"物质化""货币化"是当前社区休闲活动中存在的普遍现象，人们通过休闲活动更多追求的是物质上的享受。但是，社区休闲是一场能够改善居民生活质量的全面运动，居民应该通过接受社区休闲教育，扩大他们的选择范围，使他们获得令人满意的、高质量的休闲体验。

要实现社区休闲教育的最终目的，保证教育质量，必须注重社区休闲教育途径的选择，才能保障教育工作的顺利开展。具体来说，一是通过召开社区专题讲座，宣传休闲观念。专题教育讲座是成人教育中使用频率最高的一种教育途径。社区可以聘请在休闲领域有一定社会影响力的专家学者定期讲学，引导居民树立正确的休闲观念。二是可以通过印发宣传册、社区公示栏等进行舆论宣传，也可以举办社区范围内的休闲主题演讲或辩论比赛，在社区范围内营造良好的休闲氛围，促进社区休闲文化氛围的形成。

2. 提升居民的休闲技能

休闲活动的实践还证实，"社区休闲教育不仅能引发人们对很多休闲活动的兴趣，也能传授技巧、开发鉴赏力，使人们能够参与某些休闲活动。很多休闲活动没有一定的技巧和技能就不能享受其中的乐趣，而这些技巧是要通过教育学习才能掌握的"。在发达国家，城镇社区开发出多种休闲教育课程，供社区居民进行选择。如在美国的城镇社区，开设的休闲教育课程包括舞蹈、钢琴技术（包括调音、保养）、戏剧、健康与生活、护理、烹饪（包括烘烤西点）、食品及营养、食品处理、医疗保健等。新加坡的社区中，往往开设绘画班、烹饪班、缝纫班、美容班、音乐班等方面的休闲教育课程。①

城镇社区休闲教育活动的开展必须坚持灵活性、创新性等原则。社区所开设的休闲教育课程应根据社区居民工作、生活、学习的不同需求而设立，涉及面广并可根据实际情况随时进行调整。同时，这些课程还需体现本社区的文化特色。居民通过社区休闲教育，学会某项活动技能、提高持家能力、促进个人文化素养和人际交往的能力，也在无形中增强了社区凝聚力。

案例分享

他山之石
——国外社区文化建设②

1. 美国

在美国的城市社区中，居民们成立各种各样的兴趣爱好组织。这些组织经常开展活动，让会员们互相交流、互相切磋、互相学习。南卡罗莱纳州艺术委员会在州教育部的支持下，与教育者咨询委员会、艺术家协会、城市立法会和文化教育研究所一起，共同设计了"艺术基础课程设计"和"艺术发烧友"等项目计划，主要目的是通过指导孩子们学习舞蹈、歌剧、音乐及影视艺术，培养学生艺术方面的兴趣、技能和纪律观念。美国的青少年犯罪、酗酒、吸毒、少女怀孕等问题非常严重，社区则通过文艺体育来促进这些问题的解决，取得了很好的效果。贝瑟斯德社区合作委员会成立于1994年，是非营利机构，负责社区环境建设和文化娱乐活动。他们的目标是"一个社区，一个目标，营造快乐氛围"。根据住户文化层次和收入状况，社区有针对性地开展各项文体活动。日常活动有：音乐会、交响乐、芭蕾舞、举办"家庭装修与设计""食品与营养"等知识讲座。为老年人开

---

① 李继星：《美国的社区学院》，《高教探索》2002年第2期，第75~79页。
② 戴志伟：《国外社区文化建设的特点与启示》，《观察与评析》2011年第6期，第40~41页。

办的讲座有："电脑的选择与使用""如何使用互联网"等。为孩子安排的活动就更多了，有音乐讲座、画画、动画片、皮影戏等。通过这些活动，满足了不同居民的精神文化需要，陶冶人们的情操。

2. 日本

社团组织促进社区文化，提升人的素质，有利于社区居民自治。日本城市里每个社区都有比较充足的公共文化设施和场所。尤其在东京等一些城市，人们的文化生活相对更加丰富。在日本社区，各种小型社区活动小组，或是各种兴趣小组发展迅速。人们根据自己的兴趣、爱好，自发组织，积极参加社区的各类组织。比如妇女插花兴趣小组、健身小组、社区自行车协会、环境保护者协会、老年康复健康协会、英语俱乐部等各种各样的组织。在每个社区中，以市一级的社区为例，诸如市立图书馆、文化馆、音乐厅很多，这些设施对于当地居民的使用是十分方便的，并且都是免费的。社区中的文化宫、音乐厅等设施也是免费开放的，经常举办一些公益性演出、展览，如社区里的民间合唱团、绘画兴趣小组、音乐兴趣小组等。所有这些活动都是由社区居民实施、为社区居民举办的。

3. 法国

社区文化具有协调社区事务的重要作用。法国的巴黎是世界艺术之都，艺术气氛非常浓厚，居民们在社区文化环境中受到熏陶浸染，培养出良好的兴趣爱好和高雅的风度气质。在该市的 80 个社区中各类艺术人才应有尽有，数量可观。社区文化组织是社区文化资源的重要组成部分，也是协调社区事务的重要力量。如巴黎的社区文化组织在娱乐健身、社区教育、民主参与和文物保护几个方面开展活动，为居民提供各种文化服务，对提高居民的文化素质和文化品位起了很好的作用。巴黎有各种文化组织 2400 多个，社区中有很多文艺体育组织。仅以体育组织为例，巴黎有社区体育组织 618 个，俱乐部 3559 个，会员 47.9 万人。巴黎第 3 区是巴黎老城区中一个普通的区，区里有文学、艺术、音乐、体育等 40 多个协会。区政府每年组织协会节，庆祝活动持续两天，所有的协会都表演节目，与公众共庆节日。

第五节　城镇休闲商业街区体系的构建

街区是由城市道路划分的建筑地块，也是构成居民生活和城市环境的面状单元。一直以来，街道与街区都是城市空间中极为重要的承载居民公共活动的空间场所，是展示城市活力与个性的一面镜子。城市休闲商业街区（Recreational Business District，RBD）这一概念最早是在 20 世纪 70 年代由西方学者斯坦斯菲尔德"Stansfield"和里克特（Rickert）在研究旅游区的购物问题时提出的，它是指城市中商业、游憩业和旅游业的互动区，以城市商业中心为基础，以满足当地居民及外来游客休闲活动需求为主要功能的城市活动区域，聊天、通行、购物、休憩等日常的行为都自发地发生在其中。有限的时间内，城市休闲商业街区既能满足消费者基本的物质需求，又能享受丰富的精神生活，成为人们多样化休闲活动的城市生活空间。

现代社会，随着城镇居民收入的增长，消费观念的升级，购物休闲逐渐成为城镇居民有效支配闲暇时间的方式之一，而且希望的是"一站式"高效购物和休闲，居民或游客的游憩需求以及购物需求成为休闲商业街区形成的主观需求。同时，在城镇化进程加快、保护城镇历史文化空间等客观因素的作用下，我国越来越多的城镇开始建设休闲商业街区，并逐渐引起政府及社会各界的高度关注。

一　城镇休闲商业街区发展中存在的问题

（一）商业街区的空间环境质量不高

根据马斯洛的需求层次理论，从消费者需求角度出发，可以将休闲商业街区的空间环境划分为 4 个等级。首先是人对安全方面的需求，包括交通空间的行走安全以及消费者自身的人身财物安全等；其次是要满足人对舒适方面的需求，包括街区空间环境中的垃圾箱、厕所以及休闲座椅等基础设施的布局；再次是要满足人们观赏方面的需求，这主要是通过建筑外观的设计以及环境的美化等手段实现；最后即满足人们对交往层面的需求，作为社会中的人，有着交往的天性，尤其是在购物休闲场所，其游憩活动的展开是依靠人与人之间的交流来完成的。

对比上述四个层次的需求，可以看出，目前我国绝大多数城镇的休闲商业街区建设还处于初级阶段，并不能很好地满足消费者各个层次的需求。首先是在安全方面，盗窃等事件发生的概率仍然较高，交通状况没有得到有效整治；在休闲商业街区规划建设之初，大多忽视了各个商业建筑之间的交通联系，也没有把各个建筑的人行和车行入口置于整个区域做整体考虑，因而在商业街区附近车行缓慢、人行混乱、游客与车辆争夺街道空间的现象成了常态。其次，基础设施建设不足，大多数商家一味追逐经济利益而忽视对环境景观的营造；许多街区中除了建筑和硬地铺装外，几乎看不到雕塑、小品、喷泉、花架等景观设施，偶有建筑小品和绿地布置却过于简单化，街道标识系统位置、形式、色彩较为混乱。另外，空间环境的设计缺乏人性关怀，如缺乏休息的空间、缺乏社会交往活动区域等公共休憩活动的支持要素；对于残疾保障服务设施如盲道、无障碍交通设施的设置仍比较落后等。作为居民休闲交往的空间，缺乏人性化设计的场所很少有自发性和社会性的活动能够发生，降低了人们在街道空间休闲的乐趣，增加了疲劳感，无法满足城镇居民多样化、深层次的休闲体验需求。

（二）强调"经济价值"的实现，导致商业化和旅游的过度开发

一般情况下，开发商是城镇休闲商业街区的开发建设主体，因而发展经济、实现利益最大化是商业街区发展的动力。在实际操作过程中，由于受经济利益的驱动，存在着"经济效益"至上的理念，能否取得良好的经济效益成为休闲商业街区规划设计和发展的首要标准。这种过分强调"经济价值"的理念，必然导致休闲商业街区的其他价值被忽视甚至被遮蔽。不过，作为城镇历史的见证者和承载者，商业街区除了具有经济价值外，还具有历史、审美、文化、社会等多重价值内涵。过分追求商业街区建设的经济价值，忽视其所具有的历史、审美、文化、社会等价值内涵，背离了休闲商业街区所应该承担的服务于社会的价值责任。[1]

休闲商业街区的旅游功能是随着城镇旅游的发展不断完善起来的，并且多是在历史文化街区的基础上进行商业化改造，以达到吸引旅游者，带

---

[1]　尚凤标：《刍议城市居民休闲与历史街区复兴的实现条件》，《沿海企业与科技》2008 年第10 期，第108 页。

动消费的目的。在开发的过程中，部分城镇采用去除"本土"化的运作模式，把居民的居住设施改为旅游接待设施，甚至将街区内的居民全部外迁，由开发商进行统一的商业化开发。这样做的结果，虽然保护了历史街区的外壳，满足了开发商的经济利益，但却失去了历史文化生活的真实性，不利于城镇街区文化的传承与保护。

（三）"消费主义"倾向明显，忽视城镇居民合理的休闲需求

"消费主义"是在工业革命以后西方出现的一种新的消费倾向，追求体面的消费、无节制的物质享受和消遣，并把这些当作生活的目的和人生的价值。这种消费行为体现出来的是对商品炫耀性消费、符号消费，而非商品自身使用价值的消费。

随着国内经济飞速增长，城镇居民的日常生活方式和消费观念发生了巨大变化，部分城镇开始迈入大众消费时代。虽然与西方发达国家相比，我国居民平均收入水平较低，致使民众消费仍处于商品使用价值的消费阶段，但是，由于受西方消费文化的影响，部分城镇居民的消费观念和消费行为也凸显出西方后工业社会在消费层次上所呈现的"消费主义"倾向。[①]为了迎合消费主义思潮，满足部分居民对商品炫耀性消费、符号消费的需求，商业街区的建设往往体现"消费主义"倾向。比如，一些城镇的休闲商业街区中包括各种高档的画廊、礼品店、咖啡馆、酒吧、餐馆和品牌店等，致力于打造一个奢华的商业中心。这种发展方式虽然迎合了少数人的奢侈性、炫耀性消费需求，并能获得可观的经济收益，但却挤占了普通市民一般休闲性消费的空间，背离了和谐城市建设和城市居民休闲生活质量提高的方向。

（四）经营同质化严重，缺乏发展活力

与此同时，我国城镇大多休闲商业街区的经营同质化现象突出。其主要表现在于：首先，不同城镇的休闲商业街区建筑风格、经营业态日趋一致。提起上海，老上海的风情总是一道风韵犹存的布景，令人神往。因此在十多年前，新天地的开发思路就是以上海近代建筑的标志石库门建筑旧

---

① 王伟强：《理想空间》，同济大学出版社，2006，第35~36页。

区为基础，充分展现上海历史风貌，赋予其商业经营功能，成功打造为集餐饮、购物、演艺等功能于一体的时尚休闲文化娱乐中心。新天地成功开发的典型案例，引起全国各地的争相模仿，众多城市将其老街坊按所谓的"民国风情"装扮一番，将之视为特色商业街区和旅游景区。近年来，打造仿古休闲商业街区也是我国城镇升级改造的热点，但是大量的传统商业仿古街区改造项目大都面临着"同质化"的问题。这种现象势必会造成消费者对形式雷同的仿古街区项目形成审美疲劳，导致消费热情下降。

休闲商业街区内部经营业态的同质化极易造成商业发展缺乏活力，严重影响其可持续发展。以北京市的南锣鼓巷为例，其商品和服务虽具备一定特色，但尚未形成成熟的带有南锣鼓巷标志性色彩的业态，尤其是手工艺品、服饰店铺等同质化严重，创意品牌及活动稀少，主题不突出。在大型购物中心、商场等商业休闲场所，餐饮、电影院、游乐设施等体验型的业态似乎已成了标配。必胜客、优衣库、HM 等遍地开花，品牌也都相差无几，对于居民休闲购物而言，越来越没有新鲜感。

一些经营场所的负责人也表示：当同质化现象越来越显著之时，商家之间的竞争会更加激烈，甚至会扰乱正常的市场秩序；对消费者而言，同质化也将降低消费体验感，失去吸引力。可见，要想实现城市休闲商业街区的有序发展，亟须解决同质化问题。

二　城镇休闲商业街区的发展趋势

（一）城镇休闲商业街区建设工作标准化不断推进

伴随着休闲商业街区的快速发展和规范管理的要求，我国积极推进休闲街区标准化建设工作，并在国家和地方两个层面上，取得了初步成效。

在国家层面上，《全国旅游标准化发展规划（2009—2015）》明确地提到了休闲街区发展的主要任务，即"加快旅游公共服务领域标准的制订；重点研究和制订旅游设施及服务安全、旅游特色街区等相关领域的标准"。[①]其中，与休闲街区标准最为接近的是旅游业要素系统标准分体系下的旅游购物子体系中的旅游购物场所服务质量要求标准项目。2011 年 1 月 14 日，

---

① 国家旅游局：《全国旅游标准化发展规划（2009—2015）》，国家旅游局，2009，第 13 页。

由原国家旅游局发布《旅游购物场所服务质量要求》（GB/T26356—2010），于2011年6月1日正式实施。该标准的发布实施为休闲街区标准特别是购物类休闲街区标准的制定，以及地方休闲街区标准的完善与统一提供了总体性指导。

与此同时，不少发达地区城镇积极响应国家号召，从本省市的实际情况出发，规范城镇休闲商业街区的规划设计标准。例如，在上海、广州、山东等休闲街区发展较为繁荣的地方就先后出台了《旅游特色街（区）服务质量要求》《特色旅游购物街区服务规范》和《旅游休闲购物街区质量评定》等标准，为休闲街区的发展提供了规范指导与技术支持，提高了休闲街区的品质和服务质量。

（二）城镇休闲商业街区发展特色化日渐突出

传统的经营模式和理念因缺乏亮点，吸引力降低，已不能满足现代消费者的需求。城镇休闲商业街区的发展要想与时俱进，在激烈的商业竞争中脱颖而出，需要充分挖掘自身特色，突出个性。国外休闲街区的建设和发展也十分重视特色和主题的塑造，以美国的City Walk为例，它是位于美国洛杉矶的著名休闲娱乐购物街区，距离市区约3千米，共有40多家专营店、餐饮部和娱乐场所，总面积约2.5万平方千米。而它火爆原因在于，成立之初，便依托于奥斯卡典礼以及电影主题活动，逐渐形成以电影为主题的欢庆广场，通过节日庆典、景观规划以及部分戏剧化等手段，使该地区成为首选的休闲活动场所。

在国内，许多城镇休闲商业街区的主题化发展也有了一定的实践基础。以泉州市为例，从分散式商业经营到一站式购物，再到体验型商业，如今已开始步入主题特色化的发展模式。泉州所属的晋江传统街区五店市依托传统古民居及地道闽南特色美食，形成"万五商圈"，成为晋江最亮丽的城市名片；泉州万科城"万科里"以老糖厂为基础，通过保留传统风貌，建设新型主题特色商业街区，引进耳熟能详的泉州名吃，打造社区商业精品；和平国际广场则以满足消费者一站式婚庆消费服务为前提，配套娱乐餐饮人气业态，打造晋江22万方婚庆主题式休闲商业街区。作为国际大都市的上海，也一直重视特色商业街区的发展。2015年，上海市商务委员会推选出了65条特色商业街区；2016年，在上海国际旅游度假区内增补了 2 条特色商业街区，同年，上海特色商业街区发展联盟正式揭牌成立。在上海市政府出台的《"十三五"时期上海国际贸易中心建设规划》中，提出要提升和形成一批具有全球知名度的消费地标，打造一批国内外知名的特色商业街区，加快上海建设国际消费城市的目标。由此可见，商业街区已进入泛主题时代，此举有助于实现城镇经济、文化以及社会价值最大化，创造出大众所喜闻乐见的商业休闲街区，助力城镇和谐发展与进步。

（三）城镇休闲商业街区兼顾规模化和品牌化

城镇休闲商业街区的规模化扩张主要体现在建设面积和投资规模的不断扩大。有一组惊人的数据，截至 2015 年，中国商业地产开发总量达到 5.64 亿平方米，购物中心突破 1 万家。中国零售商业形态从传统百货业升级到购物中心，仅用了 10 年时间，制造出了 5 亿平方米的新产品。毫无疑问，城镇休闲商业街区建设已经成为商业地产发展的新热点，自然吸引了更多社会资本的投入。在 2015 年 6 月 9 日，北京通厦投资开发集团有限公司与泰宁县人民政府签订了泰宁旅游休闲街区项目战略合作协议，拟投资 2 亿元建设一座集旅游休闲、购物娱乐、影视外景于一体的仿古商业街区；2016 年 10 月西安又增添一家休闲娱乐新去处——投资 11 亿元的老城根 Gpark 体验式商业街区，这是西安老城根文化产业投资有限公司与西安大兴新区综合改造管理委员会联合打造的景观休闲风情商业街，为西安休闲体验商业的开创之作。

其次，品牌化扩张的发展趋势也日益占据主导地位。与城市公园、体育场馆等其他城镇休闲场所不同，商业化是城镇休闲商业街区的第一属性，因而在实际建设过程中，品牌建设对于汇聚城镇人气，树立城镇形象，带动城镇消费具有刺激作用。以南京 1912 街区为例，这个街区是南京地区集餐饮、娱乐、休闲、观光、聚会于一体的时尚休闲街区及知名品牌展示地，吸引了国内外近 60 家知名品牌商家加盟，是与上海新天地齐名的著名时尚休闲街区。2008 年初，南京 1912 集团成立。之后，江宁、常州、合肥、西安、淮安、济南、洛阳等地 1912 项目积极推进。至今，1912 已经成为中国特色休闲商业街区的知名品牌，在全国范围内具备广泛的影响力。

三 城镇休闲商业街区体系的构建思路

与城市公园、公共体育等休闲场所不同，城镇休闲商业街区有其独特的发展路径与方式。本研究在借鉴欧美等国家发展经验的基础上，依据我国城镇休闲商业街区发展的现状，提出构建城镇休闲商业街区体系的三个核心问题，分别是：空间、业态以及文化（见图8-3）。

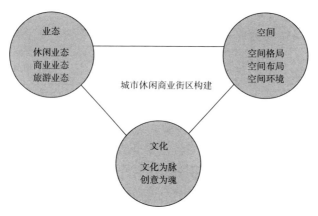

图8-3 城镇休闲商业街区体系的构建思路

（一）空间

1. 开放性空间格局

如今人们已经不仅仅满足于商业休闲空间单纯的物质功能，更多的是追求一种精神上的放松与享受，个性化、自由化的空间成为人们的向往。所以，对于广大消费者来说，传统商业街区已经不再是一种必需的商业形态，其休闲娱乐的意义远大于商业意义。但传统的商业空间并非充分自由与开放，因而步入现代社会，其使用率不断下降，不能满足居民多样化的需求。因此，我们需要打造开放性的空间，建立与外部其他休闲娱乐空间的联系。通过强化传统商业空间格局的开放与贯通，与外部空间建立物质联系、视觉联系或者符号象征联系，有效利用外部空间的功能来完善传统商业街区空间的功能，充分利用自然景观与光线，打造良好的购物环境。

2. 立体化空间布局

随着社会的发展，人类的生存活动相对于以前来说也日益增多，每种生活方式都向城镇索取空间资源。因而在城镇发展中，城镇空间资源问题突显。休闲商业街区受自身特性的影响，一般需要布局在城镇经济发展水平较高的核心区域，土地资源有限且成本较高。因此，为进一步扩大休闲商业街区的规模，就必须通过立体化的空间布局，增加社会供给。如在地铁站区进行商业开发，形成地下休闲商业街区，这种做法在上海、广州等地铁线路较为成熟的城市已经有了一定的实践成果。

3. 优化空间环境

休闲商业街区空间环境品质涉及交通、卫生、设施等各个方面。首先，在交通方面，城镇休闲商业街区一般都占据较大的区域，且多位于车流量大、人流量大的城镇核心地区，交通问题突出。实现交通便捷，改善交通环境，需要商业街区合理解决街区内外交通衔接，实现人车分流，改善街区内部的交通环境，并合理规划和布局停车场，完善公共交通体系等。

其次，休闲商业街区的空间环境设计还需要与周边环境相融合，将其纳入城镇系统中，使之成为城镇环境系统的有机组成部分。同时，保障一定规模的绿化用地面积，通过局部小生态进行自我调节，保障生态环境的可持续发展。

最后是环境的人性化设计。休闲商业街区作为城镇文化符号之一，具有特殊的社会价值。在该场所所进行的社会交往方式以及生活价值展示等都具有本城镇的人文特性，要求用人性化的手段表达，创造宜人的空间环境。如增加游憩设施，完善游憩空间；增添座椅以及休闲器材，明确功能分区；增加雕塑小品、绿化、厕所等设施。

（二）业态

1. 休闲业态多元化和本土化

毫无疑问，多功能的场所比单一功能的空间更具有吸引力。因此，合理多元的业态设置是城镇休闲商业街区成功开发的关键，亦是其盈利多寡的关键。为此，一、休闲经营业态应多元化。在休闲商业街区布局包括餐饮、酒吧、咖啡吧、服装、SPA、艺术场馆、演艺、会所等经营业态，打造集购物、休闲、娱乐为一体的"一站式"休闲活动场所；二、休闲消费对象、消费层次应多元化。在商业街区安排休闲场所时，要考虑到不同群体的需求，针对游客、当地居民、城市白领、商务人士等不同消费对象和高中低端立体消费群体进行多元化、多层次的休闲业态设置。既要有品牌店、酒吧等经济效益高的场所，也要安排茶室等经济效益低但社会效益好的场所。同时，关注老人、儿童以及青年等社会各个年龄层次的娱乐休闲需求，秉持人性化尺度，提供多元化的休闲活动。

另外，休闲商业街区是城镇居民和外来游客生活空间的重要组成部分，还应通过城镇雕塑、建筑风貌、立体街画、主题广场等手段对商业街区进行原有居民日常生活状态的情景化打造，适当开发与引入民俗活动及民间艺术，设置富有本土气息的吃、住、行、游、购、娱业态；既能体现出城镇的文化、情感与审美等特质，也能让附近居民享受本土生活，有效提升城镇整体吸引力和表现力，打造城镇名片。

2. 商业业态主题化

在同质化竞争日益激烈的今天，传统模式和经营缺乏亮点，已经很难满足消费者的需求，休闲商业街区的发展要想与时俱进，特色化塑造显得愈加迫切和重要。对于休闲商业街区而言，创造一个有特色的主题体验氛围是其长远发展的灵魂，主题的选择则关系着一个街区经营的成败。

商业街区的主题来源有很多，可以是城镇的历史文化、自然环境、艺术创意或者国外风情等。具体表现形式主要包括两个方面：一是街区建筑主题化。休闲商业街区的建筑是特色主题的主要载体，因而街区建筑必须避免过度跟风、模仿及大一统的同质现象，需体现当地建筑的主题特色。如武汉的"汉街"是目前国内最长的城镇商业步行街，主体采用民国建筑风格，沿楚河南岸而建，其规划设计、建筑特色、招商品牌以文化为核心，充分彰显了本地文化特色。二是经营商品主题化。应避免杂货摊式商品经营方式，提高商品进入门槛；多以特色商铺、品牌店、综合商场等统一主题的方式经营，鼓励特色商品的发展。

3. 旅游业态体验化

随着全域旅游的推进，休闲商业街区的旅游功能日益凸显，并成为城镇旅游一个新的经济增长点。体验经济时代到来以后，在生产、消费等各个领域，人们更加强调参与和体验。对于旅游者而言更是如此，这就对休闲商业街区旅游产品的生产者和经营者提出了挑战，要创造能使游客参与，并为游客留下难忘记忆的活动，促进旅游业态朝体验化方向发展。

城镇休闲商业街区作为一个综合性的服务场所，其本身就是一个大秀场，可采用游乐化、剧场化的方式来展示文化，增加互动体验性，提高旅游吸引力。具体做法包括，依托当地历史文化资源，引入富有地域特色的游乐活动和游乐项目；通过街区景观处理、城镇文化具象、城镇景观微缩等手法，将城镇其他景观文化等元素写进休闲商业街区；举办各种参与性活动，如演艺活动、室内娱乐活动等；还可举办各种论坛、节庆活动、赛事活动，紧抓节庆消费、赛事消费，开展有针对性的市场营销，组织当地居民积极参加，形成持久的旅游吸引力。

（三）文化

1. 文化为脉

著名社会学家刘易斯·芒福德（Lewis Mumford）曾经说过："城市在其形成和发展的过程中，缔造了自己的城市文化，成为人类文化中重要组成部分和其中最积极、最辉煌、最有创造力的成分以及智慧的结晶。"[①] 文化是城镇的灵魂，城镇是文化的容器。每个城镇都有属于自己的性格，而休闲商业街区无疑是城镇性格的承载者和展示者。以文化提升街区，让街区表达城镇，是城镇和街区发展的共同诉求。

城镇休闲商业街区，尤其是历史文化街区，在规划设计之初，应体现传统文化与现代功能的相结合，尊重商业街形成与发展的历史过程，挖掘商业街的历史文脉，突出其文化底蕴。城镇文化是城镇发展历史的积淀，是城镇观念、居民行为和表达方式的集合，休闲商业街区从城镇文化中寻找灵感，与城镇文化形象契合，并且能够引起本地居民在情感、行为和观念上的共鸣。在这样的基础上，居民的认同感更容易被激发出来，形成良好的社区参与。相反地，若在开发中忽略甚至摒弃商业街的历史、文化，商业街就会失去长期存在的文脉，也会使城镇文化肌理有所缺失。

2. 创意为魂

创意是文化发展的灵魂与动力。在当今世界，文化创意已不仅仅是一

---

① 杨章贤、刘继生：《城市文化与我国城市文化建设的思考》，《人文地理》2002 年第 4 期，第 25~28 页。

个理念，而是有着直接现实的经济效益。同时，随着文化消费比重的攀升以及文化发展的需要，文化创意产业的发展成为政府及社会各界关注的热点问题，政策导向明显，社会投资集中。在这样的社会背景下，通过发展文化创意提升休闲商业街区的核心竞争力，让文化资源发出其应有的光彩是商业街区文化开发的关键所在。

具体来说，城镇休闲商业街区的文化创意功能主要体现在两个方面。首先，以文化创意为手段，依托博物馆、演艺活动、雕塑小品、建筑外形、节庆节事等场所或设施，对传统文化进行多方位、多角度深入开发，为传统街区文化或城镇文化的发展注入新活力。其次，大力发展文化创意产业，建立创意文化街区。北京798从一个废弃的老厂区发展成一个新型的文化创意产业园区，成为北京都市文化的新地标，就是一个成功的范例。不过，北京798的成功经验和其他一些休闲商业街区失败的教训也告诉我们，文化创意产业街区不能仅仅追求多个商家或企业的简单入驻，单纯追求规模扩张，因为这样做的结果往往会导致同质化严重，带来恶性市场竞争。要将文化创意产业与商业相结合，将本地历史、文化、艺术元素合理融入相应的经济载体，进入百姓生活，并与周边建立良性互动关系。这样，才能实现资源共享，充分发挥产业集聚的溢出效应，提升整个休闲商业街区的竞争力和影响力。

案例分享：

成都宽窄巷子商业化开发中的"得与失"

宽窄巷子，是成都市的一个历史文化区，由三条东西方向的老街（自北向南依次是：宽巷子、窄巷子和井巷子）以及街道之间的居民宅院组成。从2003年开始，成都宽窄巷子进行保护改造，还原以前的建筑样式和街道格局。2007年，成都文旅集团继续改造宽窄巷子；2008年，成都宽窄巷子面向世人开放，并一度成为都市休闲商业街区的成功典范。不过，客观来评价，在此过程中，宽窄巷子的开发有"得"亦有"失"。

先说"得"。宽窄巷子的改造利用了"空间整合""功能重构""文脉延续"的方式来实现对于空间改造的目的，保证其原有的公共空间不变，进而增加私密空间，主旨在于突出其老街坊安静悠闲的氛围。"空间整合"

过程中，设计师们将四川庭院的风格与北方四合院风格相融合，保留一些改造前原有的建筑元素，体现老成都的文化底蕴。"功能重构"是为了适应现代化城市建设，新老结合。在整个空间游览的状态下，游客能在这个完整的空间序列中真正体会到宽窄巷子所蕴含的历史文化，满足游客在其中的游玩观赏，休闲体验。"文脉延续"是为了保护老建筑元素，所以，宽窄巷子的街道界面形式感极强，并且每一户人家的门户都不一样，院门的样式极为丰富；在传承历史感的前提下，通过在墙面贴一些老照片等形式，将新的现代元素以还原古老韵味的方式来增强街道的历史感，传承对历史文化的记忆，增强游客的历史代入感。

宽窄巷子的改造在原有建筑形式的基础上增加了一些现代人生活方式所需要的功能，让游客在游览的过程当中不但能感受其景点所承载的历史厚度，还能体验到在旅游过程中的舒适度，将娱乐空间、商业活动与休息居住空间自然而然融合，使其具有极强的吸引力。

不过，成都宽窄巷子的改造也有"失"的一面，并引发出一系列的思考。突出表现在，作为其最核心的文化——市井文化哪去了？原本具有浓郁生活气息的古镇小街现在被一些酒吧、会所挤占。政府将当地居民全部迁出，使原本充满生活气息的市井巷弄生活突然变得冷清，渐渐失去了其原有文化习俗的载体。

第六节　城镇滨水区休闲体系的构建

水是生命之源！在城镇形成和发展过程中，河流、湖泊是重要的自然和生活资源，是影响城镇格局的重要因素。城镇滨水休闲区的合理开发，不仅能够激发城镇活力，重塑城镇形象，而且可以从整体上提高城镇的生活品质和环境质量，提升城镇对外影响力和品牌营销力，进而提高城镇的综合竞争力。另外，滨水休闲区开发设计中突出水文化元素，还有助于加强城镇居民对人与水关系的了解，增强水资源的保护意识和节约意识，弘扬中华民族悠久的水文化传统，为建设人与水和谐共生的城镇新文化奠定坚实的基础。

一 城镇滨水区休闲体系构建的原则

（一）游憩性

游憩性是休闲空间的本质特征，人们进入休闲空间的主要目的是通过游憩来放松身心、调节自身状态的。因此，城镇滨水休闲空间的建设必须以游憩性为导向，打破城市发展、市民生活与水相分离的状态，让市民在单一的城镇人造景观之外感受到别样的滨水自然景观。所以，在规划中应将游憩性原则放在首要地位，关注使用者的需求和行为习惯，注重整体空间和特色营造，尽可能提供形式多样的游憩功能，如休息座椅、林荫步道、专项自行车道、中心广场、儿童娱乐区、游船码头、赏鱼区、观景台等。不仅为市民提供优美的自然生态环境、休闲娱乐场所，而且有助于改善居民的工作和生活环境。

（二）公共性

所谓"公共性"原则，指的是城镇滨水区应当是向公众免费开放的，可供社会个体随时享受的城镇公共性资源。无论从政治、经济、文化还是社会、教育、环境角度来分析，城镇资源在某种程度上都存在着一定的不平等性。这种在享有城镇空间资源上的不平等现象，无形中造成了人的不平等。并且，随着城镇化进程的加快以及受到马太效应的影响，这种不平等性将会持续加强。在强势群体享有更多城镇空间权利的同时，弱势群体逐渐被社会边缘化。

然而，社会公平、城镇和谐发展的理念则支持全体市民享有平等空间权利。水资源是城镇百姓共有的资源，所以，城镇滨水休闲区的岸线资源应该是开放的，应该具有社会共享性。所以，在进行濒水区休闲功能开发中，应坚持公共性原则，避免因过度商业开发而造成对滨水资源的掠夺性占用。公共性原则主要包含两个方面：第一，尽可能多地提供具有连续性的滨水开放空间。在城镇滨水区的开发中，往往由于开发者大量建设封闭性较强的休闲度假村和高级住宅区，区位条件较好的滨水岸线地段基本被分割为零散的数段，只有少数内部业主拥有滨水区使用权。这种现象引起了城镇居民的极大不满，不利于城镇和谐社会的发展。因此，要尽量减少私人领域对滨水区的侵占，应最大化地将滨水岸线留给城镇公众，而不是通过极具商业化目的的"圈地运动"将公共滨水资源据为私有。第二，提供足够的公共用地和公共设施。连续的滨水开放空间是确保滨水岸线资源能够被社会共享的前提条件，应通过滨水区土地的混合利用，布局定数量的商业、办公、娱乐、文化、休闲、体育、餐饮等公共设施，加强公共娱乐设施和休闲项目建设，促进城镇滨水空间的公平性和开放性，为市民和外来游客提供更加舒适的滨水休闲娱乐空间。

（三）文化性

大多数城镇滨水区处于城镇的老城区，具有很强的文化特征。滨水休闲区的文化特性不仅能够为城镇建设奠定个性基础，彰显地方特色，同时也能够满足本地居民和外来游客不同层次的休闲需求。因此，在滨水区景观设计中，要注重保留或修缮那些具有历史价值的文化场所。这些场所中的建筑形式、建筑色彩、文化符号、空间尺度以及人们的生活方式等，往往能够唤起市民对过去的回忆，并产生心灵的共鸣，从而获得对地方文化的认同感，增强历史文化遗迹保护意识。

另外，规划者在保护历史文化遗迹的前提下，还要立足现在，放眼未来，处理好历史文化与现代文化的关系。要在前期大量文献研究和实地调研工作的基础上，对城镇的历史演变、风俗习惯、文化传统、居民心理、市民行为特征及价值取向等进行详细分析，结合现代城镇生活的新功能，塑造城镇新风貌和新风尚，使滨水休闲区真正成为城镇文化的展示平台和重要载体。

（四）生态性

城镇滨水区的水体是自然长期作用下形成的合理存在，对城镇生态系统起着重要的调节作用。在规划设计过程中，应尽可能减少对原有生态系统的破坏，如随意填堵水源、水系等，并且注重恢复已经遭到破坏的各种生态要素，如沿岸植物、水生动物、湿地、水体、微气候等。滨水绿化林带的培植应尊重自然规律，向立体化发展，构造丰富的多层次的绿化体系；保护自然土壤的物理、化学属性和微生物体系，使各类植物相互依存，形成稳定的生态结构，达到局部生态系统的平衡。总之，在城镇滨水区景观规划设计中，要结合当地的气候条件，合理利用各种景观要素，注重物种之间的协调关系，促进水质与生态的平衡，恢复和创造城镇中的生态环境，实现人与自然的和谐发展与高度融合。

二 城镇滨水区休闲服务体系构建的目标

（一）整体规划，系统发展

整体性是城镇滨水区休闲空间设计的基本原则，也是进行功能开发所应遵循的基本原则。滨水区的整体规划主要包含两层含义：第一，滨水区与城镇系统建设相吻合。城镇滨水区是城镇整体的一部分，其功能开发必须着眼于城镇全局建设。在公共设施方面，要加强与城镇的联系，利用开放、连续的绿化系统，便捷的公共交通系统实现滨水区与市区的无缝对接。第二，滨水区内部功能区布局的合理性。城镇滨水区内部虽然会因为功能分区不同而导致用地性质有所差异，但各功能区的建筑特色应具有整体的和谐感，统筹考虑商业、娱乐和文化等开放空间的构成，形成具有整体感的休闲空间序列。

城镇滨水区应整合公众开放空间和私人生活空间，从而实现滨水休闲空间的系统发展。首先是公众开放空间的整合。面向公众开放的城镇滨水空间基本类型包括水域空间、滨水广场、滨水区街道、滨水区绿地公园以及其中的公共设施等。良好的滨水区开放空间，一般具有公共开放性、系统延续性和高品质环境。其次是私人生活空间系统的整合。滨水区为城镇居民提供了一个特征明显的生活场所，在一定程度上影响着居民的生活质量，居民的日常活动和行为也构成了滨水区的文化特色之一。所以，滨水区的更新提升必须关注社区居民的生活传统，一方面延续其原有生活模式，另一方面是合理塑造新的休闲模式，形成与原有空间形态相互促进和激励的新机制。

（二）综合开发，协调发展

综合开发要求实现滨水区功能和业态的丰富性。现代城镇规划中的功能分区理论造成了城镇用地的单一化、专一化倾向，阻碍了社会生活各方面间的相互联系，进而导致城镇整体功能分割，缺乏相互促进和共同发展的共生机制。现代社会的生活和消费方式客观上则要求将购物、餐饮、娱乐、健身、文化、教育等活动融于一体，形成具有综合功能的空间布局。所以，城镇滨水空间内各功能要素配置应相互依存、共同促进，增强城镇滨水区休闲空间的活力和生命力。

协调发展重点在于通过产业协同，实现动态平衡。休闲娱乐业作为城镇滨水区发展中的活跃产业，在服务经济中具有带动作用，应与周边地区相关产业进行良性互动，以实现相互间的动态协调和平衡发展，将城镇滨水地区打造成宜游、宜居和宜业的综合性休闲空间。

（三）绿色开发，可持续发展

拥有畅通的水系、良好的水质、优美的环境是城镇滨水区可持续开发的基础。为此，首先要疏通治理城镇水系。疏通现有的河道，连接城区内各个水域，实现城镇水系的连贯互通；建立和完善城镇的污水、废水处理系统，利用引水冲污、疏汲底泥、水质净化、充氧曝气等综合治理手段，对城镇水体进行清污治理。其次，综合设计生态驳岸。在满足人们亲水需求的同时，实现水岸与水体之间水分交换和生态调节功能，增强水体自净能力，保证其具有足够的抗洪强度。最后，合理保护生物的多样性。栽种适合的滨水植物，打造滨水绿色景观廊道，恢复已退化的陆生生态系统；选择种类多样的水生动植物，优化水生态系统。

总之，城镇滨水区休闲功能的开发要坚持走社会、经济、生态和文化可持续发展之路。在改善滨水区生态环境质量的同时，建立滨水区生态资源和环境保护体系，积极创建绿色企业，开发绿色休闲产品，加大对滨水区休闲空间环境治理和保护资金的投入，以促进城镇滨水区的可持续发展。

三　城镇滨水区休闲服务体系构建思路

（一）完善滨水区休闲娱乐设施建设

国内外知名滨水城镇中的河道大都经历了从原来的航运、为工业服务到以水上观光、休闲娱乐为主的功能转变，两岸的产业布局也从工业区转变为以商住和游憩娱乐为主的滨水生态景观廊道。随着人们对户外休闲需求的增加，休闲娱乐功能在城镇滨水空间中占据了举足轻重的地位，完善滨水区休闲娱乐设施建设，是提升滨水区休闲功能的重要举措。这些措施包括，在滨水区沿线建造连续的生态绿化带，注重餐饮购物、休闲娱乐和景观小品等设施的完善；在不破坏原生环境的前提下，因地制宜地设置各种时尚先进的水上游乐设备以及水上活动项目，如观光巴士、小型游艇、汽船、水面飞行器等，为人们带来多样化的休闲体验。

（二）注重滨水区文化特色的塑造

一般来说，城镇滨水休闲空间都有着丰富的文化元素，这些元素都经过长时间城镇生活作用的沉淀，蕴含了一种经时间检验的科学性与大众心理的习惯性。所以，首先要尊重滨水区的历史文脉，任何贸然改变都有可能造成文化意义上的断层与失落。

其次，在对城镇滨水区进行大规模更新改造和再开发过程中，应紧扣地域性特点，注重滨水区文化特色的塑造，保护和突出历史场所的建筑风格，使现代的人文休闲活动能够有机结合地方风土人情。城镇滨水区的文化内容丰富多样，要认真研究其历史变迁、社会背景、生活内容和自然环境等众多因素，从中挖掘和提炼优秀的文化因子，构造特色鲜明的滨水区文化景观。

（三）促进滨水区用地功能的重组

滨水区土地的实际利用情况与城镇的社会经济发展水平密切相关。自从进入工业化社会之后，城市的滨水地带多被工业码头、仓库、工厂、货栈和道路所占用，土地功能的使用较为混乱，空间布局杂乱无序，缺乏合理的功能分区，滨水区与城镇发展相脱节。人类社会进入后工业化社会和信息化时代以来，城镇的产业重心由工业转向了服务业，对城镇水体的污染相对减少；而且，随着交通体系的多元化发展，河道的航运功能逐渐衰弱。与传统工业相比，电子工业和机械工业在城市中日益凸起，不再需要将城镇滨水区作为工业和仓库场所，传统的工业、仓库、港口和码头等逐渐解体或外迁，以致滨水地区大量土地闲置。因此，在新时期滨水区开发中，一方面，城镇滨水区的土地开发应遵循规划先行，依法开发，注重全面协调可持续发展，尊重自然生态规律，长远开发与近期开发相结合。另一方面，应对用地功能进行重组，注入一系列新功能，包括公园、步行道、餐馆、娱乐场，以及混合功能空间和居住空间。通过科学开发，使城镇滨水区土地按照经济、社会、环境等综合效益最大化的目标进行分配和置换，以实现滨水区土地资源开发利用的良性循环。

（四）构建滨水休闲空间系统行政管理体系

城镇滨水区的土地使用权和管理权相当复杂，涉及规划、环保、水利、园林和国土等多个职能部门。因此，在滨水区建设过程中经常出现职责不明、管理混乱和监管不力的现象。这种情况下，急需一个强有力的机构对滨水区进行统一的指挥协调与建设管理。在国外，往往通过建设一个跨部门的协调机构实现对滨水区的统筹开发。他们采用联席会议的方式，成立一个跨部门的办公机构，由规划部门牵头，实现交通、水利、园林、公共设施、房地产等各行业代表的沟通合作，负责滨水区规划设计、开发建造、招商甚至物业管理等开发的整个过程。实践证明，这种管理方式已取得良好效果。因此，在我国城镇滨水区开发管理过程中，应借鉴国外的成功经验，加强管理和执法力度，建立一个跨部门的机构对滨水区开发、设计、建设进行统一的管理，以解决多部门职责不明的问题。

（五）提高市民的综合文化素养

马丁路德曾经说过："一个国家的繁荣，不取决于它的国库之殷实，不取决于它的城堡之坚固，也不取决于它的公共设施之华丽；而在于它的公民的文明素养，即在于人们所受的教育、人们的远见卓识和品格的高低。这才是真正的利害所在，真正的力量所在。"城镇滨水休闲空间是一个开放性的公益空间，若想获得健康持续发展，对市民的教育和宣传是必不可少的。政府和相关媒体部门应该加强合作，通过宣传标语、网络、电视等多种途径开展宣传活动，提高市民的整体文明修养、文化素质，增强市民的爱市意识和环境保护意识。

案例分享：

美国的巴尔的摩城市滨水区

巴尔的摩内港（Inner Harbour）常常被作为滨水区复兴中最早，也是最优秀的例证之一。由于该区与城市中心区仅距几个街区，所以又成为内城更新的一个成功典范。自建港以来至 21 世纪初，内港一直是巴尔的摩商业活动的中心。然而，从 20 世纪 20 年代开始，大吨位货轮开始抛弃内港转而停泊下游海港码头，内港的重要性日趋削弱。二战后，随着中产阶级向郊区迁移，市中心区及其邻区开始衰落。到 50 年代末期，巴尔的摩市中心区已完全被废弃。

巴尔的摩市中心区的复兴计划与内港的复兴计划紧密相连。其首期开发项目查尔斯中心（Charles Center）于 1963 年完成规划。一年后，内港复兴计划出台。为负责内港再开发，特成立了一家由市政府所有的私营公司——查尔斯中心-内港管理有限公司，采取公共部门与私人部门合作开发的模式。城市当局购买了这块土地，并进行了清理，然后再出卖地块。除保留少数几个码头的旧貌外，开发商基本遵循"推倒一切重新来过"的原则。他们设想在此兴建一个由公寓、旅馆、办公楼环绕的，吸引购物者与旅游者的商业磁力中心。最终建成了 40 万 m² 的零售店、300 幢公寓和旅馆、科学博物馆及水族馆的综合游憩商业区。其中，零售业多位于近水处，同时混建大量的游憩与文化设施，如水族馆。而容纳了食品店、专卖店、画廊和咖啡店的充满活力的市场——港口广场（Harbor place），更是成为其画龙点睛之笔。水滨还修建了风景优美的步行道和宽阔的广场，南边是住宅区，北边可见市中心区的天际线，西边则是会议中心和一些新的高层公寓与旅馆。虽然目前内港的魅力逐渐衰退，但不可否认，该滨水区的再开发已大获成功。据巴尔的摩开发公司的数据显示，仅 1990 年一年，就有 700 万游客光顾了内港，花费高达 8 亿美元。另一份资料显示，20 世纪 80 年代中期，港口广场一年吸引的游客与居民高达 1800 万人。查理斯中心与内港合在一起，一年创造的房地产税收高达 2500 万至 3500 万美元，创造的新职位则达到 3 万个。很明显，巴尔的摩内港因邻近市中心区，受到了城市CBD "溢出效应" 的积极影响。

巴尔的摩内港开发采用的模式是，联邦政府和市政府买入滨水地带土地，建造基础设施，进行开发前期准备；然后，将"熟地"出卖给开发商，由私人资本进行建设。同时，由政府指定的公共机构，如城市港区委员会（Harbour Commission）与其他相关的私人机构通力合作，共同完成滨水区的开发。这一模式和中国开发区当前采用的主要开发模式接近。因此，中国城市滨水区开发的主要模式仍将是由政府投资于滨水区基础设施、绿化、给排水等，而把其他用途（如将用于建住宅楼、办公楼等）的土地出让给开发商或业主。除此以外，也可考虑另外一种模式，即由政府首先直接把土地出让给开发商，开发商按规划的土地用途完成基础设施建设后，或自营开发或将地块转让给业主，由业主完成开发过程。

本章小结

随着城镇化进程的加快和城镇居民对公共休闲服务需求的强烈需求，建立具有中国特色的城镇公共休闲服务供给与保障体系已经成为城镇发展的必然趋势。基于此，本章积极探索建立覆盖全体城镇居民的、涉及文化、体育、艺术及购物等各个领域的公共休闲服务体系，包括城市公园休闲服务体系、城镇公共文化休闲服务体系、城镇公共体育服务体系、城镇社区公共休闲服务体系、城镇商业街区休闲服务体系以及城镇滨水区休闲服务体系等原则、现状与路径。不同类型休闲服务体系的构建，因其功能价值、发展现状、发展条件等存在不同程度的差异，因此，各种公共休闲服务体系的构建思路也有所区别。显然，公共休闲服务体系的构建是城镇基本公共休闲服务均等化实现的前提。我们相信，随着城镇各种公共休闲服务供给体系的完善，我国城镇居民基本公共休闲服务均等化的实现也是指日可待的。

主要参考文献

一　专著类

［1］ George Torkildsen. Leisure and Recreation Management ［M］. London： Routledge，2005.

［2］ Ruth V. Russell. Pastimes： the Context of Contemporary Leisure （Third Edition） ［M］. Sagamore Publishing L. L. C. Champaign，Illinois，2005.

［3］ Veal，A. J. Leisure and tourism policy and planning ［M］. Oxon：CABI Publishing，2002.

［4］ Borsay，P. A History of Leisure： The British Experience since 1500 ［M］. Palgrave Macmillan，2002.

［5］ Torkildsen，G. Leisure and Recreation Management ［M］. New York： spoonpress，1999.

［6］ K. Roberts. Leisure in Contemporary Society ［M］. CABI Publishing，1999.

［7］ Mannellrc，Kleiberda. A Social Psychology of Leisure ［M］. State College，PA：Venture，1997.

［8］ Bramhameta. Leisure Policies in Europe ［M］. CABI Publishing，1993.

［9］ Gary Cross. A Social History of leisure： Since 1600 ［M］. State College，Pennsy lvania：Venture Publishing，Inc，1990.

［10］ Michael Scott LLM. The Law of Public Leisure Services ［M］. London：Sweet&Maxwell，1985.

［11］ Dower，M.，R. Rapoport，Z. Strelitz&S. Kew，Leisure Provision and People's Needs，HMSO，London，1981.

［12］ Foster Rhea Dullers. A History of Recreation-America Learns to Play

（2nded.）［M］.NewYork：Apleton-Century-Crofts.1965.

［13］秦学：《国民休闲与生活教育：理论与实践》，西南交通大学出版社，2018。

［14］宋瑞、〔美〕杰弗瑞·戈德比：《寻找中国的休闲——跨越太平洋的对话》，社会科学文献出版社，2015。

［15］楼嘉军、杨勇等：《中国城市休闲化发展研究报告》，上海交通大学出版社，2014。

［16］〔美〕艾泽欧·阿荷拉：《休闲社会心理学》，中国旅游出版社，2014。

［17］韩振华：《休闲城市发展要素研究》，浙江大学出版社，2014。

［18］吴文新：《唯物史观视域中的休闲——享受和发展》，北京大学出版社，2013。

［19］秦学：《和谐文明视域下休闲文化与生活风尚建设——理论与实践》，科学出版社，2013。

［20］李云霞：《面向生活世界的休闲问题研究》，中国社会科学出版社，2013。

［21］鲁开宏：《休闲城市研究》，深圳报业集团出版社，2013。

［22］徐菊凤等：《旅游公共服务：理论与实践》，中国旅游出版社，2013。

［23］文化部：《2013文化发展统计分析报告》，中国统计出版社，2013。

［24］王婉飞：《休闲管理》，浙江大学出版社，2012。

［25］宁泽群等：《北京市居民休闲行为与产业发展调查研究》，旅游教育出版社，2012。

［26］郭鲁芳：《休闲学》，清华大学出版社，2011。

［27］〔澳〕维尔：《休闲和旅游供给——政策与规划》，李天元、徐虹译，中国旅游出版社，2010。

［28］〔英〕乔治·托克尔岑：《休闲与游憩管理》，田里等译，重庆大学出版社，2010。

［29］〔美〕奥萨利文等：《休闲与游憩——一个多层级的供递系统》，张梦译，中国旅游出版社，2010。

［30］〔美〕麦克林、赫德等：《现代社会游憩与休闲》，梁春媚译，中国旅游出版社，2010。

[31] 〔英〕罗杰克:《休闲理论原理与实践》,张凌云译,中国旅游出版社,2010。

[32] 张雅静:《休闲文化生活支持体系研究》,中国社会出版社,2010。

[33] 吕宁:《中国城市休闲和休闲城市发展研究》,旅游教育出版社,2010。

[34] 程遂营、张珊珊:《中国长假制度——旅游与休闲的视角》,中国经济出版社,2010。

[35] 白日荣:《城市公共休闲调查研究——以烟台为例》,经济科学出版社,2010。

[36] 程遂营:《北美休闲研究——学术思想的视角》,社会科学文献出版社,2009。

[37] 〔美〕克里斯多弗·R.埃廷顿、〔美〕德波若·乔顿等:《休闲与生活满意度》,杜永明译,中国经济出版社,2009。

[38] 〔加〕埃德加·杰克逊编《休闲与生活质量》,刘慧梅、刘晓杰译,浙江大学出版社,2009。

[39] 〔美〕彼得·威特、〔美〕琳达·凯德威尔:《娱乐与青少年发展》,刘慧梅、孙喆译,浙江大学出版社,2009。

[40] 〔加〕埃德加·杰克逊编《休闲的制约》,凌平、刘晓杰、刘慧梅译,浙江大学出版社,2009。

[41] 吴承忠:《国外休闲经济发展与公共管理》,人民出版社,2008。

[42] 卿前龙:《休闲服务与休闲服务业发展》,经济科学出版社,2007。

[43] 楼嘉军:《休闲新论》,立信会计出版社,2005。

[44] 〔韩〕孙海植等:《休闲学》,朴松爱、李仲广译,东北财经大学出版社,2005。

[45] 〔英〕克里斯·布尔:《休闲研究引论》,田里、董建新等译,云南大学出版社,2005。

[46] 马惠娣、张景安:《中国公众休闲状况调查》,中国经济出版社,2004。

[47] 马惠娣:《休闲:人类美丽的精神家园》,中国经济出版社,2004。

[48] 李仲广、卢昌崇:《基础休闲学》,社会科学文献出版社,2004。

[49] 〔美〕杰弗瑞·戈比:《你生命中的休闲》,成素梅、马惠娣等译,云

南人民出版社，2000。

[50] 〔美〕杰弗瑞·戈比：《21世纪的休闲与休闲服务》，张春波、陈定家等译，云南人民出版社，2000。

[51] 〔美〕托马斯·古德尔、杰弗瑞·戈比：《人类思想史中的休闲》，成素梅、马惠娣等译，云南人民出版社，2000。

[52] 〔美〕约翰·凯利：《走向自由——休闲社会学新论》，赵冉译，云南人民出版社，2000。

[53] 邻建国：《景观生态学——格局、过程、尺度与等级》，高等教育出版社，2000。

[54] 中国大百科全书：《建筑、园林、城市规划》，中国大百科全书出版社，1998。

[54] 王雅林、董鸿杨：《闲暇社会学》，黑龙江人民出版社，1992。

[56] 沈玉麟：《外国城市建设史》，中国建筑工业出版社，1989。

二　硕博士学位论文类

[1] 孙涛：《我国基本公共教育服务均等化问题研究》，东北财经大学博士学位论文，2015。

[2] 王鹤云：《我国公共文化服务政策研究》，中国艺术研究院博士学位论文，2014。

[3] 金坤：《产业化进程中浙江省公共体育场馆的建筑设计特征研究》，浙江大学博士学位论文，2013。

[4] 孔新双：《基于需求层次理论的农民工社会保障研究》，大连理工大学硕士学位论文，2013。

[5] 郝赪：《城市公共休闲服务标准化研究》，中央民族大学博士学位论文，2011。

[6] 黄锴：《政府文化职能的公共性——以社区文化活动中心建设为视角》，复旦大学硕士学位论文，2011。

[7] 张斌：《休闲权利论》，东北师范大学博士学位论文，2011。

[8] 郭厚禄：《我国基本公共服务均等化研究》，中共中央党校博士学位论文，2009。

[9] 程岚：《实现我国基本公共服务均等化的公共财政研究》，江西财经大

学博士学位论文，2009。

[10] 吴美香：《公共服务供给方式研究》，厦门大学硕士学位论文，2008。

[11] 范钰娟：《休闲服务政府供给的对策研究》，南昌大学硕士学位论文，2008。

[12] 郑维维：《户外公共健身器材改进设计与通用设计原理运用的思考》，同济大学硕士学位论文，2008。

[13] 张帆：《我国城市公共文化服务建设研究》，上海交通大学硕士学位论文，2008。

[14] 魏来：《中国公共体育服务产品供给研究》，北京体育大学博士学位论文，2007。

[15] 游小文：《城市滨水区休闲空间规划研究》，同济大学硕士学位论文，2007。

[16] 路毅：《城市滨水区景观规划设计理论及应用研究》，东北林业大学博士学位论文，2006。

[17] 可妍：《休闲服务供给的中外比较研究》，北京第二外国语学院硕士学位论文，2006。

[18] 卿前龙：《休闲服务的经济学分析》，华南师范大学博士学位论文，2005。

[19] 王庆日：《城市绿地的价值及其评估研究》，浙江大学博士学位论文，2003。

三 期刊、会议论文类

[1] Huimei Liu & Shuyang Da. The relationships between leisure and happiness-A graphic elicitation method [J] . Leisure Studies, 2019 (2): 1-21.

[2] Hendersonka, Presleyj, Biale Schkimd. Theory in Recreation and Leisure Research: Reflections from the Editors [J] . Leisure Sciences, 2004, 26 (4): 411-425.

[3] Wendel-Vosgcw, Schuitaj, Tijhuismar. Leisure Time Physical Activity and Health-related Quality of Life: Cross-sectional and Longitudinal Associations [J] . Quality of Life Research, 2004, 13 (3): 667-677.

[4] Thomas L. Burton. A . Frame work for Leisure Policy Research [J]. Leisure

Studies，1982，1（3）：323-335.

［5］ Troy D. Glover，Thomas L. Burton. The Roles of Government in the Leisure Services Delivery System ［C］. Paperpresented at the VIIth Common wealth and International Conferenceon Sport，Physical Education，Recreation and Dance，Brisbane，Australia，1982.

［6］ 郝赪：《略论城市公共休闲服务标准化》，《大众标准化》2014 年第 11 期，第 16~19 页。

［7］ 程遂营、白莽祯：《闲暇时间视角下城市基本公共休闲服务供给研究》，《中国休闲研究 2014》，中国经济出版社，2014。

［8］ 张仁军、康文肖等：《中美城市公园比较研究》，《中国休闲研究学术报告 2013》，旅游教育出版社，2014。

［9］ 程遂营、彭璐璐：《公共休闲服务供给与制度设计公共——西方的经验与中国的现状》，《中国休闲研究学术报告 2013》，中国经济出版社，2013。

［10］ 王宁：《压力化生存——"时间荒"解析》，《山东社会科学》2013 年第 9 期，第 39~46 页。

［11］ 伍先福：《我国政府在休闲服务供给中的角色定位》，《经济地理》2013 年第 6 期，第 98~102 页。

［12］ 伍先福：《西方国家城市公共休闲服务供给的层级体系》，《现代城市研究》2013 年第 6 期，第 83~87 页。

［13］ 伍先福：《政府介入休闲服务供给的理论依据》，《商业经济》2013 年第 6 期，第 3~4 页。

［14］ 盛小芳：《休闲公共供给的发展历程及启示：以英国为例》，《湖南商学院学报》2013 年第 6 期，第 103~107 页。

［15］ 陈振明、张乐等：《公共服务水平与经济发展水平相适应机制建设的本土探索》，《东南学术》2012 年第 1 期，第 122~128 页。

［16］ 李贵臣、逄锦辉等：《构建生态、景观、游憩三位一体的城市滨水区》，《规划师》2011 年第 1 期，第 80~87 页。

［17］ 耿香玲：《市场失灵视域下公共休闲产品可持续消费约束机制分析》，《改革与战略》2011 年，27（3），第 30~32 页。

［18］ 马惠娣、刘耳：《城市、宜居城市及城市的气质——休闲学视域中的

城市》，《2011 中国休闲研究学术报告》旅游教育出版社，2012。

[19] 王琪延、侯鹏：《北京居民休假与消费调查分析》，《2011 年中国休闲发展报告》，社会科学文献出版社，2011。

[20] 邵福军：《城市滨水区再开发中土地开发策略研究》，《资源产业经济》2010 年第 7 期，第 17~19 页。

[21] 吴承忠：《公共休闲供应：国外政府休闲管理的重要途径》，《武汉大学学报》（哲学社会科学版）2010 年第 5 期，第 458~463 页。

[22] 韩小威、尹栾玉：《基本公共服务概念辨析》，《江汉论坛》2010 年第 9 期，第 42~44 页。

[23] 张宏军：《西方公共产品理论溯源与前瞻》，《贵州社会科学》2010 年第 6 期，第 120~124 页。

[24] 曾春燕、卿前龙：《闲暇时间的产生及其经济性质》，《商业研究》2010 年第 4 期，第 52~54 页。

[25] 张海霞：《社会政策之于公共游憩供给：兼议政府作为的空间载体》，《旅游学刊》2010 年第 9 期，第 20~26 页。

[26] 〔美〕盖瑞·奇克、董二为：《中国六城市休闲制约因素研究》，《浙江大学学报》（人文社会科学版）2009 年第 1 期，第 31~42 页。

[27] 徐菊凤：《英国休闲及休闲政策发展历程：经验与启迪》，《中国休闲研究学术报告》，旅游教育出版社，2009。

[28] 华钢、楼嘉军：《城市休闲系统研究》，《旅游论坛》2009 年第 3 期，第 419~423 页。

[29] 王景全：《国民休闲与休闲公共服务》，《光明日报》2009 年 6 月 23 日。

[30] 谭少华、李进：《城市公共绿地的压力释放与精力恢复功能》，《中国园林》2009 年第 6 期，第 79~82 页。

[31] 刘慧梅：《儒学德性伦理与中国休闲伦理建设》，《浙江大学学报》（人文社科版）2008 年第 4 期，第 30~36 页。

[32] 王琪延、郭茜：《上班族一天的时间分配》，《中关村》2008 年第 7 期，第 42~43 页。

[33] 张峰：《国内外城市滨水区发展趋势研究》，《港城发展》2008 年第 8 期，第 47~48 页。

［34］柏良泽：《"公共服务"界说》，《中国行政管理》2008 年第 2 期，第
17~19 页。

［35］蔡春红：《完善财政转移支付制度的政策建议——兼论推进基本公共
服务均等化和主体功能区建设的关系》，《中国行政管理》2008 年第 4
期，第 78~81 页。

［36］项继权：《基本公共服务均等化：政策目标与制度保障》，《华中师范
大学学报》（人文社会科学版）2008 年第 1 期，第 2~9 页。

［37］江俊浩：《从国外公园发展历程看我国公园系统化建设》，《华中建
筑》2008 年第 11 期，第 159~163 页。

［38］王琪延：《从时间分配看北京人 20 年生活的变迁——基于 2006 年北
京生活时间分配调查的统计分析》，《北京社会科学》2007 年第 5 期，
第 22~26 页。

［39］鲜开林、周春华：《和谐社会的休闲权》，《中共福建省委党校学报》
2007 年第 2 期，第 81~86 页。

［40］麦华：《西方城市公园发展演变》，《南方建筑》2006 年第 8 期，第
11~13 页。

［41］宋瑞：《英国休闲发展的公共管理及其启示》，《杭州师范学院学报》
（社会科学版）2006 年第 5 期，第 46~51 页。

［42］卿前龙：《西方休闲研究的一般性考察》，《自然辩证法》2005 年第 1
期，第 90~92 页。

［43］马庆钰：《关于"公共服务"的解读》，《中国行政管理》2005 年第 2
期，第 78~82 页。

［44］王鲁民、宋鸣笛：《关于休闲层面上的城市广场的思考》，《规划师》
2003 年第 3 期，第 51~52 页。

［45］李朝祥：《政府公共服务职能的市场化》，《广西社会科学》2003 年第
4 期，第 16~17 页。

［46］李明：《我国公共体育场馆的资产性质及其改革》，《天津体育学院学
报》2003 年第 2 期，第 56~58 页。

［47］任晋锋：《美国城市公园与开放空间的发展》，《国外城市规划》2003
年第 3 期，第 43~46 页。

［48］宋子千：《中国城市公园的改革与发展》，张广瑞等：《2002~2004 中

国旅游发展：分析与预测》，社会科学文献出版社，2003。

[49] 李敏：《关于城市公园免费开放问题的思考》，《广东园林》2002 年第
2 期，第 3~6 页。

[50] 吴必虎、贾佳：《城市滨水区旅游、游憩功能开发研究——以武汉市
为例》，《地理学与国土研究》2002 年第 5 期，第 99~102 页。

[51] 马惠娣、刘耳：《西方休闲学研究述评》，《自然辩证法研究》2001 年
第 5 期，第 45~49 页。

[52] 张广瑞、宋瑞：《关于休闲的研究》，《社会科学家》2001 年第 9 期，
第 17~20 页。

[53] 王富臣：《城市广场：概念及其设计》，《华中建筑》2000 年第 4 期，
第 93~96 页。

[54] 徐波、赵锋等：《关于"公共绿地"与"公园"的讨论》，《中国园
林》2000 年第 11 期，第 6~10 页。

[55] 王卓祺、雅伦·获加：《西方社会政策概念转变及对中国福利制度发
展的启示》，《社会学研究》1998 年第 5 期，第 44~50 页。

[56] 董新光等：《关于全民健身计划的调查报告》，《天津体育学院学报》
1996 年第 3 期，第 12~18 页。

四 皮书、研究报告类

[1] 宋瑞等：《休闲绿皮书：2017~2018 年中国休闲发展报告》，社会科学
文献出版社，2018。

[2] 宋瑞等：《休闲绿皮书：2013~2015 年中国休闲发展报告》，社会科学
文献出版社，2015。

[3] 马惠娣、魏翔等：《中国休闲研究学术报告 2013》，旅游教育出版社，
2014。

[4] 马惠娣、宁泽群等：《中国休闲研究学术报告 2011》，旅游教育出版
社，2012。

附　录

城市公共休闲服务供给调查表

常住城区：问卷编号：＿＿＿＿＿＿＿＿＿＿

尊敬的先生/女士：

您好！我们想通过对您的调查，了解城镇公共休闲服务状况及居民对其使用情况。调查采用匿名方式，仅用于科学研究。答案无对错，请您如实填写，不要漏项。

对您的支持，课题组深表感谢！

《我国城镇公共休闲服务供给方式及基本公共休闲服务均等化研究》课题组

1. 除去工作、家务、个人洗理、睡觉等必需的时间花费外，您每天能自由支配的时间是（　　）

①1 小时左右　　　　　　　　②2 小时左右

③3 小时左右　　　　　　　　④4 小时左右

⑤5 小时以上

2. 您平时享有的闲暇时间类型是（可多选）（　　）

①每周双休　　　　　　　　　②每周单休

③不定时休班带薪假日（5~15 天）

⑤ "劳动节" "国庆节" 等假期（3 天及以上）

⑥（离退休等）全天有闲　　　　⑦无假期

3. 您感觉您的闲暇时间够用吗？（只选一项）（　　）

①闲暇时间太多，不知怎么打发

②闲暇时间较多，能参与一些休闲活动

③闲暇时间正好够用

④闲暇时间较少，有些闲暇活动不能参加

⑤闲暇时间太少，不够用

4. 若感觉自己的闲暇时间不够用，您认为主要原因是什么？（只选一项）（ ）

①工作、加班时间太长

②家务劳动时间太长

③花费在子女身上时间较多

④愿意多睡会儿觉，恢复体力

⑤交际应酬太多，占用了自己的闲暇时间

⑥时间利用效率低，不知道怎么利用时间

5. 您同意下列哪些观点？（最多选两项）（   ）

①闲暇时间过多，会影响挣钱

②闲暇活动既浪费钱，又耗费精力

③多参加闲暇活动，可强身健体，提高自身素质

④有劳有逸，是人生规律

⑤人生不能没有休闲，总工作没意思

⑥找不到活儿干时，才闲着消遣

⑦闲暇时间可有可无，对自己影响不大

6. 下列闲暇活动，您通常在何时参加？（在符合您的地方打"√"）

闲暇活动类型	每日闲暇	周休日	3天及以上节假日
在家中活动（读书看报、看电视、上网等）			
去博物馆、科技馆、美术馆等文化休闲场所参观			
在小区、附近公园散步或闲坐			
工作外从事兼职赚钱活动			
室外健身锻炼			
去邻居、朋友或同事家串门			
商场或超市购物			
参加业余进修学习			
参加各类志愿者活动			

闲暇活动类型	每日闲暇	周休日	3 天及以上节假日
从事宗教信仰活动			
游览市内或市郊景点			
本市之外的长途旅游			
休息、什么也不干			
去公共图书馆看书学习			
去 KTV、酒吧等娱乐场所休闲娱乐			
在广场、公园唱歌、跳舞、乐器等			

7. 您居住地附近（1 公里内）是否有下列公共休闲活动空间？（在符合您的地方打"√"）

闲暇活动场所	有	无	闲暇活动场所	有	无
城市广场			陵园、纪念馆等		
城市公园			不收费体育场馆		
公共绿地			青少年文化宫		
公共健身器材			大型商场、购物中心		
球类运动场地			市民休闲活动中心		
滨水休闲空间			社区或单位活动中心		
公共图书馆			学校文化或体育设施		
博物馆、科技馆、美术馆等			花鸟、字画等集贸市场		
文化馆（站）			历史或商业特色街区		
唱歌、跳舞、乐器等表演场所			免门票景区		
公益性技能培训班			大型书店		
志愿服务与公益活动机构			宗教活动场所		

您认为上述休闲活动空间，哪些是应该由政府建设并免费或低价提供给普通居民的？

8. 您参观或使用本市内下列公共休闲活动空间的频率为（在符合您的地方打"√"）

空间/设施类型	每天 1 次	每周 1 次	每月 1~2 次	一年 几次	几乎 不去
城市广场					
城市公园					
公共绿地					
公共健身器材					
球类运动场地					
滨水休闲空间					
公共图书馆					
博物馆、科技馆、美术馆等					
文化馆（站）					
唱歌、跳舞、乐器等表演场所					
公益性技能培训班					
志愿服务与公益活动机构					
陵园、纪念馆等					
不收费体育场馆					
青少年文化宫					
大型商场、购物中心					
市民休闲活动中心					
社区或单位活动中心					
学校文化或体育设施					
花鸟、字画等集贸市场					
历史文化或商业特色街区					
免门票景区					
大型书店					
宗教活动场所					

9. 您认为妨碍您经常使用上述公共休闲设施的原因是（可多选）（　　）

①没有空闲时间　　　　　　　②价格高，经济条件不允许

③活动场所不足　　　　　　　④知识、体能等个人能力不足

⑤往返路途上缺少安全感　　　⑥地点远，交通不便

⑦休闲活动设施太少、太拥挤　⑧活动场所卫生条件太差

⑨不想浪费时间，想多工作挣钱　⑩其他（请注明）

上述原因中最重要的前三位依次是（只填序号）：

第一位，第二位，第三位。

10. 您对丰富居民的休闲生活有哪些建议和要求？（可多选）（　　）

①多建设公共图书馆和阅览室

②多建设体育馆、球场等体育活动场所

③看到高质量的电影、电视、戏剧等

④增加公共健身器材

⑤举办公益性音乐会、文艺晚会、舞会等

⑥举办公益性科技、文艺讲座

⑦开设各类公益性技能培训班

⑧举办各类球类、棋类等比赛

⑨举办各种有趣的展览会

⑩免费开放各类公园

请填写以下您的个人基本信息

11. 您的性别（　　）

①男　　　　　　　　　　　　②女

12. 您的年龄（　　）

①22 岁以下　　　　　　　　②22～35 岁

③36～45 岁　　　　　　　　④46～60 岁

⑤60 岁以上

13. 您目前的家庭居住情况属于（　　）

①单身居住　　　　　　　　　②父母和未婚子女同住

③父母和一对已婚子女同住

④父母和两对或两对以上已婚子女同住

⑤夫妻二人同住　　　　　　　⑥其他

14. 您的文化程度 （　　）

①初中及以下　　　　　　　　②高中或中专

③大学　　　　　　　　　　　④硕士及以上

15. 您的职业 （　　）

①党政机关、事业单位管理人员

②政府机关、事业单位一般职员

③企业中高层管理人员

④企业一般职员

⑤（文教卫生体育科技艺术等）各类专业技术人员

⑥个体经济经营者

⑦农民工

⑧各类学生

⑨离退休人员

⑩其他职业（含失业者）

16. 您月平均收入是 （　　）

①2000 元以下　　　　　　　②2000～4000 元

③4000～6000 元　　　　　　④6000～8000 元

⑤8000 元以上　　　　　　　⑥学生

问卷到此结束，再次感谢您的支持！

后 记

十多年前，我通过阅读杰弗瑞·戈比先生的《你生命中的休闲》，以及马惠娣老师的《休闲：人类美丽的精神家园》，开始认识休闲，并逐渐涉足休闲领域的研究。后来，在马惠娣老师的引荐下，有幸赴宾夕法尼亚州立大学跟随杰弗瑞·戈比先生作了一年的访问学者。回国后，先后出版了《北美休闲研究：学术思想的视角》《中国长假制度：旅游与休闲的视角》两本与休闲相关的拙著。2013 年，我有幸获得国家社会科学基金项目"我国城镇公共休闲服务供给方式及基本公共休闲服务均等化研究"（项目编号：13BGL095），从此，把关注的重心转向城镇公共休闲服务领域。

五年多来，在梳理相关文献和前期研究成果的基础上，较多地把精力放在了田野调查中。在课题组成员李享老师、荣培君老师，以及我部分研究生，还有北京联合大学、上海师范大学、陕西师范大学、华中师范大学、原河南商专、洛阳师范学院、河南大学等相关兄弟院校学生的帮助下，先后在北京、上海、西安、武汉、郑州、洛阳及开封七座城市作了大量问卷调查工作。其间，还与地方公共休闲管理与服务部门广泛接触，与城市公园休闲居民广泛交流，获得了丰富的一手资料和信息，对城镇公共休闲服务供给及基本公共休闲服务均等化问题有了深入的认识和判断。

与此同时，我还有意引导部分研究生选择与课题有关的问题作为硕士学位毕业论文选题。其中，彭璐璐的《我国城市公共休闲服务供给研究——以开封为例》、白荞祯的《我国城镇基本公共休闲服务供给研究》对项目相关问题作了初步探讨，成为项目成果的有益补充。而在书稿梳理和定型过程中，课题组成员荣培君老师做了大量工作；在书稿后期补充、完善方面，研究生张月同学出力尤多。对此，我心存感激。

特别指出的是，中国社会科学院旅游研究中心宋瑞女士，在百忙之暇，惠赐序言，一字一句，都令我感动，更为本书增色无量。

　　十年前，在王绯女士的帮助下，社会科学文献出版社出版了我的第一本休闲学术专著《北美休闲研究：学术思想的视角》。而这一次，她作为社长又对本书的出版给予了慷慨支持，并安排孙燕生老师作为本书的编辑。虽然一直未能与孙先生谋面，但通过书稿校对中的频繁交流，已足显先生的丰富经验和细致入微的工作态度，使我对先生充满了敬意。

　　当然，中国城镇公共休闲服务研究是一个大课题，本书也只是基于供给方式及基本公共休闲服务均等化的视角对相关问题进行了初步探讨。由于选择样本城镇有限、个人对休闲的认识不足，以及研究时间的投入不够等多方面原因，本书未免挂一漏万。偏颇、错讹之处不少，还请方家批评指正！

2019 年 9 月 5 日

图书在版编目(CIP)数据

中国城镇的公共休闲服务：供给方式及基本公共休
闲服务均等化的视角 / 程遂营著. -- 北京：社会科学
文献出版社，2019.10
　　ISBN 978-7-5201-5421-5

　　Ⅰ.①中… Ⅱ.①程… Ⅲ.①城镇-休闲娱乐-公共
服务-研究-中国 Ⅳ.①G249.2

　　中国版本图书馆 CIP 数据核字（2019）第 184154 号

中国城镇的公共休闲服务
——供给方式及基本公共休闲服务均等化的视角

著　　者 / 程遂营

出 版 人 / 谢寿光
组稿编辑 / 王　绯
责任编辑 / 孙燕生

出　　版 / 社会科学文献出版社·社会政法分社（010）59367156
　　　　　　地址：北京市北三环中路甲 29 号院华龙大厦　邮编：100029
　　　　　　网址：www.ssap.com.cn
发　　行 / 市场营销中心（010）59367081　59367083
印　　装 / 三河市龙林印务有限公司

规　　格 / 开　本：787mm×1092mm　1/16
　　　　　　印　张：17.5　字　数：283 千字
版　　次 / 2019 年 10 月第 1 版　2019 年 10 月第 1 次印刷
书　　号 / ISBN 978-7-5201-5421-5
定　　价 / 98.00 元